画数	部首	部首の呼称
	田	たへん
		た
	疋	ひき
	疒	やまいだれ
	癶	はつがしら
	白	しろ
	皮	けがわ
	皿	さら
	目	めへん
		め
	矛	ほこへん
		ほこ
	矢	やへん
		や
	石	いしへん
		いし
	示	しめす
	禾	のぎへん
	穴	あなかんむり
		あな
	立	たつへん
		たつ
	罒	あみがしら
	无	むにょう
	氺	したみず
	衤	ころもへん
六画	竹	たけかんむり
		たけ
	米	こめへん
		こめ
	糸	いとへん
		いと
	缶	ほとぎ
	羊	ひつじ
	羽	はね
	而	しこうして
	耒	すきへん
	耳	みみへん
		みみ
	聿	ふでづくり
	肉	にく
	西	にし
	自	みずから
	至	いたる
	臼	うす
	舌	した
	舟	ふねへん
		ふね
	艮	こんづくり
	色	いろ
	虍	とらかんむり
		とらがしら
	虫	むしへん
		むし
	血	ち
	行	ぎょうがまえ
		ゆきがまえ
	衣	ころも
七画	臣	しん
	見	みる
	角	つのへん
		かく
	言	ごんべん
		げん
	谷	たに
	豆	まめ
	豕	いのこへん・ぶた
	豸	むじなへん
	貝	かいへん
		かい
	赤	あか
	走	そうにょう
		はしる
	足	あし
	足	あしへん
	身	み
	車	くるまへん
		くるま
	辛	からい
	麦	むぎ
	辰	しんのたつ
	酉	ひよみのとり
		とりへん
	釆	のごめへん
		のごめ
	里	さとへん
		さと
	舛	まいあし
八画	金	かねへん
		かね
	青	あお
	非	あらず
	斉	せい
	食	しょくへん
九画	面	めん
	革	つくりがわ
		かわへん
	韋	なめしがわ
	音	おとへん
		おと
	頁	おおがい
	風	かぜ
	飛	とぶ
	食	しょく
	首	くび
	香	かおり
十画	馬	うまへん
		うま
	骨	ほねへん・ほね
	高	たかい
	髟	かみがしら
	鬯	ちょう
	鬼	きにょう
		おに
	竜	りゅう
十一画	魚	うおへん
		うお
	鳥	とり
	鹿	しか
	麻	あさかんむり・あさ
	黄	き
	黒	くろ
	亀	かめ
十二画	歯	はへん
		は
十三画	鼓	つづみ
十四画	鼻	はな

1 部首の呼称が2種以上の場合、初めのものを代表として用いた。
2 本表は常用漢字の部首の一覧である。人名用漢字のみに見られる部首は本表に載せない。
3 次の部首はその異形を括弧に示した。
　　卩（㔾）、　小（⺌）、　川（巛）、
4 次の部首は別形として扱った。
　　人 亻へ、刀 刂、心 忄 ⺗、手 扌、犬 犭、水 氵 氺、火 灬、母 毋、王 玉、示 礻、肉 月、
　　衣 衤、足 ⻊、食 飠、

序　文

　本書は学生・教師・社会人のための標準的な漢字の学習と教育のハンドブックです。平成22年（2010）11月内閣告示による改定「常用漢字表」と、平成29年（2017）告示、令和2年（2020）実施の小学校学習指導要領における学年別漢字配当表に基づいて見出しを立て、筆順・部首・画数・意味などの情報を載せました。

　漢字の字数がどのくらい存在するのかを計るのに、漢字辞典の収載字数が目安になります。中国清代の『康熙字典』（1716年刊行）の収載字数、日本で最大の『大漢和辞典』（諸橋轍次　編纂1955〜1960年刊行）の親字を参考にすると、漢字の字数は約5万字です。しかし、日常生活では4000字前後を使用していると思われます。

　明治時代には、国語国字をめぐって漢字廃止論、漢字節減論、ローマ字論など様々な論説がありました。大正11年（1922）11月、臨時国語調査会（国語審議会の前身）が常用漢字を選定し、昭和6年（1931）に修正案（1858字）を出しましたが、世相を考慮して実施されませんでした。昭和21年（1946）11月、内閣告示「当用漢字表」（1850字）が公布されました。これは日常使用する漢字の範囲を定めた表で、漢字廃止を視野に入れた漢字制限策の実行でありました。「当用漢字表」が行われることにより、「改ざん（改竄）」「漏えい（漏洩）」などの「交ぜ書き」の問題が生じました。国語審議会は昭和31年（1956）、当用漢字の適用を円滑にするために、「当用漢字表」にない漢字を含む漢語を同音の別字に書き換えてもよいと報告しました。これによって、「注文（註文）」「遺跡（遺蹟）」などの書き換えが行われました。「当用漢字表」の活用が進むにつれて、漢字の範囲の補正や漢字廃止に対する批判が出てくるようになりました。昭和56年（1981）内閣訓令の「常用漢字表」（1945字）が「一般の社会生活に於いて、現代の国語を書き表す場合の漢字使用の目安」として公布されました。

　本書の初版第1刷は、近藤政美先生と協力して平成18年（2006）3月に発行しました。昭和56年（1981）内閣訓令の「常用漢字表」（1945字）と、平成10年（1998）12月告示の小学校学習指導要領における学年別漢字配当表（教育漢字1006字）に基づいて見出しを立てました。その後、小学校学習指導要領が改訂され、平成20年（2008）3月に告示されましたが、学年別漢字配当表の変更はありませんでした。

　昭和の時代には文字を専ら手書きにしていました。平成の時代になるとパソコンや携帯電話など情報機器が普及し、簡単に漢字変換ができるようになり、よく使われる漢字が増えました。このような社会の変化に対応し、「漢字使用の目安」を示すという方向は引き継いで、

平成22年（2010）11月、改定「常用漢字表」（2136字）が告示されました。この改定では、あらたに「鹿、奈」など196字が追加され、「勺、錘」など5字が削除されました。このときには、教育漢字にも音訓の追加や削除がありました。「常用漢字表の付表」には「さつきばれ（五月晴れ）」を「さつき（五月）」にする、「まじめ（真面目）」を加えるなどの変更がありました。さらに改定「常用漢字表」の告示と同時に、「公用文における漢字使用等について」という訓令が出ました。このような変更をうけて初版全体を見直し、改訂版を発行しました。

　ところで、学習指導要領は社会の変化に対応すべく、およそ10年単位で改訂を行っています。平成29年（2017）3月告示の小学校学習指導要領における学年別漢字配当表（教育漢字1026字）には、それ以前のものと比較して大きな変更が見られます。それは、中央教育審議会答申において「漢字指導の改善・充実の観点から、児童の学習負担を考慮しつつ、常用漢字表の改定（平成22年）、児童の日常生活及び将来の社会生活、国語科以外の各教科等の学習における必要性を踏まえ、都道府県名に用いる漢字を『学年別漢字配当表』に加えることが適当である。」とされたのをうけています。変更を整理すると、次の2点になります。

（1）改定「常用漢字表」の中から、「潟、岐」など都道府県名に用いる漢字20字が、あらたに教育漢字として第4学年に配当されたこと。

（2）第4・5・6学年の漢字の一部が他の学年に移動したこと。
　　　第4学年から第5学年へ「士、史」など21字
　　　第4学年から第6学年へ「胃、腸」2字
　　　第5学年から第4学年へ「賀、富」など4字
　　　第5学年から第6学年へ「舌、券」など9字
　　　第6学年から第4学年へ「城」1字

　今回の本書の改訂では、上記の（1）（2）の変更を反映させました。（1）の都道府県名に用いる漢字20字については、教育漢字の最後に並べました。そして、「部首別漢字一覧」の該当する部首へ書き加えました。（2）の漢字については、新しい学年に移しました。

　国語の表記法に関わる政策は、表記に対する考え方や社会の変化への対応などによって修正されてきました。国語の表記法の勉強のために、指導のために、さらに日常生活での確認のために、本書を大いに役立ててほしいと思います。

編著者　　濱千代　いづみ

目　次

　　序　文　　*1*

本　編　常用漢字
　1　常用漢字の凡例　　*4*
　2　部首別漢字一覧　　*5*

3　教育漢字　　*12*
　　　　第4学年配当の都道府県名の漢字　　*117*

4　教育漢字以外の常用漢字　　*119*

参　考
　5　常用漢字表の付表　　*150*
　6　人名用漢字　　*151*
　　　　A表　人名用漢字別表　　*151*
　　　　B表　別表第二　漢字の表　　*158*
　7　公用文における漢字使用等について　　*160*

付　録
　8　現代仮名遣い　　*163*
　　　　付表（現代仮名遣いと歴史的仮名遣いとの対照表）　　*166*
　9　外来語の表記　　*170*
　　　　外来語の表記　用例集　　*175*
　10　送り仮名の付け方　　*182*
　11　常用漢字表（昭和56年内閣告示）と当用漢字表との相違　　*187*

　　部首一覧　　*前・後 見返し*

本　編　　常用漢字

1　常用漢字の凡例

　本書には、平成22年11月30日内閣告示「常用漢字表」の漢字2136字を収録した。教育現場における指導上の便を考慮し、次のⅠ・Ⅱに分類した。
　Ⅰ　教育漢字（小学校学習指導要領の学年別漢字配当表にある漢字、1026字。）
　Ⅱ　教育漢字以外の漢字、1110字。
　参考として、「常用漢字表」の付表および「人名用漢字別表」「別表第二　漢字の表」「公用文における漢字使用等について」を収録した。また、付録として「現代仮名遣い」「外来語の表記」「送り仮名の付け方」「常用漢字表（昭和56年内閣告示）と当用漢字表との相違」をも掲載した。

Ⅰ　教育漢字
1. 漢字・配当学年・筆順・部首・総画・音（常用漢字表）・訓（常用漢字表）・表外の音訓・意味・熟語・用例・備考・JIS（区点）コードの順で配列した。
2. 平成29年告示の小学校学習指導要領に示された配当学年を学年の欄に記した。
3. 見出し漢字は、小学校学習指導要領の学年別配当に従い、1学年から6学年まで学年が上昇するように並べた。
　　（1）同じ学年の中では、画数の少ないものから多いものになるように並べた。
　　（2）同じ画数の中では、五十音順に並べた。
　　（3）平成29年告示の小学校学習指導要領で4学年に新しく加えられた20字は、教育漢字の最後に並べた。
4. 筆順は、『筆順指導の手引き』（文部省　1958年）の「筆順の原則」に準拠した。
5. 部首の呼称が「ぎょうがまえ」・「ゆきがまえ」のように二つ以上ある場合は、一つを代表として示した。
6. 常用漢字表に、特別なもの、または用法のごく限られたものとして挙げられた音訓は（　）で示した。
7. 表外の音訓で、参考になるものは（　）で示した。
8. 熟語などで、特殊な読み・注意する読みには（　）でその読み方を示した。
9. 記号の説明
　　　▼　　対義語　　　　　　　△　　類義語
　　　◆　　中学校で学習する音訓　　★　　小・中学校で学習しなくてもよい音訓
　　（名）　人名として使用

Ⅱ　教育漢字以外の漢字
1. 漢字・部首・総画・音（常用漢字表）・訓（常用漢字表）・表外の音訓・備考・JIS（区点）コードの順で配列した。
2. 部首の呼称が「ぎょうがまえ」・「ゆきがまえ」のように二つ以上ある場合は、一つを代表として示した。
3. 常用漢字表に、特別なもの、または用法のごく限られたものとして挙げられた音訓は（　）で示した。
4. 表外の音訓で、参考になるものは（　）で示した。
5. 記号の説明
　　　★　　中学校で学習しなくてもよい音訓
　　（名）　人名として使用
　　　・　　平成22年11月30日内閣告示により追加された漢字

2 部首別漢字一覧

1 部首の呼称が2種以上の場合、上段のものを代表として用いた。
2 本表は常用漢字の部首の一覧である。例は教育漢字のみを掲げる。
3 人名用漢字のみに見られる部首は本表に載せない。
    例　部首　爻（こう）　人名用漢字　爾
4 常用漢字にある部首は本表に載せた。
    例　部首　卜（ぼく）　常用漢字　占

画数	部首	部首の呼称	教育漢字の例	注意すべき例
一画	一	いち	一、下、三、七、上、万、世、丁、両、不、並、	十→十、干→干、才→扌、五→二、天→大、平→干、正→止、至→至、
	丨	たてぼう ぼう	中、	旧→日、
	丶	てん	丸、主、	永→水、
	丿	はらいぼう の	乗、久、	九→乙、人→人、失→大、矢→矢、
	乙	おつにょう おつ	九、乳、乱、	
	亅	はねぼう	事、予、争、	
二画	二	に	五、亙、井、	元→儿、夫→大、未→木、示→示、
	亠	なべぶた けいさんかんむり	京、交、亡、	六→八、文→文、方→方、市→巾、立→立、衣→衣、卒→十、夜→夕、率→玄、
	人	ひと	人、以、	
	亻	にんべん	休、何、作、体、係、仕、使、住、他、代、倍、位、億、健、候、借、信、側、仲、低、停、伝、働、付、便、例、仮、価、件、個、似、修、像、任、備、俵、仏、保、供、傷、仁、値、俳、優、佐、	化→匕、
	亼	ひとやね	会、今、全、倉、令、舎、余、	合→口、命→口、食→食、
	儿	ひとあし にんにょう	先、兄、元、光、児、兆、党、	
	入	いりがしら いる	入、	
	八	はちがしら はち	八、六、公、具、共、典、兵、	分→刀、谷→谷、
	冂	どうがまえ けいがまえ	円、内、再、冊、	用→用、同→口、肉→肉、典→八、周→口、
	冖	わかんむり	写、	軍→車、
	冫	にすい	冷、	次→欠、冬→夂、
	几	つくえ きにょう	処、	
	凵	うけばこ かんにょう	出、	歯→歯、画→田、
	刀	かたな	切、刀、分、初、券、	
	刂	りっとう	前、列、刷、副、別、利、刊、制、則、判、割、劇、刻、創、	
	力	ちから	力、助、勝、動、勉、加、功、努、勇、労、効、勢、務、勤、	男→田、

本編　常用漢字

画数	部首	部首の呼称	教育漢字の例	注意すべき例
	勹	つつみがまえ	包、	句→口、
	匕	ひ	北、化、	比→比、
	匚	はこがまえ かくしがまえ	医、区、	
	十	じゅう	十、千、午、南、半、協、卒、博、	支→支、古→口、早→日、単→ツ、率→玄、章→立、
	卜	ぼく		
	卩(巳)	ふしづくり	印、危、卵、	
	厂	がんだれ	原、厚、	反→又、圧→土、灰→火、歴→止、
	ム	む	去、参、	公→八、台→口、弁→廾、
	又	また	友、取、受、反、収、	支→支、
三画	口	くちへん くち	右、口、名、古、合、台、同、員、君、向、号、商、品、味、命、問、和、各、喜、器、告、史、司、周、唱、可、句、吸、呼、后、善、否、	加→力、知→矢、鳴→鳥、
	囗	くにがまえ	四、園、回、国、図、囲、固、因、団、困、	田→田、
	土	つちへん つち	土、場、地、坂、塩、型、堂、圧、基、境、均、在、増、墓、報、域、城、垂、埼、	去→ム、寺→寸、幸→干、
	士	さむらい	声、売、士、	志→心、
	夂	ふゆがしら すいにょう	夏、冬、変、	各→口、条→木、麦→麦、処→几、
	夕	ゆうべ た	夕、外、多、夜、夢、	名→口、
	大	だい	大、天、太、央、失、夫、奏、奮、奈、	美→羊、
	女	おんなへん おんな	女、姉、妹、委、始、好、妻、婦、姿、媛、	要→西、
	子	こへん こ	学、子、字、季、孫、孝、存、	
	宀	うかんむり	家、室、安、寒、客、宮、実、守、宿、定、害、完、官、察、寄、富、容、字、宗、宣、宅、宙、宝、密、	穴→穴、字→子、究→穴、空→穴、案→木、窓→穴、
	寸	すん	寺、対、導、射、将、寸、専、尊、	
	小(⺌)	しょう ちいさい	小、少、当、	光→儿、堂→土、常→巾、賞→貝、党→儿、
	尢	だいのまげあし	就、	
	尸	しかばね	屋、局、居、属、尺、層、展、届、	戸→戸、昼→日、刷→刂、
	屮	てつ		
	山	やまへん やま	山、岩、岸、島、岡、岐、崎、	炭→火、密→宀、
	川(巛)	かわ	川、州、	順→頁、
	工	たくみへん え・こう	左、工、差、	
	己	おのれ	巻、己、	改→攵、
	巾	はばへん きんべん	帰、市、帳、希、席、帯、師、常、布、幕、	
	干	かん いちじゅう	年、幸、平、幹、干、	刊→刂、
	玄	いとがしら よう	幼、	

2　部首別漢字一覧

画数	部首	部首の呼称	教育漢字の例	注意すべき例
	广	まだれ	広、店、庫、庭、度、康、底、府、序、座、庁、	席→巾、
	廴	えんにょう	建、延、	
	廾	にじゅうあし こまぬき	弁、	鼻→鼻、
	弋	しきがまえ よく	式、	
	弓	ゆみへん ゆみ	引、弓、強、弱、弟、張、	
	彑	けいがしら		
	彡	さんづくり	形、	
	彳	ぎょうにんべん	後、待、役、径、徒、得、往、徳、復、従、律、	行→行、術→行、街→行、衛→行、
	𫝀	つかんむり	巣、単、営、厳、	労→力、学→子、栄→木、挙→手、覚→見、
	艹	くさかんむり	花、草、茶、荷、苦、薬、葉、落、英、芽、芸、菜、若、蒸、蔵、著、茨、	墓→土、幕→巾、暮→日、夢→夕、
	辶	しんにょう しんにゅう	遠、近、週、通、道、運、進、送、速、追、返、遊、選、達、辺、連、過、逆、述、造、退、適、迷、遺、	導→寸、
	阝	こざとへん（左）	院、階、陽、隊、陸、険、限、際、防、降、除、障、陛、阪、	
	阝	おおざと（右）	都、部、郡、郷、郵、	
	忄	りっしんべん	快、慣、情、性、	
	扌	てへん	才、指、持、拾、打、投、折、技、採、授、招、接、損、提、拡、揮、捨、推、操、担、探、拝、批、	
	犭	けものへん	独、犯、	
	氵	さんずい	海、活、汽、池、泳、温、漢、決、湖、港、消、深、注、湯、波、油、洋、流、立、漁、治、清、浅、法、満、浴、液、演、河、潔、減、混、準、測、沿、激、源、済、洗、潮、派、潟、滋、沖、	染→木、酒→酉、
四画	耂	おいかんむり	考、者、老、	孝→子、
	心	こころ	思、心、悪、意、感、急、想、息、悲、愛、念、必、応、恩、志、態、憲、忠、忘、	
	忄	したごころ		
	戈	ほこがまえ ほこづくり	成、戦、我、	
	戸	とかんむり と	戸、所、	
	手	て	手、挙、承、	
	支	しにょう し	支、	
	攵	のぶん ぼくにょう	教、数、整、放、改、救、散、敗、故、政、敵、敬、	牧→牛、
	文	ぶんにょう ぶん	文、	対→寸、

本編　常用漢字

画数	部首	部首の呼称	教育漢字の例	注意すべき例
	斗	とます と	料、	
	斤	おのづくり きん	新、断、	所→戸、
	方	ほうへん ほう	方、族、旅、旗、	放→攵、
	日	ひへん ひ	早、日、時、春、星、晴、昼、明、曜、暗、暑、昭、昔、景、昨、易、旧、暴、映、暖、晩、暮、	者→耂、量→里、書→日、最→日、
	曰	ひらび	書、曲、最、	由→田、申→田、
	月	つきへん つき	月、朝、期、服、望、朗、有、	青→青、前→刂、骨→骨、勝→力、明→日、
	木	きへん き	校、森、村、木、本、林、楽、東、来、横、橋、業、根、植、柱、板、様、案、栄、果、械、機、極、材、札、松、束、梅、標、末、未、桜、格、検、構、査、枝、条、株、机、権、樹、染、棒、枚、模、栃、梨、	相→目、巣→ツ、集→隹、
	欠	あくび けんづくり	歌、次、欠、欲、	飲→食、
	止	とめへん とめる	正、止、歩、歴、武、	歯→歯、
	歹	がつへん いちたへん	死、残、	列→刂、
	殳	るまた ほこづくり	殺、段、	穀→禾、
	犬	いぬ	犬、状、	然→灬、
	比	ならびひ くらべる	比、	
	毛	け	毛、	
	氏	うじ	氏、民、	
	气	きがまえ	気、	汽→氵、
	水	みず	水、氷、永、泉、	求→水、
	火	ひへん ひ	火、炭、焼、灯、災、燃、灰、	畑→田、
	灬	れっか れんが	点、照、然、熱、無、熟、熊、	魚→魚、黒→黒、蒸→艹、
	爫	つめかんむり つめ		
	父	ちち	父、	
	片	かたへん かた	版、片、	
	牙	きば		
	牛	うしへん うし	牛、物、特、牧、	
	毋	なかれ	毎、毒、	母→母、
	王	おうへん	王、理、球、現、班、	玉→玉、
	礻	しめすへん	社、神、福、礼、祝、祖、	視→見、
	月	にくづき	育、胃、腸、脈、能、肥、胸、臓、脳、背、肺、腹、	
五画	母	はは	母、	
	玄	げん	率、	

2 部首別漢字一覧

画数	部首	部首の呼称	教育漢字の例	注意すべき例
	玉	たま	玉、	王→王、
	瓦	かわら		
	甘	あまい		
	生	うまれる	生、産、	
	用	もちいる	用、	
	田	たへん た	男、町、田、番、界、申、畑、由、略、留、異、画、	
	疋	ひき	疑、	
	疒	やまいだれ	病、痛、	
	癶	はつがしら	登、発、	
	白	しろ	白、百、的、皇、	泉→水、習→羽、
	皮	けがわ	皮、	
	皿	さら	皿、益、盛、盟、	
	目	めへん め	目、直、県、真、相、省、眼、看、	着→羊、
	矛	ほこへん ほこ		
	矢	やへん や	矢、知、短、	
	石	いしへん いし	石、研、確、破、砂、磁、	
	示	しめす	祭、票、禁、示、	
	禾	のぎへん	科、秋、秒、種、積、移、税、程、穀、私、秘、	利→刂、和→口、委→女、季→子、
	穴	あなかんむり あな	空、究、穴、窓、	
	立	たつへん たつ	立、章、童、競、	音→音、意→心、
	罒	あみがしら	置、罪、署、	買→貝、
	旡	むにょう		
	氺	したみず	求、	
	衤	ころもへん	複、補、	
六画	竹	たけかんむり たけ	竹、算、答、第、笛、等、箱、筆、管、笑、節、築、簡、筋、策、	
	米	こめへん こめ	米、粉、精、糖、	料→斗、
	糸	いとへん いと	糸、絵、細、紙、線、組、級、終、緑、練、紀、給、結、続、約、経、織、績、絶、素、総、統、編、綿、系、絹、紅、縦、縮、純、納、縄、	
	缶	ほとぎ		
	羊	ひつじ	着、美、羊、義、群、	養→食、
	羽	はね	羽、習、翌、	
	而	しこうして		
	耒	すきへん	耕、	
	耳	みみへん みみ	耳、聞、職、聖、	取→又、
	聿	ふでづくり		
	肉	にく	肉、	
	西	にし	西、要、	
	自	みずから	自、	息→心、鼻→鼻、
	至	いたる	至、	

本　編　　常用漢字

画数	部首	部首の呼称	教育漢字の例	注意すべき例
	臼	うす	興、	
	舌	した	舌、	乱→乙、
	舟	ふねへん ふね	船、航、	
	艮	こんづくり	良、	限→阝（左）、根→木、
	色	いろ	色、	
	虍	とらかんむり とらがしら		
	虫	むしへん むし	虫、蚕、	風→風、
	血	ち	血、衆、	
	行	ぎょうがまえ ゆきがまえ	行、街、衛、術、	
	衣	ころも	表、衣、製、裁、装、裏、	
七画	臣	しん	臣、臨、	覧→見、
	見	みる	見、親、覚、観、規、視、覧、	現→王、
	角	つのへん かく	角、解、	
	言	ごんべん げん	記、計、言、語、読、話、詩、談、調、課、議、訓、試、説、許、護、講、識、謝、証、設、評、警、誤、詞、誌、諸、誠、誕、討、認、訪、訳、論、	
	谷	たに	谷、	欲→欠、浴→氵、
	豆	まめ	豆、豊、	頭→頁、
	豕	いのこへん ぶた	象、	
	豸	むじなへん		
	貝	かいへん かい	貝、買、負、貨、賞、貯、費、賀、財、賛、資、質、責、貸、貧、貿、貴、賃、	
	赤	あか	赤、	
	走	そうにょう はしる	走、起、	
	足	あし	足、	
	𧾷	あしへん	路、	
	身	み	身、	射→寸、
	車	くるまへん くるま	車、軽、転、軍、輪、輸、	
	辛	からい	辞、	
	麦	むぎ	麦、	
	辰	しんのたつ	農、	
	酉	ひよみのとり とりへん	酒、配、酸、	
	釆	のごめへん のごめ		
	里	さとへん さと	野、里、重、量、	黒→黒、童→立、
	舛	まいあし		
八画	金	かねへん かね	金、銀、鉄、鏡、録、鉱、銭、銅、鋼、針、	
	長	ながい	長、	

2　部首別漢字一覧

画数	部首	部首の呼称	教育漢字の例	注意すべき例
	門	もんがまえ もん	間、門、開、関、閣、閉、	問→口、聞→耳、
	阜	おか	阜、	
	隶	れいづくり		
	隹	ふるとり	集、雑、難、	
	雨	あめかんむり あめ	雨、雲、雪、電、	
	青	あお	青、静、	
	非	あらず	非、	
	斉	せい		
	食	しょくへん	飲、館、飯、飼、	食→食、
九画	面	めん	面、	
	革	つくりがわ かわへん	革、	
	韋	なめしがわ		
	音	おとへん おと	音、	
	頁	おおがい	顔、頭、題、願、順、類、額、預、領、頂、	
	風	かぜ	風、	
	飛	とぶ	飛、	
	食	しょく	食、養、	
	首	くび	首、	道→辶、
	香	かおり	香、	
十画	馬	うまへん うま	馬、駅、験、	
	骨	ほねへん ほね	骨、	
	高	たかい	高、	
	髟	かみがしら		
	鬯	ちょう		
	鬼	きにょう おに		
	竜	りゅう		
十一画	魚	うおへん うお	魚、	
	鳥	とり	鳥、鳴、	
	鹿	しか	鹿、	
	麻	あさかんむり あさ		
	黄	き	黄、	
	黒	くろ	黒、	
	亀	かめ		
十二画	歯	はへん は	歯、	
十三画	鼓	つづみ		
十四画	鼻	はな	鼻、	

本編　常用漢字

3　教育漢字

漢字	配当学年	筆順	部首	総画	音(常用漢字表)	訓(常用漢字表)	表外の音訓	意味	熟語	用例	備考(名)は人名	JISコード
一	1	一	いち	1	イチ、イツ	ひと、ひと・つ		①数の[いち]。一つ。②はじめ。さいしょ。③最もすぐれている。④すべて。全部。⑤ある。ちょっと。少し。⑥同じ。	①一本。一台。一群。②一年生。③一流。一番。④一同。一切。⑤一夜。⑥一言。⑦一門。	①一芸に秀でる。②一から出直す。③健康には早起きが一番だ。④関東一円を調査する。不安なことが一緒する。⑤一時はどうなることかと思った。一種独特な匂い。⑥一言ご挨拶申し上げます。この二つの違いは一目瞭然です。一見強そうな男ですが、一刻もあらそう。⑦一つ屋根の下に住む。皆一様にうれしそうな顔を見せた。	(名)かず、はじめ	1676
九	1	ノ九	おつにょう	2	キュウ、ク	ここの、ここの・つ		①九。ここのつ。②数の多いこと。たくさん。	①九九。九分。②九牛。九死。	①九九の試みは九分九厘成功するだろう。②九死に一生を得る。		2269
七	1	一七	いち	2	シチ	なな、なな・つ、(なの)		①七。ななつ。②数の多いこと。たくさん。	①七草。七夜。②七難。七転。	①七つのお祝いをする。②七転び八起き。		2823
十	1	一十	じゅう	2	ジュウ、ジッ	とお、と		①十。とお。②十分(じゅうぶん)。全部。完全である。③数が多いこと。たくさん。	①十中八九。十字架。十字路。十八十色。②十分。③十重。	①十中八九まちがいない。文明の十字路で祈る。十字架で結論を出す。②十分考えて結論を出す。人を得る。③十重二十重(とえはたえ)に取り囲む。		2929
人	1	ノ人	ひと	2	ジン、ニン	ひと		①人。人間。②自分以外の人。他人。③立派な人。④人がら。人の性質。⑤職業や国籍など、おかれた立場で分けてつかう言葉。⑥人を数える言葉。	①人混みの中を歩く。②人事(ひとごと)。③障えない。④人格。⑤日本人。⑥五人。	①人混みの中を歩く。②人のうわさも七十五日。とても人事とは思えない。③ひとかどの人物。人を得る。④人がらを見抜く力を養う。⑤彼女は米国人と結婚するそうだ。⑥縁故に三人の老婆がいる。	(名)と、んど	3145
二	1	一二	に	2	ニ	ふた、ふた・つ		①二。ふたつ。②二番め。つぎ。③二度(ふたたび)。④自分に対して相手をさす。⑤べつの。ちがった。	①二本。二重。二股。②二流。③二度。二期作。④二人称。⑤二心。	①二重まるをもらった絵を飾る。二股をかける。②二流作家と評価される。③こんなありがたい話は二度とあるまい。一期一会をたいせつに土地と気候には思え。④ひとがあなたをこう二人称と言う。⑤二心のないことを誓う。		3883
入	1	ノ入	いりがしら	2	ニュウ	い・る、い・れる、はい・る		①入る。入れる。②必要とする。	①入学。入念。入浴。入力。②入用。	①人の出入りが多い。日の入り。入学試験。データを入力する。②入用な折りにはいつでもお金を引き出せる。		3894
八	1	ノ八	はちがしら	2	ハチ	や、や・つ、やっ・つ、(よう)		①数の八。やっつ。②数の多いことをを言う。	①八人。八面。②八方。	①出席者は八人です。八面六臂(ろっぴ)の大活躍。②八方に手をまわしてお金を探す。八つ当たり。		4012

3 教育漢字

漢字	配当学年	筆順	部首	総画	音(常用漢字表)	訓(常用漢字表)	表外の音訓	意味	熟語	用例	備考(名)は人名	JISコード
力	1	フ力	ちから	2	リョク、リキ	ちから		①力。はたらき。②力を出してつとめる。	①体力。力量。②力作。力説。力走。	①真っ赤な顔をして力む。②力一杯ボートをこぐ。	(名)はつとむ 安全ベルトをつけることを力説する。	4647
下	1	一丁下	いち	3	カ、ゲ	した、しも、もと、さ・げる、さ・がる、くだ・る、くだ・す、くだ・さる、お・ろす、お・りる	〈だ・り〉	①下(した)。しも。もと。▼上。②地位が低い。順位があとのほう。③おとっている。いやしい。④下がる。下げる。下ろす。⑤終わりのほう、あとの方。⑥あらかじめ。前もって。⑦その人自身がやる、手をつける。	①下部。下界。②下級。下層。③下劣。④下山。⑤下旬。⑥下見。⑦下手人。	①下の句が思い出せない。②下級生の世話をする。③そのようなことは、下の下の人間のすることです。④飛行機が下降を始める。やっと熱が下がった。命令を下す。⑤下半期の決算をする。今、下の巻の通りです。⑥参千円の下相談をする。⑦旅行の下準備は下記の注意事項を読んでいます。下の巻を年賀に入れる。		1828
口	1	丶丨口	くちへん	3	コウ、ク	くち		①口。②出入りする所。また出入りすること。③口に出して言う。④人数。⑤一番はじめの所。⑥まねる。申し込み、紹介。⑦物事を分類した一つ。	①口笛。②噴火口。出口。③口車。口数。④人口。⑤口火を切る。⑥口銭(こうせん)。⑦甘口。別口。	①大きな口をあけて笑う。②トンネルの入り口。③口車に乗せられる。④東京都は人口密度が高い。⑤口火を切る。⑥仕事の口がかかる。⑦参千円の口は売り切れた。		2493
三	1	一二三	いち	3	サン	み、み・つ、みっ・つ		①三つ。②たび、数の多いこと。	①三脚。三省。②再三。	①万歳を三唱する。今年三つになる弟。②彼には行動について再注意を促した。	(名)さぶ、ぞう	2716
山	1	丨山山	やまへん	3	サン	やま		①山。②山のように高くもりあげたもの。③物事のたいせつなところ。④動物の卵や植物の実。⑤寺。	①山賊。②一山百円。③山場。山師。④山門。	①山に登る。②ゴミなどが山をつける。③患者はなんとか山をこえた。いよいよ山場を迎えた。④試験に山をかける。		2719
子	1	丶了子	こへん	3	シ、ス	こ	(ね)	①子。子ども。息子。娘。②男、若者。また、学間や人柄の優れた人につける言葉。③動物の卵や植物の実。④小さいもの。⑤ほかの言葉の下について、調子を整える言葉。⑥ね。十二支の一番目。動物ではねずみに当てる。方位では北、時刻では午前一時まで、時から午後十一時もと、華族の位の一つ。	①子宝。②子弟。種子。卵子。鱈子(たらこ)。粒子。④子細。⑤子。帽子。⑥子午線。⑦子爵。	①子宝にめぐまれる。子守歌を歌う。②子弟の面倒を見る。③子持ちしゃも。④とりたてて言うような子細はない。⑤調子が悪い。⑥子午線上の太陽の高さをはかる。		2750

本編　常用漢字

漢字	配当学年	筆順	部首	総画	音(常用漢字表)	訓(常用漢字表)	表外の音訓	意味	熟語	用例	備考(名)は人名	JISコード
女	1	くタ女	おんなへん	3	ジョ、ニョ、(ニョウ)	おんな、め◆		①女。▼男。②娘。女の子。	①女性。女優。②長女。女婿。	①女手ひとつで子どもを育てる。②彼の長女はもう成人している。		2987
小	1	｣丿小	しょう	3	ショウ	ちい・さい、こ、お	ちい・さな	①小さい。②少ない。わずか。③狭い。細い。④幼い。⑤(他の語の上について)軽度の意味を表す言葉。⑥自分に関することを謙遜して言う言葉。⑦だいたい。⑧短い。簡単な。	①小屋。②小声。③小道。④小児。⑤小僧。⑥小生。⑦小一里。⑧小品。	①大はかねる。この靴は小さくてはけない。②小鼻をうごめかす。高熱が続いているが、小康状態が下を負けた。事故の影響は小さい。③ふくら小路。④うちの子はまだ小さい。⑤小細工をしても見破られるだけだ。生意気な小僧だ。⑥小生も元気です。⑦小一時間ほど待っている。⑧小品が雑誌に掲載される。	(名)さ	3014
上	1	｜ト上	いち	3	ジョウ、★(ショウ)	うえ、(うわ)、かみ、あ・げる、あ・がる、のぼ・る、のぼ・せる、のぼ・す◆	あ・がり、のぼ・り	①上。▼下。②上る。上がる。のせる。③優れていること。良い物事。④初めの方。⑤身分や地位が高い。また、都へ行く。⑥高い人の所へ行く。⑦‥について。…に関して。	①上手(うわて)。上辺。上空。②上演。③上品。④上旬。⑤上流。⑥上京。⑦一身上。	①悲しいときには上を向いて歩こう。上辺をとりつくろう。上空に黒い物体が見える。②部屋の温度を上げる。二階に上がる。坂道を上る。③寿司の上を頼む。上品な言葉づかいをする女性。④今月上旬には結果が出る。⑤上流社会の仕来たりになれる。⑥今月中に上京します。⑦一身上の相談を受ける。		3069
夕	1	ノクタ	ゆうべ	3	◆セキ	ゆう		夕。日が暮れかかっている頃。日暮れ。	朝夕。夕霧。夕立。夕凪。夕飯。夕日。	夕飯の仕度を夕日が沈む。		4528
千	1	｜二千	じゅう	3	セン	ち		①千。百の十倍。②数の多いこと。	①千円。千人力。②千差万別。千言万語。千尋。	①千円均一セールに人が殺到する。②一刻千金を貫やして説得する。千言万語。千尋の谷底。		3273
川	1	｜川川	かわ	3	◆セン	かわ		川。水の流れ。	川端。川辺。川面。	川面に紅葉が浮かんでいる。		3278
大	1	一ナ大	だい	3	ダイ、タイ	おお、おお・きい、おお・いに	おお・きな	①大きい。②ものが多い。たくさん。③さいに。盛んで、ひどい。④すぐれている。りっぱな。大切な。⑤おおよそ。大方。⑥一番上の位。⑦尊敬してつける言葉。	①大願。大衆。大地。②大木。③大勢。大過。④大意。大事。大概。大成。⑤大方。大体。⑥大関。⑦大兄。大学。	①大きい声で返事をした。大願成就を祈願する。それは大胆不敵な計画である。②大した数ではない、大衆の支持を得る。③子どもへの影響は大きい。油断大敵。④それは私にとって大きな問題だ。学者にとって大成するのも大事にしまっておく。⑤大方の意見に従う。ぶらりと大概は大木山へ修行に行く。	(名)ひろ、ひろし	3471

14

3 教育漢字

漢字	配当学年	筆順	部首	総画	音(常用漢字表)	訓(常用漢字表)	表外の音訓	意味	熟語	用例	備考(名)は人名	JISコード
土	1	一十土	つちへん	3	ド、ト	つち		①土。どろ。大地。②人が住んでいるところ。くに。③土曜日の略。	①土壌。土足。②土着。土産。③金・土・日。	①よく肥えた土。異国の土になる。土足。②厳禁の札が立つ。③土地の人に案内してもらう。久しぶりに放郷の土を踏む。③その会社は土・日曜日休みです。		3758
円	1	⎿冂冂円	どうがまえ	4	エン	まる、い	まる・さ、まる・み	①円。丸い。②じゅうぶんで、欠けたところがない。なめらかで、角がない。③お金の単位。④なまり。一帯。	①円座。円周。②円熟。円満。③百円。④関東一円。	①飛行機が空に円を描いた。②難題だったが、円満に解決した。③年をとると人間が円くなる。④ドルを円にかえる。⑤関東一円に彼は害がおよった。	(名)まどか	1763
王	1	一丁干王	おうへん	4	オウ	—		①きみ。君主。王。②その方面で実力が一番すぐれたもの。③将棋のこまの一つ。	①王位。国王。②王朝。王道。③新人王。王将。	①学問に王道なし。②マラソン界の王者になる。③王将を守る。		1806
火	1	⎡⎤⎦⽕	ひへん(火)	4	カ	ひ、★(ほ)		①火。ほのお。②あかり。ともしび。③やく。もやす。④物事の急である。⑤激しい感情。⑥火曜日の略。	①火力。②灯火。漁火。③火災。火葬。④火急。⑤情火。⑥月火水木金土。	①火のない所に煙は立たない。②沖に漁火がゆれる。③台所から火を出す。火葬してお骨を拾う。④火急の用事で出かける。⑤情火にに翻弄される。⑥月火水・木の三日間が出校日です。		1848
月	1	ノ丿月月	つきへん	4	ゲツ、ガツ	つき		①月。②一年を十二に分けた一つ。③年月。月日。④月曜日の略。	①月影。②今月。③歳月。	①月の明かり。②月に一度仕送りを受ける。月例の委員会。③月日のたつのは早いものだ。④月・水・金・日おきにテニスの練習をする。		2378
犬	1	一ナ大犬	いぬ	4	ケン	いぬ		①犬。②まわしもの。スパイ。③つまらないもの。むだなものの例え。	①番犬。猛犬。②犬死に。	①あの二人は夫婦の仲だ。②あいつは敵方の犬だ。③彼の死が犬死ににならないためにも努力する。		2404
五	1	一丆万五	に	4	ゴ	いつ、いつ・つ		①五。②五たび。	①五感。②五回。	①五指に余る。②例文を五回読む。		2462
手	1	ニ三扌手	て	4	シュ	て、◆(た)		①手。手くび。掌(てのひら)。②自分の手でする。手ずからする。仕事。③わざ。また、やり方。方法。④ゆだ。⑤すぐれた技術や実力。⑥その道に従事する人。⑦きず。なかま。⑧(他の言葉の手の上について)意味を強める言葉。⑨方向。	①握手。手記。手術。②手芸。手品。③手間。手柄。④手本。手勢。⑤手腕。手傷。⑥手短。手狭。⑦手荒。⑧山の手。	①曜手をする。手を振って別れる。②手作りの人形を贈る。③まだ手が足りない。④その手はくわない。⑤あの人はなかなかのやり手だ。手腕を発揮する。⑥大勢の手下を持つ。⑦深手を負って倒れる。⑧手短に話す。⑨行く手をはばむ人たちがいる。		2874

本編　常用漢字

漢字	配当学年	筆順	部首	総画	音(常用漢字表)	訓(常用漢字表)	表外の音訓	意味	熟語	用例	備考(名)は人名	JISコード
水	1	丨 刁 才 水	みず	4	スイ	みず		①水。▼水。水のようなもの。液体。②水曜日の略。	①水力。水泳。水蒸気。水産。海水。洪水。	①水を浴びる。庭木に水をやる。ダムの建設で村が水没する。水気の多い果物。②月・水・金の放課後に部活動がある。		3169
中	1	丨 口 口 中	なか	4	チュウ (ジュウ)	なか		①中。うち。②まん中。③ある場所や時間などの中。④あいだ。途中。⑤かたよらない。⑥あたる。あてる。⑦中ぐらい。中ほど。⑧仲間。⑨中国の略。⑩中学校の略。	①中身。②中心。山中。③寒中。④中断。⑤中和。⑥中毒。的中。⑦中級。中流。⑧中間。⑨日中友好。⑩校立中。	①川の中の魚を調べる。②中央郵便局へ行く。③雨の中を走る。④研究の中間発表をする。⑤中正な立場を守る。⑥旅行客が食中毒にかかる。⑦中流家庭をモデルに考える。⑧彼等はしかたのない連中だ。⑨日中漁業協定を結ぶ。⑩中高の一貫教育が見直されている。		3570
天	1	一 二 千 天	★あめ、(あま)	4	テン	★あめ、(あま)		①高く、遠いところ。大空。②空の様子。月や星の様子。③大きな自然の力。④あらゆるものを支配する和。⑤生まれつき。自然の。⑥仏教やキリスト教で、神のいるところ。⑦天子についての事柄を表す言葉。	①天地。天下。②天気。③天災。天敵。④天罰。天命。⑤天才。天賦。⑥天国。▼地獄。⑦天覧。	①天高く舞い上がる。天下を統一する。②天気が悪い。③天災は忘れたころにやってくる。④運を天に任せる。天罰がくだる。⑤天賦の才能。⑥天国に行けることを願う。死んだ父は天国から僕を見守っている。⑦天覧試合が行われる。		3723
日	1	丨 冂 冂 日	ひ、か	4	ニチ、ジツ	ひ、か		①日。太陽。②昼間。③一日。④日本の略。⑤日曜日の略。	①日没。日輪。②日中。③日課。日柄。④日中友好。⑤土・日。	①日が昇る。日没が早まる。②日暮れて道遠し。③寒い日。本日はお日柄もよく。④日中親善試合に参加する。⑤毎週土・日は休みです。		3892
文	1	丶 亠 ナ 文	ぶんにょう	4	ブン、モン	◆ふみ	(あや)	①文(あや)。模様。②文字。③考えを文字で書き表したもの。④書物や記録。⑤学問や芸術など、人間の精神が生み出したもの。⑥昔のお金の単位。	①文様。②文字。③作文。④文献。文庫。⑤文武。文化。⑥二束三文。	①鳥取の文様を織り込んだ陣羽織もある。②文字を書く練習をする。③文章をあらって調査する。④文献をあらって調査する。⑤電話は文明の利器である。⑥この保険の契約証は三文の価値もない。		4224
木	1	一 十 才 木	きへん	4	ボク、モク	き、(こ)		①木。立ち木。②材木。③木曜日の略。	①木立。②木刀。木材。木造。	①木に登る。木に竹をつぐ。②木造家屋。		4458
六	1	一 二 宀 六	はちがしら	4	ロク	む、むつ、むっつ、(むい)	(リク)	①六つ。数の六。	六歳。六本。六三制。六根清浄。六法。	六法全書をひもとく。四六時中、本を読んでいる。		4727

16　常用漢字

漢字	配当学年	筆順	部首	総画	音(常用漢字表)	訓(常用漢字表)	表外の音訓	意味	熟語	用例	備考(名)は人名	JISコード
右	1	ノナオ右右	くちへん	5	ウ、ユウ	みぎ		①右。▼左。②尊ぶ。すぐれている。③これまでどおりのやり方を守ろうとする考え。また、その人。	①右折。②右腕。③右翼。	①右手に山がある。②彼の右に出る者はいない。③時代の流れが右寄りになった。	(名)すけ	1706
玉	1	一丁干王玉	たま	5	ギョク	たま		①王。美しい、りっぱな石。②美しく、すぐれている。③天皇に関係するものにつける言葉。④他人に関係するものにつけて美しく言う言葉。⑤王のように丸いもの。	①玉石。②玉杯。③玉座。④玉稿。⑤飴玉。	①玉にきず。②玉をころがすような声。③玉音放送を聞いたのは暑い日だった。④玉のような男の子が生まれた。⑤レンズのような玉を磨く。		2244
左	1	一ナナキ左	たくみへん	5	サ	ひだり		①左。▼右。②(右を尊ぶことから)低い方。③進歩的な考え、共産主義などの立場。	①左側。②左遷。③左派。	①船は波を受けて左傾した。運命を左右する大問題だ。②責任を取り、左遷された。③左翼に近い考え。		2624
四	1	1口円四四	くにがまえ	5	シ	よ、よっ、よっつ、よん		①四(よ)つ。四(よっ)つ。②東西南北の四つの方向。方角。	①四季。②四肢。③四海。④四方。	①四つに組む。四苦八苦して宿題を片づけた。②四海は波静かである。四方八方手を尽くして調べる。		2745
出	1	1+中出出	うけばこ	5	シュツ、(スイ)◆	で・る、だ・す		①出る。出す。②すぐれる。③お金を出す。④あらわれる。⑤出(で)。出身をあらわす。⑥出かけて行って参加する。⑦生み出す。生まれる。	①出発。②出色。③支出。④出現。⑤大学出。⑥出演。⑦出産。	①教室を出る。旅に出る。データを調べて出す。②出色のできばえ。③ボーナスが出る。給食費を出納簿をつける。④月が出る。「雪国」は川端康成の出世作となった。⑤父は東北の出だ。⑥集会に出る。⑦出生地。	(名)いずる	2948
正	1	一丁下正正	とめへん	5	セイ、ショウ	ただ・しい、ただ・す、まさ	ただ[しき]	①正しい。間違っていない。②正す。整える。③まさに。ちょうど、まっすぐに。④物事の主となるもの。⑤一月。⑥ゼロより大きい数。	①正確。正当。②改正。③正午。正比例。正反対。正面。正方形。④正副。⑤正月。⑥▼負数。	①正気を失う。②姿勢を正す。③正視できない。正に私の思っていたとおりだ。④正副の問題を準備する。⑤正月の行事がある。	(名)ただ、ただし、まさ、まさし	3221

本編　常用漢字

漢字	配当学年	筆順	部首	総画	音(常用漢字表)	訓(常用漢字表)	表外の音訓	意味	熟語	用例	備考(名)は人名	JISコード
生	1	ノ ニ キ 生	うまれる	5	セイ、ショウ	い・きる、い・かす、い・ける、う・まれる、う・む、お・う、は・える、は・やす、き、なま	う・まれ	①生える。草木の芽が出る。②生む。生まれる。物をつくりだす。③生る。生きている間。生きる。生きていく。④命。生きている間。⑤物事がおこる。できる。⑥生(なま)。新しい、まだ熱していない。⑦混じり物がない、手を加えていない。⑧人びと、勉強している人。⑨男の人が自分のことをへりくだって言う言葉。	①自生。野生。②生産。誕生。③生息。生物。④人生。⑤発生。⑥生懸。⑦生糸。⑧生徒。⑨小生。	①草が生える。サボテンはメキシコに野生している。②生は生米じょうぶで大きな病気をしたことがない。③彼は生来じょうぶで大きな病気をしたことがない。③毎日の生計をたてる。彼は生彩のある顔つきをしている。百歳まで生きる。④この世に生をうける。花を生ける。⑤困難が生じる。⑥魚を生で食べる。⑦彼は生まじめな人だ。⑧生徒会の会長に立候補する。⑨小生も元気で生きています。	(名)いく、おい、なり、ふ	3224
石	1	一 ア 石 石 石	いし へん	5	セキ、(シャク)、(コク) ◆	いし		①石。岩。②かたいもの。③昔の、米や酒の容積をはかる単位。一斗の十倍。およそ一八〇リットル。④昔の、船や材木の容積をはかる単位。およそ〇・二八立方メートル。	①石畳。石材。石像。石碑。化石。②石頭。③百万石。④千石船。	①石畳の歩道。②石鹸で手を洗う。		3248
田	1	⎿ 门 冂 田 田	たへん	5	デン	た		①田。米を作る田んぼ。②田んぼのように、物がとれる広い土地。	①水田。青田。②塩田。油田。	①田に水を引く。②塩田は瀬戸内海沿岸に多く発達した。		3736
白	1	' ノ 亻 白 白	しろ	5	ハク、★ビャク	しろ、(しら)、しろ・い		①白。白い。②きよい。汚れがない。③光り輝く、明るい。④あきらか。⑤言う。申し上げる。⑥むなしい。何もない。	①白衣。②潔白。白昼。③白昼。④明白。⑤白状。⑥空白。白票。	①白と黒のぶちの犬。②身の潔白を証明する。③青天白日の身となる。夜が明けて空が白くなってきた。④彼の無実は明白な事実だ。⑤正直に白状しなさい。⑥白票が十票もある。		3982
本	1	一 十 才 木 本	きへん	5	ホン	もと		①本(もと)。大もと。ものごとのはじまり。②もとづく。主な、中心の。③もとからある。もともと。④まことの。正真の。正式の。⑤本。書物。⑥この。当の。自分の。⑦細長いものを数える言葉。	①本位。②本拠。本流。本論。③本意。本望。本能。本気。本当。④本番。⑤絵本。⑥本年。⑦一本。二本。	①本位に考える。②話が本筋からそれる。③本気でおこる。④まだ本調子ではない、本番に強い。⑤本棚を整理する。⑥本件はこれで終了とする。⑦筆を一本買う。		4360

3 教育漢字

漢字	配当学年	筆順	部首	総画	音(常用漢字表)	訓(常用漢字表)	表外の音訓	意味	熟語	用例	備考(名)は人名	JISコード
目	1	丨冂冃目目	めへん	5	モク、(ボク)	め、★(ま)		①目。まなこ。目つき。②見る。目で…する。③目印。見当て。④目をつけて小分けした物。見出し。⑤目のように大切なところ。要。⑥かしら。巡り合わせ。⑦有様。目利き。⑧目通す力。⑨区切れた物。⑩一つ一つ。物事のどれか。⑪物事の順序を表す。	目札。目撃。目次。目録。	①優勝候補と目されるチーム。目の当たりに見る。②犯行を目撃する。③仕事に目安がつく。④項目を設定する。⑤作品の眼目をつかむ。⑥頭目の頭目。⑦ひどい目にあう。⑧この品物を選ぶとは目が高い。⑨編み目を数える。⑩親の死に目にあう。⑪一番目の問題を解く。		4460
立	1	丶亠亣立立	たつへん	5	リツ、(リュウ)	た・つ、た・てる		①立つ。立ち上がる。②成り立つ。成り立たせる。③立てる。起こす。定める。作る。④おこる。はじまる。	立脚。立体。立像。	①席を立つ。現実に立脚した考え方。②生計を立てる。無罪を立証する。③計画を立てる。立身出世。④十一月八日ごろが立冬です。		4609
気	1	ノ仁气気気	きがまえ	6	キ、ケ	―		①空気。ガス。湯気。②息。呼吸。③自然界の現象。④心もち。性。⑤ありさま。おもむき。よう。	①気温。蒸気。②気管。③天気。気候。④気質。気位。勇気。⑤気配。病気。	①気温が下がる。②風邪で気管をいためる。③気候が穏やかな土地。④気位の高い人。あの人は気性がはげしい。海を見ていると気が大きくなる。⑤火の気のない。血の気がない。人の気配がする。		2104
休	1	ノ亻仁什休休	にんべん	6	キュウ	やす・む、やす・まる、やす・める	やす・み	①休む。体を休める。②やめる。活動を途中でやめる。	①休憩。②休業。	①休暇。休日。休養。休診。②休講。休業。運休。	①疲れたら休むのが一番良い。心の休まる時がない。休息時間を五分にする。休日にはいつもテニスをします。十分に休養をとる。②万事休す。会社は日曜日が休みだ。仕事の手を休める。病院は本日休診します。		2157
糸	1	幺幺幺糸糸	いとへん	6	シ	いと		糸。綿などの繊維を合わせて細長くし、よりをかけたもの。	糸口。糸目。生糸。毛糸。	金に糸目を付けない。針に糸を通す。緊張の糸が切れる。		2769
字	1	丶宀宁字字	こへん	6	ジ	あざ	(あざな)	①文字。②字(あざな)。本名のほかにつける呼び名。③字(あざ)。町や村の中の小さな区分を呼ぶ言葉。	①字句。字源。字幕。	①字句の意味を国語辞典で調べる。③南知多町大字有脇字山田十。		2790

19

本編　常用漢字

漢字	配当学年	筆順	部首	総画	音（常用漢字表）	訓（常用漢字表）	表外の音訓	意味	熟語	用例	備考(名)は人名	JISコード
耳	1	一丁下下耳耳	みみへん	6	◆ジ	みみ		①耳。②ものの両側にあって耳の形をしているもの。	①耳目。	①耳をかたむける。世間の耳目を集めた事件。②布の耳を合わせる。		2810
先	1	ノ广生牛先先	ひとあし	6	セン	さき		①先。はじめ。前の方。②進んでいく先。進む方向。③今より前。以前。④今からあと。以後。	①先端。先輩。②先駆。③先祖。先生。④先見。	①流行の先端を行く。②先駆者の努力がみのる。③彼の家にはすでに先客がついている。④先の話をしてもしようがない。彼には先見の明がある。		3272
早	1	1 口日日旦早	ひへん	6	ソウ（サッ）	はや・い、はや・まる、はや・める		①早い。時期が早い。時刻が早い。②急である。	①早春。早朝。早場米。②早耳。早急。早業。	①早いうちに先生に相談する。時期を早める。②目にもとまらない早わざ。		3365
竹	1	ノ广竹竹竹竹	たけかんむり	6	チク	たけ		竹。	竹馬。青竹。爆竹。竹馬の友。	竹を割ったような性格。		3561
虫	1	1 口中虫虫虫	むしへん	6	チュウ	むし		①虫。昆虫。②心や気持ちの動きのもと。③体の中の虫にたとえてその人のことに夢中になっている人。	①昆虫。益虫。②虫害。③虫持ち。④弱虫。	①飛んで火に入る夏の虫。②腹の虫がおさまらない。③勉強の虫。仕事の虫。④泣き虫。		3578
年	1	ノ广生生年年	かん	6	ネン	とし		①年。一年。十二か月。②時。時代。③年。年齢。	①年金。年末。年来。②年代。年功。③年少。年配。	①年に一度のお祭り。国民年金。年来の希望がかなう。②年代順に並べる。③会場には、年配の人が多い。		3915
百	1	一丁斤斤百百	しろ	6	ヒャク	—		①百。十の十倍。②数が多いこと。たくさんの。すべての。いろいろな。	①百円。百貨店。百家。②百害。百分率。百家。	①百まで数える。②百害あって一利なし。		4120
名	1	1 夕夕冬名名	くちへん	6	メイ、ミョウ	な		①名。名まえ。②評判。有名な。すぐれた。③人数を数える言葉。	①名刺。②名作。名誉。高名。③出席者十五名。	①この花の名は何といいますか。②名より実をとる。③十名全員の無事を確認した。		4430
花	1	一十十什花花	〈さかんむり〉	7	カ	はな		①花。草や木の花。②美しくはなやかなもの。	①花束。花粉。②花嫁。花婿。	①花を生ける。②若いときが人生の花だ。花形歌手。		1854
貝	1	1 口日月月貝貝	かいへん	7	—	かい		貝。貝殻。	貝柱。二枚貝。帆立貝。	貝のように口を閉ざす。		1913
見	1	1 口日月目目見	みる	7	ケン	み・る、み・える、み・せる		①見る。見える。②あらわれる。あらわす。③見て考える。考え。④人に会う。	①見学。見本。②露見。③見解。見識。④会見。	①今日の試合は見物だ。②菊の新種を発見した。③自分の見解を明らかにする。④記者が大臣に会見を申し込む。		2411

3 教育漢字

漢字	配当学年	筆順	部首	総画	音(常用漢字表)	訓(常用漢字表)	表外の音訓	意味	熟語	用例	備考(名)は人名	JISコード
車	1	一 丆 冂 亘 車	くるまへん	7	シャ	くるま		①車。②車のついた乗り物。③輪のようにまるい形。	車輪。車窓。電車。	①雨が車軸を流すように降った。②車を拾う。③友達同士で車座になって弁当を食べた。		2854
赤	1	一 + 土 少 赤	あか	7	セキ、★（シャク）	あか、あか‥い、あか‥らむ、あか‥らめる		①赤い。②まごころ。③何もない、もき出し、ありのまま。④革命思想や共産主義。	赤札。赤飯。赤心。赤貧。赤恥。	①恥ずかしさで顔が赤らむ。②赤裸裸に人生を語る。③赤貧洗うがごとし。④あいつは赤だ。		3254
足	1	丨 口 甲 尸 呈 足	あし	7	ソク	あし、た‥りる、た‥る、た‥す		①足。②歩く。足で行く。③足りる、じゅうぶんである。④足す、じゅうぶんにする。⑤お金。	足元。足袋。足場。足跡。満足。足労。足早。荒足。	①足元を固める。②ご足労をおかけします。③人数が足りる。④コップに水を足す。⑤足が出る。	(名)たり	3413
村	1	一 十 オ 木 村	きへん	7	ソン	むら		①地方自治体の中で、町より小さいもの。②村。田舎。	村民。村立小学校。村雨。山村。	①今日は村民運動会がある。②村はずれにお宮がある。		3428
男	1	丨 口 田 里 男 男	たへん	7	ダン、ナン	おとこ		①男。②むすこ。男の子ども。③もと華族の位の一つ。	男手。長男。次男。男爵。	①男が子をあげる。②彼は長男として大事に育てられた。③男爵は子爵の次の位です。	(名)お	3543
町	1	丨 口 田 町 町 町	たへん	7	チョウ	まち		①町。家が集まっている場所。その一区切り。②地方自治体の一つ。③昔の単位。距離は一町（ちょう）。面積は約九・九アール。	町家。城下町。	①町家が軒をつらねる。②今日は町民運動会があった。③一町の田に稲の苗を植える。		3614
雨	1	一 厂 币 币 币 雨 雨	あめかんむり	8	ウ	あめ、(あま)		雨。雨降り。	雨天。雨具。豪雨。五月雨。雨雲。時雨。	雨が降りそうだ。雨雲が広がってきた。		1711
学	1	丷 ⺌ ⺍ 学 学 学 学	こへん	8	ガク	まな‥ぶ		①学ぶ。習う。②学問。③学ぶところ。学校。	学習。学徒。学問。学園。学恋。学長。	①よく学びよく遊べ。足し算と引き算の学習をする。②幼少より学に志す。学識経験者。学問に励む。③学を巣立つ。		1956
金	1	丿 𠆢 △ 仐 仐 金 金 金	かねへん	8	キン、コン	かね、(かな)		①金（きん）。こがね。②金・銀・鋼などの鉱物。それらでできているもの。③金打するように値打ちがある美しく、大切なもの。④お金。銭。⑤金曜日の略。	金貨。黄金。金物。金属。金網。金言。金額。金策。金権。金銭。	①金の指輪。②金物屋で鍋を買う。③金言は耳にさからう。④金策にかけまわる。⑤月・水・金の放課後に部活動をする。		2266

本編　常用漢字

漢字	配当学年	筆順	部首	総画	音(常用漢字表)	訓(常用漢字表)	表外の音訓	意味	熟語	用例	備考(名は人名)	JISコード
空	1	′宀か穴空空空	あなかんむり	8	クウ	そら、あ・く、あ・ける、から		①空。おおぞら。②空(から)。からっぽ。中身のないこと。③そらで、いつわり。④むだ。役に立たないこと。⑤飛行機。	①空色。②空手。③空腹。空間、空車。空白。	①青い空。②席が空く、腹が空っぽになる。③空駆けをする。④タイヤが空回りする。⑤空路を変更する。		2285
青	1	一二キ主青青青	あお	8	セイ(ショウ)	あお、あお・い		①青い。青い色。②若い、未熟な。	①青天。青春、青年。②青二才。	①信号が青になった、青い空がひろがる。青天白日の身となる。②青春を謳歌する。		3236
林	1	一十才木村林	きへん	8	リン	はやし		①林。②むらがりが集まること。	①原始林、林間、林道、芝林。	①くぬぎの林。②工場の煙突の林。		4651
音	1	一十立立立音音音	おとへん	9	オン、★イン	おと、ね		①音(おと)。こえ。②ふし。ろ。③漢字の読み方。④たより、知らせ。手紙。	①音声。②音波。音楽。③音読、音訓。④音信。	①音が響く、虫の音。②方向音痴。③音で読む。④なんの音沙汰もない。		1827
草	1	一十十十节节节草草	さかんむり	9	ソウ	くさ		①草の茎つぶ。簡単な植物。②そまつな、簡素な。③草深い、田舎じみている。④文章などの下書き。⑤物のはじまり。⑥書体の一つ。最も崩した書き方。	①草花。草原、草食。▼肉食。②草案。③草野球。④草案、草編。⑤草創。⑥草書。	①草食動物。②まずはお知らせまで。③久しぶりに草相撲を取った。④論文の草稿に手を入れる。⑤草創期。⑥手紙を草書体で書く。		3380
校	1	一十才木木校校校校	きへん	10	コウ	—		①生徒や学生を教えるところ。まなびや。②くらべて、誤りを正す。③軍隊の指揮官。④あぜ。日本上代(奈良時代のこと)の建築様式の一つ。	①校友、校旗。②校閲、校正。校訂。③将校。④校倉(あぜくら)。	①校旗を掲げる。②校正に赤ペンを使う。③将校の命令。④正倉院の校倉造りは有名だ。		2527
森	1	一十才木杏森森森森森	きへん	12	シン	もり		①森。木がたくさん生い茂っているところ。②厳かなこと。③ひっそりしていること。	①森林。②森厳。③森閑。	①森林の乱伐が問題になる。③神社の境内は森閑としていた。		3125
刀	2	フ刀	かたな	2	トウ	かたな		①刀。②刀の形をした古銭の名。	①刀剣、刀身、執刀、木刀。②刀銭。	①刀折れ矢つきる。		3765
丸	2	ノ九丸	てん	3	ガン	まる、まる・い、まる・める	まる・み、まる・さ	①丸。丸いもの。②たま。丸いもの。③そっくり全部。④城の囲いの中。⑤船や人名などの名につける言葉。	①丸太、丸丸。②弾丸。③丸暗記、丸裸。④本丸。⑤牛若丸、日本丸。	①丸と四角を組み合わせる、背を丸める。②弾丸をぬいて安全をはかる。③火事で丸裸になる。④敵が本丸にせまる。⑤日本丸が帰港した。	(名)まろ	2061

22

3 教育漢字

漢字	配当学年	筆順	部首	総画	音(常用漢字表)	訓(常用漢字表)	表外の音訓	意味	熟語	用例	備考(名)は人名	JISコード
弓	2	ー コ弓	ゆみへん	3	◆キュウ	ゆみ		弓。	弓道。弓矢。	①弓を引き絞る。		2161
工	2	一 T 工	たくみへん	3	コウ、ク	―		①ものを作る人。②物を上手に作ること。細工。	①大工。②工夫。工業。工面。工程。	①大工さんが家を建てる。②工夫を凝らす。お金を工面する。③工程の半分まで進む。		2509
才	2	一 十 才	てへん	3	サイ	―		①生まれつき持っている能力。働き。②年齢を数える「歳」のかわりに用いられることもある字。	①才媛。才能。秀才。商才。②五才。	①彼は音楽の才能がある。②五才の誕生日を家族で祝う。		2645
万	2	一 フ 万	いち	3	マン、◆バン	―		①千の十倍。②数が多い。すべて。あらゆる。③どうしても。けっして。	①一万年。②万事。万難。	①万に一つのまちがいも許されない。②弟は一事が万事この調子だ。万難を排して初志を貫く。	(名)かず	4392
引	2	゜ ョ 弓 引	ゆみへん	4	イン	ひ・く、ひ・ける		①引っ張る。引き寄せる。②引き延ばす。長くする。③連れて行く。導く。④まえからもっていく。他の力を借りる。⑤退く。引っ込む。⑥引き受ける。	①引力。②延引。③引率。引導。④引用。⑤引退。⑥引責。引責。	①子どもの手を引く。②納豆が糸を引く。③馬を引いて行く。④先生の引率で工場を見学する。⑤例え話を引用して説明する。⑥文壇から身を引く。⑥彼は引責辞任を強いられた。		1690
牛	2	ノ 二 ニ 牛	うしへん	4	ギュウ	うし		牛。家畜の一つ。	牛乳。牛肉。	牛にひかれて善光寺参り。		2177
元	2	ー 二 テ 元	ひとあし	4	ゲン、ガン	もと		①元。元になる物。②はじめ。第一。③おさ。かしら。④年号。⑤むかし、中国にあった国の名。	①元金。元日。②元本。元気。③元首。元凶。④改元。元号。⑤元寇。	①火の元を確かめる。元も子もない。②草だんごの元祖はこの店である。③一九八九年に平成と改元した。④一二一八年にフビライが建国した。	(名)はじめ	2421
戸	2	ー 二 ラ 戸	とかんむり	4	コ	と		①戸。とびら。②家。また、家をかぞえる言葉。	①戸棚。戸袋。②戸籍。戸数。	①戸口に見知らぬ人がいる。②会費を戸別に集める。		2445
午	2	ノ 二 ニ 午	じゅう	4	ゴ	―	(うま)	①午(うま)。昔の時刻の名で、今の昼の十二時、または、午前十一時から午後一時までの時間。②十二支の七番目。③南。	①午前。正午。午後。午睡。②子午線。	①午後一時から会議が始まる。②午年の生まれ。③子午線を通る時刻を観測する。		2465
公	2	ノ ハ ハ 公	はちがしら	4	コウ	◆おおやけ	(ク)	①公(おおやけ)。国を治めるところ。政府、役所。朝廷。②おおやけ。人びとが生活するための集まり。国家、社会、世間。③正しくてかたよらない。④すべてに広くあてはまること。⑤もと、華族の親しみ、軽蔑などをこめた呼び方。⑥尊敬や親しみ、軽蔑などをこめた呼び方。	①公務員。公衆。公徳心。公憤。②公私。③公平。④公倍数。⑤公爵。⑥信長公。貴公。	①公の費用を私してはならない。②公園は公私の別を明らかにする。③兄弟は公平に育てられた。④公倍数を求める。⑤公爵が子孫の五つの位の一番目だ。⑥主人公の心理をとらえる。	(名)きん	2488

本編　常用漢字

漢字	配当学年	筆順	部首	総画	音(常用漢字表)	訓(常用漢字表)	表外の音訓	意味	熟語	用例	備考(名)は人名	JISコード
今	2	ノ 𠆢 今	ひとやね	4	コン、◆(キン)	いま		①今。現在。②このたび。③ちかごろ。現代。④すぐに。ただちに。⑤さっき。少し前。⑥もう。さらに。	①今昔。今回。②今度。今夜。③昨今。今日。	①今、ちょうど十時です。今時来ても手遅れです。②今回の別れ。③今でも通用する。④今すぐ、行きます。⑤今のは冗談です。⑥今ひとつ物足りない。		2603
止	2	⼀⼀⼀⼀止	とめへん	4	シ	と・める、と・まる		①止まる。止める。②やめる。やすむ。	①止血。終止。防止。②休止。廃止。	①雪道ではすべり止め止が必要だ。②雨のため運動会を中止する。		2763
少	2	⼀ 小 少	しょう	4	ショウ	すく・ない、すこ・し		①少ない、わずか。②減る、少なくなる。③若い、若者。	①少々。②減少。③少年。▼少女。	①少ない子算でやりくりする。少々お待ちください。②去年より村の人口が減少した。物が少なくなった。③少年よ、大志を抱け。		3015
心	2	⼀ ⼀ 心 心	こころ	4	シン	こころ		①心臓。②考え。③まんなか。たいせつなところ。	①心室。心臓。②心理。心得。③中心。核心。	①彼は心臓の強い男だ。②生徒としての心得を守る。③物事の核心に触れる。		3120
切	2	⼀ 七 切 切	かたな	4	セツ、◆(サイ)	き・る、き・れる		①切る、切り離す。切り離したもの。②せまる、差し迫る。③しきりに、強く。④まことに、丁寧に。⑤その時・その場にぴったりしたようす。	①切断。切実。②切望。③切。▼切。切迫。④親切。⑤適切。	①刃物で手を切る、このナイフはよく切れる。②切実な問題で、善処を願う。③切に訴える、切に望む。④懇切丁寧に教えてもらう。⑤適切な指示のおかげで助かった。		3258
太	2	⼀ ナ 大 太	だい	4	タイ、タ	ふと・い、ふと・る		①非常に大きい。太っている。②形が太い、太っている。③はなはだ、非常に。④身分の高い人を敬って言う言葉。	①太陽。太刀。②丸太。③太古。④太子。太閤。	①毛筆で太く書く。太鼓判を押す。②食べ過ぎると太る。③シベリアでは太古の化石がよく発見される。④聖徳太子。	(名)ふとし	3432
内	2	⼀ 冂 冂 内	どうがまえ	4	ナイ、◆(ダイ)	うち		①内、なか。ある範囲のなか。②宮中。③表にあらわさない、内緒。うちうち。④仲間内。家庭の中。	①年内。内勤。▼外勤。②宮中。参内。③内裏。内密。④内需。内助。	①門の内を掃きをとめる。内かぐを内に秘める。②内裏を飾る。宮中に参内する。③一年間も内偵していた。内密に調査する。④内助の功。		3866
父	2	⼀ ⼀ ⼁ 父	ちち	4	フ	ちち		①父。母。②男親。	父子。父兄。父祖。厳父。	父祖伝来の土地を守る。		4167

24

3 教育漢字

漢字	配当学年	筆順	部首	総画	音(常用漢字表)	訓(常用漢字表)	表外の音訓	意味	熟語	用例	備考(名)は人名	JISコード
分	2	、ハケ分	かたな	4	ブン、フン、ブ	わ・ける、わ・かれる、わ・かる、わ・かつ		①分ける。分かれる。別別にする。割る。②大もとから別れたもの。③物質を作っているもの一つ一つのもの。④地位。身分。⑤持ち前。生まれ。⑥やらなければならないつとめ。⑦割り当てられた量。⑧よく見分けられる。決める。⑨時間・角度・経緯度の単位。⑩長さや重さや温度などの単位。⑪一割の十分の一。パーセント。⑫割合。	①分類。分割。②分家。分校。分流。③水分。糖分。④身分。⑤天分。⑥本分。⑦三人分。⑧分別。⑨六十分。⑩一寸五分。⑪三割三分。⑫五分五分。	①カメラを分解してみる。分割払い。②分家の者が全員、本家に集まった。③炎天下では水分の補給を怠ってはいけない。④分際をわきまえる。分相応の生活をする。⑤自己の天分を全うする。この子には水泳の天分がある。⑥学生の本分は学問である。⑦この料理レシピは三人分で書いてある。⑧味が分かる。分別のある行動をとる。⑨授業は八時五十五分に始まる。⑩気温は三十五度五分まで上昇した。⑪本日より全商品五分引きで販売します。⑫分からないことが分が悪い。		4212
方	2	、一ナ方	ほうへん	4	ホウ	かた		①方(かた)。方角。方向。向き。②(都以外の)ところ。③いくつかあるものの中から一つを抜き出す。④正しい。⑤四角。⑥やり方。てだて。⑦人を敬って言う言葉。	①方角。方向。方面。②方言。▼共通語。標準語。③母方。▼父方。④方正。⑤方形。⑥方策。方法。⑦先方。	①右の方へ曲がる。方角いて方向を考える。②方言を後世に伝える。進学の方向を考える。③母方の親類。④品行方正。⑤円形・方形を交互に描く。⑥方策を立てる。魚の食べ方を習う。⑦関係の方方に謝辞を述べる。	(名)みち	4293
毛	2	一二三毛	け	4	モウ	け		①人や動物などの毛。②毛のように細い。ごくわずか。③草木が生えること。④稲や麦のみのり。⑤長さ・重さなどの単位の一。厘の十分の一。	①毛皮。毛色。②毛頭。③不毛。④二毛作。⑤二厘五毛。	①毎朝髪の毛をとく。毛皮のコートを買う。②毛筆で手紙を書く。③そんな考えは毛頭ありません。④そこは不毛の地である。		4451
友	2	一ナ方友	また	4	ユウ	とも		①友だち。②なかがよいこと。	①友人。友引。②友好。友情。	①夜遅くまで友と語り合う。②友好関係を保つ。		4507
外	2	1ク夕外外	ゆうべ	5	ガイ、◆ゲ	そと、ほか、はず・す、はず・れる		①外側。表。うわべ。よその。別の。②外(ほか)。よそ。③外す。外れる。取り除く。④母方の親類。	①外国。外面。②外貨。外国。③除外。除外。④▼内蔵。	①家の外だけで遊ぶ。人を外見だけで判断してはいけない。②外貨を考え。輸出で外貨を稼ぐ。③席を外す。当てが外れる。	1916
兄	2	1ロロア兄	ひとあし	5	◆ケイ、(キョウ)	あに		①兄。年上の男の兄弟。▼弟。②友達や目上の人を敬って言う言葉。	①兄弟。諸兄。②貴兄。兄弟子。	①兄弟助け合って生きる。②兄弟子には頭が上がらない。これも諸兄のおかげです。		2327

25

本編　常用漢字

漢字	配当学年	筆順	部首	総画	音(常用漢字表)	訓(常用漢字表)	表外の音訓	意味	熟語	用例	備考(名)は人名	JISコード
古	2	一十十古古	くち・へん	5	コ	ふる・い、ふる・す		①古い。むかし。	古米。古典。古巣。	①古い服をなおして着る。②古顔がしばを利かせる。		2437
広	2	亠广広	まだれ	5	コウ	ひろ・い、ひろ・まる、ひろ・める、ひろ・がる、ひろ・げる	ひろ・がり	①広い。広さ。広げる。	広大。広野。広告。広報。広範。	①広い道路。②評判が広まる。知識を広める。道幅が広がる。広告を載せて宣伝する。	(名)ひろ、ひろし	2513
市	2	亠亠市市	はば・へん	5	シ	いち		①市(いち)。市場。人がたくさん集まって品物の売り買いをする所。②町。家が多く、人が集まる所。③市制をしいた大きな町。	市場。市価。市制。	①株式市況。②市価の二割引きで売る。日曜の市街は人出が多い。③市制をしく。市立病院。		2752
矢	2	ノ上午矢矢	や・へん	5	★シ	や		矢。弓のつるにかけて射る武器。	矢面。矢印。遠矢。	弓に矢をつがえる。矢の催促。		4480
台	2	ム台台	くち・へん	5	ダイ、タイ			①高くついてよく見渡せる建物。②高く平らな所。③ものをのせるもの。④もとになるもの。⑤乗り物・機械などを数える言葉。⑥ある範囲の数を表す言葉。	灯台。高台。台地。台紙。台座。台本。台。十秒台。	①気象台の子報が当たる。②高台に登る。③台紙に貼る。④劇の台本をもらう。⑤バス三台。⑥十秒台は速いほうだ。		3470
冬	2	夂久冬冬	ふゆがしら	5	トウ	ふゆ		冬。四季の一つで、秋のつぎ。▶夏。	冬眠。冬至。(▶夏至)冬山。立冬。	厳しい冬を越す。冬来たりなば春遠からじ。		3763
半	2	丷一兰半	じゅう	5	ハン	なか・ば		①半ば。半分。二分の一。②途中。進行の中程。③完全でない。④少し。わずか。小さい。	半壊。半濁音。半年。半径。半額。夜半。半熟。半時。	①半額セールの広告。②夜半過ぎ。③半熟たまご。④冗談半分でものを言う。半時を争う。	(名)なか	4030
母	2	∠ㄑ母母母	はは	5	ボ	はは		①母。おかあさん。▶父。②ものが生まれるもとになるもの。	母親。母校。母方。母国。母子。母船。	①母子家庭であったが幸せに育った。②母校でクラス会を開く。		4276
北	2	一 ㅓ 北	ひ	5	ホク	きた		①北。にげる。まける。②▶南。	北極。敗北。北上。北洋。	①北洋漁業で蟹をとる。②敗北の原因について話す。		4344
用	2	丿月月用用	もちいる	5	ヨウ	もち・いる		①用いる。使う。役立てる。②役に立つこと。働き。きため。③仕事。しなければならないこと。④必要なお金や品物。	用意。効用。用事。用品。費用。	①用をなさない。定規を用いて線を引く。②薬の効用について話す。③用を足す。用のない人は立ち入らないでください。④多くの費用がかかる。		4549

3 教育漢字

漢字	配当学年	筆順	部首	総画	音(常用漢字表)	訓(常用漢字表)	表外の音訓	意味	熟語	用例	備考(名)は人名	JISコード
羽	2	丁丌尹羽羽羽	はね	6	◆ウ	は、はね		①鳥などのはね。つばさ。②羽の形をしたもの。翼(わ)。③羽(わ)、鳥などを数える言葉。	①羽化。②羽毛。③二羽。三羽。	①羽を休める。羽をのばす。②二羽の小鳥。		1709
回	2	丨冂冋冋回回	くにがまえ	6	カイ、(エ)	まわ・る、まわ・す	まわ・り	①回るぐるぐると回る。回す。②かえる。戻る。戻す。③物事の度数を表す言葉。	①回転。回転。②回送。回復。③次回。最終回。何回。	①車輪が回る。回覧板を回す。②居先に回送する。青春を回顧する。天気が回復する。③最終回の番組収録が無事にすんだ。		1883
会	2	人人合合会会	ひとやね	6	カイ、★エ	あ・う		①会う。出会う。②あつまり。よりあい。あつまる。③とき。よいおり。④とき。⑤かぞえる。	①会見。②会費。③機会。④会得。⑤会計。	①記者会見がある。人と会う約束がある。②会費を納める。③いい機会をうかがう。④新しい技を会得する。⑤会計をすませる。		1881
交	2	亠ナ六交交	なべぶた	6	コウ	まじ・わる、まじ・える、ま・じる、ま・ざる、ま・ぜる、か・う◆、か・わす◆	まじ・わり	①つきあう。つきあい。②たがいに入りくむ。交わる。③かわるがわる。たがいに。④とりかわす。やりとりする。⑤わたす。⑥交わる。入れ交わる。	①交際。②交差。③交互。④交換。⑤交付。⑥交代。	①朱に交われば赤くなる。人と会う約束がある。一堂に会する。②二つの線が交わる点。③つばめが飛びかう。④約束を交わす。⑤免許証を交付する。⑥委員長を交代する。		2482
光	2	丨丬兴光光	ひとあし	6	コウ	ひか・る、ひかり		①光。光る。②つや。輝く。③けしき。④ほまれ。⑤他人のすることに敬っつける言葉。	①光線。②光沢。③光景。④光栄。光輝。⑤光臨。光来。⑥光陰。	①星が光る。太陽光線を浴びる。光明を見いだす。②光沢のある布地を買う。③あのときの光景が目に浮かぶ。④親の光は七光。⑤ご光臨を仰ぐ。⑥光陰矢のごとし。	(名)みつ	2487
考	2	一十土耂考考	おいかんむり	6	コウ	かんが・える		①考える。考えるいろいろ工夫する。②しらべる。	①考案。考慮。②考察。考証。考査。	①事情を考慮する。②中間考査。		2545
行	2	彳彳イ行行行	ぎょうがまえ	6	コウ、ギョウ、★(アン)	い・く、ゆ・く、おこな・う		①行く。歩いて行く。②列。並んで歩くもの。③持ちあるく。旅をする。④行う。⑤宗教で心身を鍛える訓練。⑥同じ商売の仲間。店。⑦漢字の書き方の一つ。	①行進。行路。通行。②行列。行間。③行脚(あんぎゃ)。行灯(あんどん)。④行儀。⑤行政。行動。⑥行者。銀行。⑦行書。	①お使いに行く。②宝くじを買う行列。③行脚の僧。行を共に行う。④予定通りに行う。⑤離行苦行。⑥銀行ローン。	(名)ゆき、つら	2552

本編　常用漢字

漢字	配当学年	筆順	部首	総画	音(常用漢字表)	訓(常用漢字表)	表外の音訓	意味	熟語	用例	備考(名)は人名	JISコード
合	2	ノ人人合合合	くちへん	6	ゴウ、ガッ、(カッ)	あ・う、あ・わす、あ・わせる		①合う。あてはまる。②あつまる。あつめる。③合わせる。いっしょになる。④やわらぐ。⑤米や酒の量の単位。一升の十分の一。約○・一八リットル。⑥広さの単位。一坪の十分の一。約○・三三平方メートル。⑦山の頂上までの道のりを十等分したうちの一つ。	①合格。②合戦。③合流。④和合。⑤一合。⑥五合目。	①合格の喜びを母に伝える。②天下分け目の合戦。③全員が駅で合流する。④夫婦の和合は子供のためによい。⑤二合の酒を注文する。⑦五合目でテントを張る。		2571
寺	2	一十十寺寺寺	すん	6	ジ	てら		寺。	寺院。尼寺。山寺。	盆には寺参りをする。京都は寺院の多い町だ。		2791
自	2	′丿′白白自	みずから	6	ジ、シ	みずか・ら		①おのれ。自分。本人。②自ら。他から支配されることなく、自分の思うまま。③ものごとの始まりなどを表す言葉。	①自我。②自愛。③自適。④自今。	①自ら招いた災難。自我の強い人。②寒さの折からご自愛ください。③悠悠自適の生活をする。④自今充分気を付けます。		2811
色	2	′勹勺缶缶色	いろ	6	ショク、シキ	いろ		①色。色どり。②顔かたち。表情。③ようす。きざし。おもむき。④男と女がたがいに惹かれる心。色ごと。	①色彩。②顔色。③特色。④好色。	①いい色の服。②喜びの色を隠せない。③秋の色が深まる。④色に迷う。色目をつかう。		3107
西	2	一二丅丏两西	にし	6	セイ、サイ	にし		①西。▶東。②西洋。ヨーロッパ。	①西方。②西欧。	①この部屋は西日が当たって暑い。②イギリス・オランダなどは西欧の国国だ。西洋料理。		3230
多	2	ノク夕夕多多	ゆうべ	6	タ	おお・い		多い。たくさん。	多岐。多幸。多才。多忙。	労多をとする。この町は緑が多い。仕事が多岐にわたる。ご多幸を祈ります。多忙な年末を過ごす。		3431
地	2	一十土よ地地	つちへん	6	チ、ジ	—		①つち。土地。大地。②所。場所。③立場。身分。④生まれつき。もともとある物。⑤織物の生地。	①地震。②地元。③地位。④地声。地肌。⑤布地。	①天と地ほどの差。味が聞こえている。②安住の地を得る。地元の会社に勤める。③高い地位につく。地歩を固める。④つい地が出てしまった。⑤白い地に赤い模様の着物。		3547
池	2	; 氵;'池池池	さんずい	6	チ	いけ		池。水などをためておくところ。	池沼。貯水池。電池。古池。	古池や鮭(かわず)とびこむ水の音。遊船に太陽電池を取りつける。		3551

28

3 教育漢字

漢字	配当学年	筆順	部首	総画	音(常用漢字表)	訓(常用漢字表)	表外の音訓	意味	熟語	用例	備考(名)は人名	JISコード
当	2	当当	しょう	6	トウ	あ・たる、あ・てる	あ・たり	①当たる。当てる。②当てはまる。当たりまえ。正しい。③てくばり。わり当てる。役目を引き受ける。④その。この。いまの。	①当選 ②当然 ③担当 ④当人	当否 当番 当事 当時	①ボールを当てられて泣き出した。一等に当選する。②当選の予想が当たって、よい成績がとれた。事の当否をあきらかにする。③その日は、日直に当たっての問題だ。④みんなを呼び出しておきながら、当の本人がまだ来ない。当代になって店がかたむいた。		3786
同	2	同同同	くち・へん	6	ドウ	おな・じ		①同じ。▼異。②同じように感じる。③仲間。④集まる。	①同音 ②同情 ③同士 ④合同	同感 同道	①同音異義語に注意する。②彼の意見に同感だ。③友達同士で練習する。④合同練習をする。		3817
肉	2	肉肉肉	にく	6	ニク	—		①肉。動物の骨のまわりにある柔らかい部分。②からだ。③肉のように柔らかくないもの。④器具などを使わないで、じか。⑤血のつながりの非常に近いこと。⑥太さや厚みを言う言葉。	①筋肉 ②肉体 ③果肉 ④肉筆 ⑤肉親 ⑥肉太	肉食 牛肉 豚肉 朱肉 肉眼 肉声	①肉食獣。②肉体労働に従事する。③赤い印肉ではんこをおす。④肉筆の色紙をもらう。⑤肉親の愛情が正しい。⑥椿の花弁は肉が厚く、肉太の字を書く。		3889
米	2	半米	こめ・へん	6	ベイ、マイ	こめ		①米。稲の実。②アメリカ(亜米利加)の略。③長さの単位。メートルの当て字。	①精米 ②渡米 ③五百平米	白米 米国	①米作地帯。②首相が渡米する。③三百平米の土地を買った。	(名)よね	4238
毎	2	勺毎毎	なかれ	6	マイ	—		そのたびごとに。いつも。常に。	毎日 毎晩	毎朝	毎日の努力が実を結んだ。		4372
何	2	仁仃仃何	にんべん	7	◆カ	なに、(なん)		①何。よくわからないものや、名のわからないものを問う言葉。②相手の言葉を打ち消したり、わからないときや驚いたときに聞き返す言葉。	①何人 ②何者	何人 何事	①何人といえども言論の自由をおかすことはできない。②忘れるとは何事だ。		1831
角	2	角角	つののへん	7	カク	かど、つの		①動物の角。②とがったもの。角(かど)。③四角。④比べ合う。力を競う。⑤将棋のこまの一つ。	①角笛 ②角度 ③角材 ④角界 ⑤角行	鹿角 三角 角柱 角速	①かたつむりが角を出す。②違った角度から考えると曲がり角を曲がる。③角材を運ぶ。④角を競う。⑤角行を繰り返す。		1949
汽	2	汽汽	さんずい	7	キ	—		水が蒸発したもの。水蒸気。	汽船 汽笛	汽車	汽船の汽笛を鳴らす。		2105

本編　常用漢字

漢字	配当学年	筆順	部首	総画	音(常用漢字表)	訓(常用漢字表)	表外の音訓	意味	熟語	用例	備考(名)は人名	JISコード
近	2	一ｒ斤斤斤近近	しんにょう	7	キン	ちか・い		①近い、そば、距離や時間が短い。②近ごろ。	①近似。最近。近隣。②近況。近代。	①ここは駅に近い、工事の完成が近い。②電話で近況を話す。近代的なデザイン。		2265
形	2	一二于开形形形	さんづくり	7	ケイ、ギョウ	かた、かたち		①形(かた)。有様、ようす。②形(かたち)どる。形づくる。似せて作る。	①形式。形態。②形跡。形成。形容。	①帽子の形が崩れる。人が住んでいた形跡がある。②人格を形成する。何とも形容しがたい美しい光景だ。		2333
言	2	一二言言言言言	ごんべん	7	ゲン、ゴン	い・う、こと		①言葉。②言う。	①言語。言質。名言。方言。②言外。言行。言論。	①相手に言質をとられる。②言論の自由。		2432
谷	2	ノハグ父谷谷谷	たに	7	コク	たに		谷。	谷川。谷間。渓谷。	谷川に架かる橋。谷間の村。		3511
作	2	ノイ亻亻作作作	にんべん	7	サク、サ	つく・る		①作る、こしらえる、また、作り上げたもの。②穀物や野菜などを作った、そのできばえ。③働き。仕事。④振る舞い。体や物を動かすこと。	①作製。作文。②作物。③作動。作用。④作法。	①「坊っちゃん」は夏目漱石の作である。ケーキを作る。②米を作る。この地方の主な作物は米だ。③薬が作用する。④行儀作法を習う。		2678
社	2	一ｒネ社社社	しめすへん	7	シャ	やしろ		①社(やしろ)、神社。②人の集まり、世の中。③会社の略。	①社寺。社殿。②社会。社交。③社員。	①村のはずれに小さな社がある。②芸能人の社会。③社に戻って上司に相談します。		2850
図	2	丨冂冂网网図図	くにがまえ	7	ズ、ト	はか・る		①図る。計画する。図りごと。②図。絵、描いたもの。	①意図。図案。図画。②図示。図説。	①解決を図る。図らずもこのようになった。新しい事業の図案を企図する。②ポスターの図案を考える。学校までの道順を図示する。		3162
声	2	一十十丰丰声声	さむらい	7	セイ、(ショウ)★	こえ、(こわ)◆		①声。②声を出す。言葉で言う。③世間のうわさ。評判。	①声色。音声。声明。②声援。声楽。③名声。	①声を限りに叫ぶ。声色で誰だか分かる。②行進する選手団に声援を送る。③名声を博する。		3228
走	2	一十十丰丰走走	そうにょう	7	ソウ	はし・る		①走る。②逃げる。	①走者。敗走。②走。力走。脱走。	①大が走る。②敵軍はなだれをうって敗走した。		3386
体	2	ノイ亻什体体体	にんべん	7	タイ、テイ◆	からだ		①人の体。②決まった形。③もとになるもの。④仏像や死体を数える言葉。⑤ようす。外見。	①体育。体温。体格。体重。②体系。体制。体積。③体言。▶用言。④二十体。⑤体面。体裁。	①体をかわす。夜更かしは体に悪い。②体をなさない名ばかりの像。③名は体をあらわす。体積を求める。④二十体の仏像。⑤体面を保つ。体裁を気にする。体よく断る。		3446
弟	2	、ソ，当当弟弟	ゆみへん	7	テイ、(ダイ)、(デ)◆	おとうと		①弟。②先生から教えを受ける人。	①兄弟。弟妹。②弟子。門弟。	①彼は三人兄弟の一番下だ。②多くの弟子を育てた。		3679

3 教育漢字

漢字	配当学年	筆順	部首	総画	音(常用漢字表)	訓(常用漢字表)	表外の音訓	意味	熟語	用例	備考(名)は人名	JISコード
売	2	一十丄丼声売	さむらい	7	バイ	う・る、う・れる		①売る。品物を渡してお金を受け取る。▶買う。②売り物にする。宣伝して広める。③利益のために裏切る。	①売却。売買。②売名。即売。③売国奴。	①品物を安く売る。中古車を売却する。②歌手として売り出す。売名行為。③売国の徒を許してはいけない。		3968
麦	2	一十十声丰麦	むぎ	7	バク	むぎ		麦。大麦、小麦など。	麦秋。麦畑。	家族総出で麦踏みをする。		3994
来	2	一厂厂厂立牙来	きへん	7	ライ	く・る、きた・る、きた・す		①来る。②これから先、つぎの。③このかた。それからのち。	①来客。来訪。②来週。来世。③以来。	①来客をごちそうでもてなす。②来週の予定を発表する。③昨年以来彼とは会っていない。		4572
里	2	1 口日日甲里	さとへん	7	リ	さと		①人里。村里。②道のり。一里はおよそ四キロメートル。③生まれたところ。ふるさと。④子どもをあずけ、養い育ててもらう家。	①人里。②里程。千里。郷里。③里方。里心。④里親。里子。	①里から離れた山奥。②一望千里。③正月に里へ帰る。里心がつく。④里子に出される。		4604
画	2	一丁一两西画画	たへん	8	ガ、カク		(えが・く)	①え。②しきる。区切る。③はかる。あれこれと考える。④漢字の点や線を数える言葉。	①絵画。画風。画家。②画布。画一。③計画。画策。④画数。	①画集を出す。②画家として身を立てる。③一線を画する。④かげている画策している画数を問う問題。		1872
岩	2	1 山 山 丛 丛 岩 岩	やまへん	8	ガン	いわ		岩。大きな石。	岩壁。岩石。	岩屋の中を探る。岩壁をよじ登る。		2068
京	2	一一一十方方京京	なべぶた	8	キョウ、ケイ			①みやこ。②京都のこと。③東京のこと。④一兆の一万倍。	①上京。帰京。京美人。②京人形。京浜地帯。	①契約のため上京する。②京人形を土産に買う。③京浜工業地帯の交通量を調べる。④数の単位の京は十の十六乗だ。		2194
国	2		くにがまえ	8	コク	くに		①国。②ふるさと。	①国論。国旗。②国元。	①国旗を掲揚する。国論が二つに分かれる。②正月に国へ帰る。国元の親から小包が届く。		2581
姉	2	く 女 如 如 如 姉 姉	おんなへん	8	シ	あね		①姉。年上の女のきょうだい。▶妹。②婦人を親しみ敬って呼ぶ言葉。	①姉妹。②諸姉。大姉。	①姉妹都市の提携を結ぶ。②諸姉の活躍を期待します。		2748
知	2	ノ 仁 午 矢 矢 知 知	やへん	8	チ	し・る		①知る。覚える。②知り合い。③ちえ。知識。④知らせ。⑤おさめる。つかさどる。	①知遇。知識。知名。承知。②知人。知己。③知恵。知性。英知。④通知。⑤知事。	①新聞でその事件を知る。②知人を紹介する。③知性豊かな人。④知らせが届く。⑤岐阜県知事。	(名)さとし、とも	3546

本編　常用漢字

漢字	配当学年	筆順	部首	総画	音（常用漢字表）	訓（常用漢字表）	表外の音訓	意味	熟語	用例	備考（名）は人名	JISコード
長	2	一ＦＦＦ丘長長長	なが（い）	8	チョウ	なが・い		長い。時間・距離・寸法などが長い。長さ。②のびる、のばす、まさる。③すぐれる、身分や位が一番上の人。④かしら、年上や目上の人。⑤年老。⑥常分姉妹の中で一番上。	長久。長文。長途。長命。長延。長所。長者。市長。社長。長幼。長老。長兄。長女。長男。	①長音。武運長久を祈る。②延長戦の結果、勝利を手にした。③彼の長所を紹介する。④億万長者。⑤長幼の序。⑥長女が生まれる。	（名）なが、ひさし	3625
直	2	一ナナ市市直直直	チョク、ジキ	8	チョク、ジキ	ただ・ちに、なお・す、なお・る		①まっすぐ、正しい、すなお。②直る。直す。③あたる、当番。④ひたい、ものの値打ち。⑤じかに、直に、すぐに。	直行。直視。直進。直線。▶曲線。当直。日直。直訴。直営。直観。	①正直。②自転車を直す。故障が直る。③花に水をやることも日直の仕事だ。④安直な遊びをする。⑤直に冬がくる。	（名）なお、ただし	3630
店	2	一ナナ广庐店店店	みせ	8	テン	みせ		店。品物を並べて売るところ。	店頭。店舗。店番。開店。	店をたたむ。品物を店頭に並べる。店舗を広げる。		3725
東	2	一ニ百申申東東東	ひがし	8	トウ	ひがし	（あずま）	①東。▶西。②春。③あずま、昔、箱根の関所から東の地方を言った。	①東国。②東風。③関東。東都。	①洋の東西を問わず。②東風（こち）吹かばにおいおこせよ梅の花。③関東平野。		3776
歩	2	ㅣ⺊ｯ少歩歩歩歩	とめ〜ん	8	ホ、◆ブ、★（フ）	ある・く、あゆ・む		歩く。歩む。①物事の成り行き、進み具合。②地位、立場。③割合。④一割の十分の一。一パーセント。⑤将棋のこまの一つ。	①歩行。②進歩。③地歩。④歩合。	①海辺を歩く。山道を歩む。②十年間の歩みを本にまとめる。③地歩を固める。④歩調を合わす。歩調を合わせる。⑥歩を打つ。		4266
妹	2	ｌｙ女奴奴妹妹妹	おんな〜ん	8	マイ	いもうと		妹、年が下の女をきょうだい。▶姉。	姉妹。義妹。妹婿。	妹を連れて遊園地へ行く。		4369
明	2	ｌｎ日月明明明明	ひ〜ん	8	メイ、ミョウ	あ・かり、あか・るい、あか・るむ、あか・らむ、あき・らか、あ・く、あ・くる、あ・かす	あか・るさ	①明るい、明らか。明るくする、はっきりしている。②夜が明ける、次の日。次の年など。③かしこい、利口（りこう）。④明かり、ひかり。	①明暗。明快。②明春。明君。⑤神明。⑥照明。明明。灯明。	①明るい表情がもどる。②原因を明らかにする。秘密を明かす。明朗な会合。③夜を明かす。夜が明けたら、次の朝。おそくとも明後日の朝には現地に着く予定だ。④事情に明るい。⑤天地神明に誓う。⑥明かりをともす。	（名）あきら	4432

32

3　教育漢字

漢字	配当学年	部首	総画	音(常用漢字表)	訓(常用漢字表)	表外の音訓	意味	熟語	用例	備考(名)は人名	JISコード
門	2	もんがまえ	8	モン	◆かど		①門。門口。②ものの狭い入り口。③家柄。④ある先生について教えを受ける所、また、仲間。⑤学問や芸術、宗教などのそれぞれの道。方面。⑥大砲を数える言葉。	①門限。②関門。③名門。④門下。門弟。⑤門外。門外漢。⑥門徒。	①門まで送る。②関門を突破する。③笑う門には福来たる。④門下生。多くの門弟が集まる。⑤彼は法律に対しては門外漢だ。⑥その戦艦には大砲を九門積んでいた。		4471
夜	2	ゆうべ	8	ヤ	よ、よる		夜。夜中。	夜行。夜務。夜長。	ふくろうは夜行性の鳥だ。夜務に濡れる。秋の夜長を読書で過ごす。		4475
科	2	のぎへん	9	カ	ー	(とが)	①区分。区別。分類の名目。②一定の基準に従って筋道を通すこと。③おきて。法律などの条文。④とが。(つみ。)	①科目。外科。②科学。③金科玉条。④前科。	①私の得意な科目は国語です。②二十世紀には科学技術が急速に進歩した。③師の教えを金科玉条のように尊ぶ。④スピード違反に罰金を科す。		1842
海	2	さんずい	9	カイ	うみ		①海。②海原。広く大きいことや数の多いことの例え。	①海中。海域。海岸。②海原。樹海。雲海。	①日本の海域を守る。②飛行機が雲海の上を飛ぶ。	(名)み	1904
活	2	さんずい	9	カツ	ー	(い・きる)	①活きる。暮らす。②くらす。③活かす。活を活している。④活かす。その物の力を十分に働かせる。気を失った人を息がかえらせる方法。⑤柔道などで、息がえらせる方法。	①活力。自活。②生活。③活気。快活。④活用。活動。⑤活。	①活路を見出す。②生活が苦しい。③活気を取り戻す。④活字を組む。⑤活を入れる。		1972
計	2	ごんべん	9	ケイ	はか・る、はか・らう	はからい	①数をかぞえる、かんじょうする、計る。②見積もる。考えを巡らす。計りごと。	①計算。計上。②計画。計略。	①子供に交際費を計上する。いばの損害を計上した。②便宜を計らう。	(名)かず	2355
後	2	ぎょうにんべん	9	ゴ、コウ	のち・、うし・ろ、あと、◆おく・れる		①後ろ(のち)。ある時や位置などから後の方。②後れる。人に後になる。	①後方。後続。②後世。後学。	①二十年後の世界を話し合う。大きな岩の後ろに隠れる。後で話そう。流行に後れる。人に後れをとる。ために教えて後に指に着えた。		2469
思	2	こころ	9	シ	おも・う		①思う。考える。②したう。こいしたう。	①思索。②恩慕。相恩。	①思惑がはずれる。思案にあまる。②亡き母を恩慕する。相思相愛の仲。		2755
室	2	うかんむり	9	シツ	◆むろ		①へや。②妻。③家族。一族。④室(むろ)。物をたくわえるところ。	①室内。正室。皇室。②寝室。③令室。④氷室。石室。	①教室の大掃除をする。②大名家の息女を正室として迎えた。③ペルギー王室の系図を調べていた。④夏には氷室を水室に貯えていた。		2828

本編　常用漢字

漢字	配当学年	筆順	部首	総画	音(常用漢字表)	訓(常用漢字表)	表外の音訓	意味	熟語	用例	備考(名は人名)	JISコード
首	2	丶亠䒑产首首首首	くび	9	シュ	くび		①首。あたま。②はじめ。第一番。③かしら。おさ。中心。④かなめ。中心。⑤歌や詩を数える言葉。⑥申し出る、告げる。	①首輪。②首位。③首席。首相。④首府。首都。⑤一首。二首。⑥自首。首尾。首脳会談。首詠。	①首をたてに振る。②首席で高校を卒業する。首尾は上上だ。③首脳会談。④日本の首都は東京だ。⑤和歌を一首詠む。⑥犯人が自首した。		2883
秋	2	一二千禾禾秋秋秋	のぎへん	9	シュウ	あき		①秋。②としつき。年月。	①秋風。秋期。晩秋。②千秋。秋合。	①朝晩はもう秋風が吹く。秋令の候。②一日千秋の思いで待つ。		2909
春	2	一二三夫夫未春春春	ひへん	9	シュン	はる		①春。四季の一つで、冬の次。▶秋。②年の初め。③青年期。年ごろ。④年月。年齢。	①春雨。春暖。②初春。新春。③青春。④春秋。	①春になる。②春ををとはぐ。③青雲の志を抱いて上京する。④春秋に富む。		2953
食	2	人人今今今合食食食	しょく	9	ショク、(ジキ)	く、う、く、らう、た、べる	★	①食べる。食べ物。②むしばむ。少しずつ欠ける。	①食品。和食。②侵食。月食。	①肉を食べる。②腐食が進む。		3109
星	2	丶冂日旦旦星星星星	ひへん	9	セイ、(ショウ)	ほし	◆	①星。空に光る星。②年月。月日。③目当て。④重要な人の例え。	①星影。星座。星霜。②図星。③巨星。	①星が瞬く。②星が移る。星霜を経る。③君の予測は図星だ。④巨星落つ。		3217
前	2	丶丷丬肀前前前前前	りっとう	9	ゼン	まえ		①進んでいく、正面の方。さき。②ある時より前。昔。③事の起こる前。前もって。④終わりの前。	①前方。前進。前途。②以前。前世。前提。③前兆。二人前。	①一歩前に出る。軒並みに仕事終えよう、難行を祝う。②朝飯前に一仕事終える。必ず実行するという前提で話し合う。③大学の前で二人前の料理を注文する。		3316
茶	2	丶丷艹艼芏苯茶茶茶	くさかんむり	9	チャ、◆サ	—	◆	①茶の木、その葉を使った飲み物。②茶の湯。茶を点てて飲む作法。③茶だけにした色。④おどけた、ふざけた。	①茶飯事。茶菓子。緑茶。喫茶。②茶会。茶席。茶色。④茶番。	①茶を摘む。②お茶の稽古(けいこ)をする。③茶の背広を買う。④茶番狂言「茶番」の略である。		3567
昼	2	丶尸尸尺尺尺昼昼昼	ひへん	9	チュウ	ひる		①昼。昼間。▶夜。②真昼。[正午]ごろ。	①昼夜。②昼食。	①昼夜兼行で工事が進められた。昼の間ずっと雨が降っていた。②お昼の時報。		3575
点	2	丶卜𠂉占占点点点	れっか	9	テン	—		①小さな印。②箇所。特別の所。③点数。④一つ一つ調べる。⑤つける、火をともす。⑥品物の数を言う言葉。セット。⑦つく、つける。ぶらさげた。⑧文章の区切りにつける「。」や「、」。	①点線。交差点。②美点。③百点。④点呼。点検。⑤点火。点灯。点滅。⑥点数。⑦点眼。⑧句読点。	①点と点を結ぶ。鳥が点のように見える。点画や筆順に注意する。広い開拓地に農家が点在する。②この点だけはゆずれない。③テストの点をつける。④ガス器具の点検を受ける。⑤星火合にして食器を点じる、ストーブに点火する。⑥五点セットの食器を買う。⑦お茶を点じる。毎日点眼する。⑧適切なところに句読点を打つ。		3732

34

3 教育漢字

漢字	配当学年	筆順	部首	総画	音（常用漢字表）	訓（常用漢字表）	表外の音訓	意味	熟語	用例	備考（名）は人名	JISコード
南	2	一十十古古古南南南	じゅう	9	ナン、(ナ)	みなみ		南。▼北。	南極。南下。南半球。	南極探検隊の一員になる。		3878
風	2	ノ几凡凡風風風風風	かぜ	9	フウ、★(フ)	かぜ、(かざ)		①大気の動き、風（かぜ）。②ならわし。昔からのやり方。その教えやり方。③ようす。姿。④けしき。趣のある様子。⑤うわさ。評判。⑥遠回しに言う。⑦病気の名。	風雨。風化。台風。風紀。風俗。風速。風格。風土。風情。風景。風雅。風物。風説。風評。風刺。風邪。	①今日は風がある。風速二十メートル。②風紀が乱れる。③知らない風をする。風格のある字。④田園風景。⑤風の便りに聞く。⑥風刺漫画。⑦風邪でせきがとまらない。		4187
夏	2	一一一一一百百頁頁夏夏	ふゆがしら	10	カ、◆(ゲ)	なつ		夏、四季の一つで、春の次。▼冬。	夏至。夏場。	夏期に強い選手だ。		1838
家	2	′′′宀宀宀宀宀宁宁家家	うかんむり	10	カ、ケ	いえ、や		①家、人の住む建物。住まい。住みか。②血の繋がりのある人の集まり。一族。③学問。芸能などの流派。④そのことを職業とする人。	①家屋。家運。②家族。家路。③画家。④作家。努力家。家賃。家元。	①楽しいわが家。②故郷の家を継ぐ。③彼は茶道の家元を継ぐことになった。④会社勤めを辞めて作家になった。		1840
記	2	′一一言言言記記記	ごんべん	10	キ	しる・す		①記す。書く。②書いたもの。文書。③しるし。④おぼえる。	①記事。②記録。③記号。④記念。記憶。	①解答を記入する。②新聞記事。③記号で答える。④記念写真。		2113
帰	2	′′′′′戸戸戸戸帰帰	はばへん	10	キ	かえ・る、かえ・す	かえ・り	①もとの所へ戻る。帰る。②あるべき所に落ち着く。③順う。従う。	①帰省。帰結。②帰順。帰依。	①お正月には帰省したい。②第一案に帰結した。③新政府に帰順する。帰化人。仏に帰依して教えに従う。		2102
原	2	一厂厂厂厂厂厂原原原	がんだれ	10	ゲン	はら		①野原。広く平らな土地。②もと。起こり。源。	①原野。高原。湿原。草原。②原因。原稿。原始。原則。	①原野を切り開く。②原始林。原則として。		2422
高	2	′一一一一古古古高高	たかい	10	コウ	たか・い、たか、たか・まる、たか・める		①高い。上の方にある。高いところ。▼低。②地位・年齢・価格・程度などが高い、多い。③気高い、優れている。④高ぶる。いばる。⑤相手のものごとを敬って言う言葉。	①高所。高官。高速。高段。②高官。高潔。高慢。高評。③高潔。④高慢。⑤高評。	①高い山に登る。高所恐怖症。②選挙への関心が高まってきた。政府の高官。③高い理想を掲げる。高潔な人格。④お高くとまる。高慢な態度。⑤恩師のご高評を賜る。		2566

本編　常用漢字

漢字	配当学年	筆順	部首	総画	音（常用漢字表）	訓（常用漢字表）	表外の音訓	意味	熟語	用例	備考（名）は人名	JISコード
紙	2	纟 糸 糸' 紅 紅 紙	いとへん	10	シ	かみ		①紙。②文字の書いてある紙。特に、新聞紙。	①紙幣。②紙上。紙面。全国紙。	①紙一重の差で負ける。②紙上討論が活発だ。		2770
時	2	l 日 日' 日十 日寺 時	ひへん	10	ジ	とき		①時。一日の区切り。②四季。春・夏・秋・冬。③そのころ。おり。年代。会。世のなりゆき。機	①時効。②時候。時計。時分。③時勢。時宜。	①時のたつのを忘れる。②時候のあいさつを述べる。③時勢に遅れる。社会時評。		2794
弱	2	7 弓 引 弓' 弱 弱 弱	ゆみへん	10	ジャク	よわ・い、よわ・る、よわ・まる、よわ・める		①弱い。弱まる。力が足りない。②年が若い。③端数を切り上げた数に付けて言う言葉。	①弱点。弱視。弱年。②弱輩。③一キロメートル弱。	①チームの弱点を探す。②弱輩者ですが、一生懸命にがんばります。③次のガソリンスタンドまで一キロ弱ある。		2869
書	2	マ 寻 重 聿 書 書 書	ひらび	10	ショ	か・く		①書く。書き記す。②本。③手紙。④文字。⑤書きもの。	①書写。良書。②書架。書籍。③書簡。④楷書。書体。⑤書類。願書。	①手紙を書く。②書を読む。③書を習う。④これは重要書類です。		2981
通	2	7 7' 7' 甬 甬 甬 甬' 通 通	しんにょう	10	ツウ、（ツ）★	とお・る、とお・す、かよ・う	とおり、かよ・い	①こちらからあちらへ行く。通る。通う。②通わせる。行き来す。③知らせる。知らせ。④世に広く行われる。⑤始めから終わりまで全体に渡って。⑥よく知っている。詳しい。⑦書きつけや手紙などを数える言葉。	①開通。通過。②通学。通勤。通告。通帳。③通信。通知。通報。④通称。通説。通行。通算。⑤精通。通夜。⑥一通。	①この道は駅に通じている。この道は大の散歩で毎日通う。針に糸を通す。②毎日学校に通う。通いのお手伝いさんを頼む。③車上荒らしにあったので警察に通報する。④君の考えは今では通用しない。⑤学校を通じて申し込む。この物語はおもしろくてクラシック音楽の通じだった。⑥彼はクラシック音楽の通だ。⑦二通の手紙を速達で出した。	（名）みち	3644
馬	2	l Γ Γ' 厂 馬 馬 馬 馬 馬 馬	うまへん	10	バ	うま、（ま）★		馬。	馬車。馬力。愛馬。落馬。	馬脚をあらわす。馬齢を重ねる。		3947
魚	2	ク ク' 乃 角 角' 角 角 魚 魚 魚	うおへん	11	ギョ	うお、さかな		魚（うお）。魚（さかな）。その形に似たもの。	魚介類。魚市場。魚群。魚肉。魚鮮魚。淡水魚。	魚介類のスパゲティを注文する。		2191
強	2	ヲ ヲ' 弓' 弱 弹 弹 強 強 強 強	ゆみへん	11	キョウ、ゴウ◆	つよ・い、つよ・まる、つよ・める、し・いる	つよ・がる	①強い。しっかりしている。力がある。②強いる。無理矢理にする。③端数を切り捨てた数につけて言う言葉。	①強肩。強大。②強制。強要。③一キロメートル強。	①強豪チームが集まる。②寄付を強制するのはよくない。③一キロ強歩いてきた。		2215

3 教育漢字

漢字	配当学年	筆順	部首	総画	音(常用漢字表)	訓(常用漢字表)	表外の音訓	意味	熟語	用例	備考(名)は人名	JISコード
教	2	一十キキチ孝孝孝教教	のぶん	11	キョウ	おし・える、おそ・わる	おし・え	①教える。習わせる。身につけさせる。さとす。②神や仏の教え。	①教育。教訓。教習。教会。教祖。教理。教義。	①道を教える。教えを受ける。方を教える。大学で教育を受ける。②神や仏の教え。	(名)のり、みち	2221
黄	2	一十廾廾廿苗苦黄黄黄黄	き	11	コウ、オウ	き、(こ)	◆	①黄色。黄色くなる。	①黄土。黄金。②黄身。黄泉。卵黄。	①街路樹が黄葉しはじめる。②チームの黄金時代。		1811
黒	2	丨口甲甲里里里黒黒黒黒	くろ	11	コク	くろ、くろ・い		①黒。黒い。負け。	①黒髪。黒板。②黒星。▼赤字。黒字。③貿易黒字。	①黒く日焼けをした顔。②腹が黒い。黒星が続く。政界の黒幕。③貿易黒字。		2585
細	2	⺯⺯⺯⺯細細細細	いとへん	11	サイ	ほそ・い、ほそ・る、こま・か、こま・かい		①細い。幅が狭い。②小さい、細かい。少ない。③つまらない。取るに足りない。	①細細。細道。細部。②細心。零細。③細事。	①細細と店を続ける。②細心の注意をはらう。③細事にはこだわらない。		2657
週	2	丨冂月月用周周周週週週	しんにょう	11	シュウ	―		週間。	来週。週刊。週末。	週ごとに当番がかわる。		2921
雪	2	一十十十両両雨雪雪雪雪	あめかんむり	11	セツ	ゆき	(すす・ぐ)	①雪。雪(すす)ぐ。②雪のように白いようす。	①雪渓。雪合戦。雪景色。②雪辱。③雪白。	①雪が降り積もる。②去年負けたチームと雪辱戦をすることになった。③私の肌は雪のように白い。		3267
船	2	ﾉ 丿 ﬁ 舟 舟 舟 舟 舢 舩 船 船	ふねへん	11	セン	ふね、(ふな)		船。大きな船。	船員。船首。船尾。船長。汽船。	船首を組む。船足がはやい。		3305
組	2	⺯⺯⺯⺯ 組 組 組 組	いとへん	11	ソ	く・む、くみ		①組む。組み合わせる。組み立てる。②仲間、団体。組んで一つになったもの。③組合の略。	①組織。組閣。組版。②隣組。組合。③労組。	①スクラムを組む。委員会を組織する。②組んで仕事をする。漁業組合。③労組から労働条件の改善を要請した。		3340
鳥	2	ｲ ｆ 户 自 皀 鳥 鳥 鳥 鳥 鳥 鳥	とり	11	チョウ	とり		鳥。	鳥獣。鳥類。益鳥。小鳥。野鳥。	小鳥を飼う。鳥肌が立つ。		3627
野	2	丨口日甲里里野野野野野	さとへん	11	ヤ	の		①野。野原。②自然のまま。飾り気がない。③いやしい、開けていない。④民間、政府や権力につながっていない。▼朝。⑤分にすぎる。	①野宿。野天。②野性。野生。③野蛮。野趣。④在野。野望。	①野の草花を観察する。野生の猿。②野性的な人。③野卑な言葉づかいをする。④野に下る。⑤野望を抱く。		4478

37

本編　常用漢字

漢字	配当学年	筆順	部首	総画	音(常用漢字表)	訓(常用漢字表)	表外の音訓	意味	熟語	用例	備考(名)はる名	JISコード
理	2	一一丁王王叩町理理理	おうへん	11	リ	—		①おさめる。物事を整える。②物事のすじみち。③さとる。わかる。④自然科学の学問。	①管理。整理。理事。理容。理想。②理論。道理。理屈。理想。③理解。④理科。▼文科。	①理解師になる夢。②理にかなう。理論を組み立てる。理屈をこねる。③計算の仕方を理解する。④理科は好きな科目だ。	(名)まさ	4593
雲	2	一一一一一一一一一一一一一一一	あめかんむり	12	ウン	くも		①雲。②雲のように多く集まる形容。③雲のようにただよってゆく形容。④空。	①暗雲。雲海。②雲散霧消。③雲水。④青雲。	①月に雲がかかる。②火事の現場には野次馬が雲集していた。③雲水僧が諸国を巡り歩いて修行していた。④青雲の志を抱いて故郷を出る。		1732
絵	2	㇒㇒㇒㇒糸糸糸糸糸糸絵絵	いとへん	12	カイ、エ	—		絵。	絵画。油絵。似顔絵。絵本。絵葉書。	絵に描いた餅。絵画の鑑賞。		1908
間	2	1門門門門門門門間間間間	もんがまえ	12	カン、ケン	あいだ、ま		①間。物と物との隙間。へだたり。②うかがう。こっそり見る。③長さの単位。一間は約一・八メートル。④部屋。部屋を数える言葉。	①間柄。間隔。②間者。③一間。二間。④間口。	①親しい間柄。五分間隔で電車が来る。②敵方の間者を警戒する。③一間、二間の広い家。三間の家。		2054
場	2	土井井坦坦坦場場場	つちへん	12	ジョウ	ば		①場。場所。何かが行われるところ。②時。折。その時の様子。③劇の一区切り。	①場所。会場。②場合。③二場。	①私もその場にいた。場数を踏む。②雨の場合は中止する。注意されるとその場だけは静かになる。③一幕二場。		3076
晴	2	1日日日日日晴晴晴晴	ひへん	12	セイ	は・れる、は・らす	は、れ、ばれ、やか	①晴れ。晴れがましい。②晴れ。よい天気。	①晴天。晴朗。②晴れ着。	①空が晴れる。②晴れやかな気持ちになる。	(名)はる	3218
朝	2	十十十十十十十十十朝朝朝	つきへん	12	チョウ	あさ		①朝。②短い時間。ひとしきり。③天皇が政治をとるところ。	①朝市。朝霧。朝日。②一朝。③朝廷。王朝。	①朝市で買い物をする。②晴天に恵まれる。③朝礼を挙げて祝う。	(名)とも	3611
答	2	㇒㇒竹竹竹竹竹竹答答答答	たけかんむり	12	トウ	こた・える、こた・え		答え。返答をする。答え。	答案。答弁。解答。即答。	質問に答える。国会答弁。		3790
道	2	㇒㇒ナ子子首首首首首首道道	しんにょう	12	ドウ、(トウ) ★	みち		①道。通り道。②人の踏み行うべき正しい道。物事の筋道。③方法。やり方。④言う。	①道路。②道徳。道理。③柔道。道場。道楽。④報道。	①道に迷う。②二人の道に反する。③歌の道一筋に生きる。道場破り。④報道カメラマンになりたい。		3827

38

3 教育漢字

漢字	配当学年	筆順	部首	総画	音(常用漢字表)	訓(常用漢字表)	表外の音訓	意　味	熟　語	用　例	備考(名)は人名	JISコード
買	2	一ワ四罒罒胃胃買買買	かいへん	12	バイ	か・う		買う。お金を出して求める。	買価。買収。売買。	洋服を買う。才能を買う。		3967
番	2	一ニチキ来来来番番番	たへん	12	バン	ー	(つが・う)	①物事の順序を表す言葉。②かわるがわるする仕事の順序や役目。③見張り。見張りをする。④粗末な。いつも使う。⑤番(つが)い。二つで組になるもの。	①番号。一番。②週番。当番。③番犬。番小屋。④番茶。	①自分の番がくる。番号順に並ぶ。②水やり当番を決める。③番犬が吠え立てる。④番茶は健康によい。⑤番いの文鳥を飼う。		4054
園	2	一ワワワワ門門門周周周園園	くにがまえ	13	エン	◆その		①園(その)。にわ。②草花・野菜・果物の木などを植えた畑。③人が集まる区切られた一定の場所。	①花園。園丁。②園芸。園児。③園児。学園。	①春の園遊会が開かれる。②庭先に菜園を作る。③学びの園。		1764
遠	2	一+++生生吉吉垂袁衰遠遠	しんにょう	13	エン、(オン)	とお・い	とお・ざかる	①遠い。距離や時間などの間が離れている。②興深い。高尚だ。③遠ざかる。遠ざける。④うとい。親しくない。	①遠泳。遠隔。②遠高。深遠。③遠ざ。④敏遠。	①ここから海までは遠い。夏の遠泳大会でメダルをとる。②深遠な理想を述べる。③力仕事を敬遠した。④転校した友と疎遠になった。	(名)とお	1783
楽	2	' ' ' 白白白泊油泊率率楽楽	きへん	13	ガク、ラク	たの・しい、たの・しむ		①音楽。②音楽を奏でる。演奏。③楽しい。楽しむ。④たやすい。ゆとりのある。	①楽譜。楽曲。②楽団。交響楽。③楽園。楽勝。④楽観。快楽。道楽。	①楽譜を見ずに演奏する。②交響楽。③楽な生活。④病状は楽観できない。		1958
新	2	' ' 立立辛辛辛亲亲亲新新新	おのづくり	13	シン	あたら・しい、あら・た、にい	あたら・しさ	①新しい。新しい物。②新しくする。新たに…する。	①新鋭。新居。新刊。▶古豪、新興、新進、新調、最新。	①新しくいらっしゃった先生。期待の新鋭。新居を構える。②新進作家として脚光を浴びる。洋服を新調する。		3123
数	2	' ' ' 半米米米米数数数数	のぶん	13	スウ、(ス) ★	かず、かぞ・える ◆		①数(かず)。数を数える。数える物。②いくつかの、三、四または五、六の数。③巡り合わせ。運命。	①数字。②数人。③数奇。	①数が足りない。百まで数える。②数日中にご返事します。③数奇な一生をおくる。		3184
電	2	一ワワワ雨雨雨雷雷雷電電	あめかんむり	13	デン	ー		①いなずま。いなびかり。②電気。③電信・電報・電話・電車などの略。	①電光。②電気。電化製品。電源。③電信。電信。祝電。	①電光石火。②電化製品。電源を切る。③祝電を打つ。		3737
話	2	' ' ニ言言言言言訂訂話話	ごんべん	13	ワ	はな・す、はなし		①はなす。いう。②話。物語。	①話題。逸話。童話。②説話。話術。	①話がはずむ。②巧みな話術で皆を引きつける。		4735

本編　常用漢字

漢字	配当学年	筆順	部首	総画	音(常用漢字表)	訓(常用漢字表)	表外の音訓	意味	熟語	用例	備考(名)は人名	JISコード
歌	2	一｢可可可可哥哥哥歌歌	あくび	14	カ	うた、うた･う		①歌う。②ものを言う。③和歌。短歌。	①歌曲。②歌手。③歌人。④歌集。⑤歌道。⑥歌風。	①校歌の歌詞を覚える。②小鳥が歌う。③歌集を出版する。		1846
語	2	言言言言言訂訂評語語	ごんべん	14	ゴ	かた･る、かた･らう	かた･らい	①語る。ものを言う。話をする。語り聞かせる。②ことば。	①語気。②語調。③語句。④語彙。⑤敬語。	①友と語らう。語気が荒い。穏やかな語調で話す。②難しい語句を解釈する。		2476
算	2	ノ个个竹竹竹竺笞笞笪算算	たけかんむり	14	サン	―		①数える。②くふう。工面。	①算出。②算数。③決算。④算段。⑤概算。	①必要な経費を算出する。②無理算段して資金を集める。		2727
読	2	言言言言言詰詰詰読読	ごんべん	14	ドク、トク、(トウ)	よ･む	よ･み	①読む。声を出して読む。内容を読み取る。②文の区切り。	①読書。②読点。③熟読。	①小説を読む。漢字の読み、読解力。②読点をうつ。		3841
聞	2	1 冂 冂 冂 門 門 門 門 門 問 問 聞 聞 聞	みみへん	14	ブン、★モン	き･く、き･こえる		①聞く。聞こえる。②評判。うわさ。	①見聞。②風聞。③伝聞。	①忠告を聞く。②画家として世に聞こえたい。		4225
鳴	2	口 口 咱 咱 唣 鳴 鳴 鳴 鳴	とり	14	メイ	な･く、な･る、な･らす		①鳴く。鳥や虫が鳴く。②鳴る。鳴らす。響く。	①鶏鳴。②鳴子。③鳴動。④雷鳴。⑤悲鳴。	①美しい声で鳥が鳴く。②非常ベルを鳴らす。しつけの厳しさをもって鳴る学校。大山鳴動して鼠一匹。		4436
線	2	糸糸糸糸糸糸綜綜綜線線線	いとへん	15	セン	―		①すじ。糸のように細長いもの。②自動車や鉄道などの通る道筋。③考え方ややり方の筋道。④算数で、位置と長さがあって幅や厚みのないもの。⑤境目。	①線香。②線路。③路線。④直線。⑤地平線、水平線。	①仏前に線香をそなえる。②線路の補修工事。③決定した線を鳴らして実行する。国策の路線に沿って行動する。④二点を直線で結ぶ。⑤太陽が地平線に沈む。		3294
親	2	｀二亠立立辛辛辛新新新親親親親	みる	16	シン	おや、した･しい、した･しむ		①親。②身内。血の続き。③親しい。親しむ。④自分。じかに。みずから。	①親子。②親族。③親身。④親愛。⑤親切。⑥親睦。⑦親展。⑧親密。	①親不幸なのは親譲りだ。②親身になって看病する。③親愛の情を抱く。④大臣の親書をたずさえる。	(名)ちか、ちかし	3138
頭	2	｀二百百豆豆豆豆豆頁頭頭頭頭頭	おおがい	16	トウ、ズ、(ト)	あたま、かしら ◆		①頭。首から上の部分。②いただき。物の一番上の部分。③一番はじめ。一番先や前にあるもの。④かしら(頭)。上にたつ人。⑤あたり。ほとり。付近。⑥牛馬を数える言葉。	①頭痛。②頭注。③頭金。④頭髪。⑤山頭。⑥巻頭。⑦船頭。⑧街頭。⑨路頭。	①頭が高い。②くぎの頭。③頭から反対される。十歳を頭に三人の子どもがいる。④銀行の頭取。⑤一家で路頭に迷う。⑥三頭の牛を飼っている。		3812

40

3 教育漢字

漢字	配当学年	筆順	部首	総画	音(常用漢字表)	訓(常用漢字表)	表外の音訓	意味	熟語	用例	備考(名)は人名	JISコード
顔	2	立产产彦彦 彦 颜 颜 颜 颜	おおがい	18	ガン	かお		①顔、顔つき。②色、絵の具。	①顔色。顔役。笑顔。厚顔。②顔料。	①顔を洗う。顔が広い。顔をつぶす。		2073
曜	2	1 п 日 町 町 町 町 町 曜	ひへん	18	ヨウ	—		①輝き。光る。②曜日。七曜(日・月・火・水・木・金・土)を一週間に割り当てた呼び名。	①黒曜石。②曜日。	②月曜日。曜日を間違える。		4543
丁	3	一 丁	いち	2	チョウ、◆テイ	—	(ひのと)	①道具。町名番地・豆腐・料理などを数える一枚の紙。ひのと。③十干の四番目。④物事の四番目。⑤一人前の男の人。働き盛りの人。	①二丁目。②落丁。③甲乙丙丁。⑤壮丁。	①豆腐を二丁買う。②教科書の落丁を調べる。		3590
化	3	′ 亻 化 化	ひ	4	カ、◆ケ	ば・ける、ば・かす		①姿や性質が別のものになる。②化ける。化かす。③教えてよい方に変える。	①変化。化合。②化粧。③感化。	①野山が銀世界と化す。酸素と水素が化合して水になる。②化かされる。山が筆化粧する。③先生に感化されて絵が上手になる。罪人を教化する。		1829
区	3	一 フ ヌ 区	はこがまえ	4	ク	—		①しきる。区ぎる。細かく分ける。②大きな都市を分けた行政の単位。	①区画。区別。②新宿区。	①区画整理。②名古屋市熱田区。		2272
反	3	一 厂 万 反	また	4	ハン、★(ホン)、◆(タン)	そ・る、そ・らす	そ・り	①もどる。繰り返す。②そむく。逆らう。③逆になる。あべこべ。④省みる。⑤減らす。⑥土地の広さの単位。一反は、約一〇アール。⑦布の長さの単位。一反は、はば約三六センチメートル、長さ約一〇・六メートル。	①反射。②反復。③反抗。④反省。反面。反意語。⑤減反。⑥反物(たんもの)。	①板が反る。②反復練習の成果が出る。③規則に反した行いをしてはいけない。反目し合う。④予想に反して我がチームが勝った。便利な反面、危険性がある。⑤反省を求める。⑥反当たりの出来高を競う。⑦反物屋。		4031
予	3	一 マ 予 予	はねぼう	4	ヨ	—	(あらかじ・め)	①予め。前もって。②ゆとりをおく、ぐずぐずする。ためらう。③われ、自分。目下の者に対して、自分のことを言った言葉。	①予防。予言。予選。②執行猶予が与えられる。③予は満足である。	①予選を通過する。②執行猶予が与えられる。③予は満足である。		4529
央	3	1 口 口 央 央	だい	5	オウ	—		ものの真ん中。真ん中。	中央。	公園の中央に噴水がある。		1791
去	3	一 十 士 去 去	む	5	キョ、コ	さ・る		①去る。過ぎ去る。行ってしまう。▼来。②取り除く。	①去就。去勢。②撤去。	①冬が去る。去就にまよう。思い出が胸の内を去来する。②雑念を去る。		2178

41

本編　常用漢字

漢字	配当学年	筆順	部首	総画	音(常用漢字表)	訓(常用漢字表)	表外の音訓	意　味	熟　語	用　例	備考 (名)は人名	JISコード
号	3	丷口号	くちへん	5	ゴウ	―		①さけぶ。大声で泣く。②いいつける。さしず。③しるし。合図。④名付ける。本名のほかにつける名前。⑤順番を言う言葉。⑥船、飛行機、列車などの名前につける言葉。	①号泣。②号令。③号砲。④雅号。⑤号外。⑥タイタニック号。	①遺体にすがって号泣する。②先生の号令で体操する。③号砲一発、選手たちはいっせいにスタートした。④夏目漱石の最終号です。⑤五月号は最終号です。⑥のぞみ号などのとまらない駅。		2570
皿	3	丨口四皿皿	さら	5	―	さら		皿。食物を盛る器	小皿。	お菓子を小皿に盛る。団子二皿をたいらげる。		2714
仕	3	亻仕	にんべん	5	シ、(ジ)	つか・える		①仕える。目上の人のそばにいて、その世話をする。②行うこと。すること。	①仕官。奉仕。②仕事。	①主君に仕える。浪人した武士が主君に仕官する。②母が夕食の仕度にとりかかった。		2737
写	3	冖写	わかんむり	5	シャ	うつ・す、うつ・る	うつ・し	①書を写す。映画の写真を写す。②映画の写真を写す。	①写生文。②写真。映写。	①君がいつも写す写真の真ん中に写っている。②君がいつも写す写真の真ん中に写っている。		2844
主	3	丶亠キ主	てん	5	シュ、★(ス)	ぬし、おも		①家のあるじ。主(ぬし)。②中心となる人や物。おもな。大切な。③もちぬし。④持ち主。⑤キリスト教でキリストを言う。⑥自分、物となってい私。⑦中心になって行う。	①主従。②主因。主題。主張。主流。③主君。④地主。家主。⑤主観。⑥主催。主宰。	①主従関係が成り立っている。②小説の主題をまとめる。③主君は人格者でもある。④地主に断って果を拾う。⑤主観で物事を判断してはいけない。⑥自分が主になって行う。⑦父が俳句の雑誌を主宰している。		2871
申	3	丨口日申	たへん	5	◆シン	もう・す	(さる)	①申す。目上の人に向かって言う。述べる。②さる。十二支の九番目。	①申告。②庚申(こうしん)。	①申し訳ありません。毎年、税金の申告をする。海外渡航のパスポートを申請する。②庚申の年にあたる。	(名)のぶ	3129
世	3	一+++世世	いち	5	セイ、セ	よ		①世の中。社会。②人の一生。人の一代。③時代。年代。	①世界。②世襲。③世紀。前世。世代。	①世の荒波。詩歌の世界。②歌舞伎の世界には世襲制度が多く残っている。③若い世代に期待する。祖父は明治の世に生まれた。		3204
他	3	亻仲他他	にんべん	5	タ	ほか		①他(ほか)。②他(ほか)の。▶自。	①他人。他日。②他薦。他力。	①父が他界してから三年になる。②他薦をはばかる。		3430
打	3	扌打打	てへん	5	ダ	う・つ		①打つ。叫ぶ。②(他の言葉の上について)動作を強める言葉。	①打順。打算。打倒。②打診。打撲。	①太鼓を打つ。釘を打つ。ホームランを打つ。②彼は打撲傷を受ける。③彼は打算で動く人だ。		3439
代	3	亻仲代代	にんべん	5	ダイ、タイ	か・わる、か・える、よ、しろ◆	か・わり	①いれかわる。代わりになる。公替。②代わりになるもの。値段。③主や一家の主人などが、その地位にある間。④ある区切られた期間。⑤年齢の範囲を表す言葉。⑥田の区画。	①代案。②代金。③歴代。初代。④古代。現代。⑤十代。⑥苗代。	①保証人が本借金を代弁して私が来ました。②お代をいただきます。③あの会社も代がかわった。祖父は参内するお役目だった。④古代の魚の化石が発見された。⑤十代の思い出をつづる。⑥田の代かきをする。		3469

3 教育漢字

漢字	配当学年	筆順	部首	総画	音(常用漢字表)	訓(常用漢字表)	表外の音訓	意味	熟語	用例	備考(名)は人名	JISコード
皮	3	丿アナ皮皮	けがわ	5	ヒ	かわ		①皮。動物や植物の表面をおおっているもの。②うわべ。	①皮革。皮膚。②皮相。	①みかんの皮をむく。②皮相な見方をする。③皮革製品。		4073
氷	3	丨丬氺氷	みず	5	ヒョウ	こおり、ひ		氷。こおる。	氷河。氷解。氷山。氷点。	池に氷がはる。長年の疑問が氷解する。		4125
平	3	一二ァ平平	かん	5	ヘイ、ビョウ	たい・ら、ひら	たい・らげる	①でこぼこ平ら。平たい。②平らげる。おさめる。おさまる。③等しい。穏やかな。かたよらない。④普通。並みの。ぶだん。⑤やさしい。たやすい。⑥ひたすら。	①平面。②平安。平らげる。平定する。③平均。平穏。平衡。④平日。⑤平易。	①でこぼこを平らにする。家の平面図を書く。②敵を平らげる。平安な日日を過ごす。③平穏に暮らす。平衡を保つ。④町はお祭で平日とは違ったにぎわいだ。⑤平易な文章を書く。⑥平にあやまる。		4231
由	3	丨冂曲由由	たへん	5	ユ、ユウ、(ユイ)★	★よし		①いわれ。そうなった訳。道。よりどころ。筋。②・・・による。・・・したがう。③由(よし)。ようす。・・・だそうで。・・・とのこと。	①由来。理由。経由。	①由る由もない。人びとに地名の由来を話す。彼は由緒ある家柄の出身です。②言論の自由を守る。③お元気の由、何よりです。		4519
礼	3	｀ ｜ ｔ ネ礼	しめすへん	5	レイ、★ライ	ー		①礼儀。作法。②儀式。③感謝の心を表すこと。④お辞儀。頭を下げて敬い心を示すこと。	①礼儀。礼法。無礼。②礼装。礼服。③礼金。礼状。④礼拝。	①礼儀正しく挨拶する。②式に礼服で出席する。③あつくお礼申し上げます。④帽子を取ってれをする。	(名)のり	4673
安	3	｀ ｜ 宀 ｙ ｙ 安安	うかんむり	6	アン	やす・い	やす・らか	①安らか。危なくない。心配や困難がない。②静まる。落ち着いている。③値段が安い。④簡単な。手軽な。	①安心。安泰。②安息。安定。安静。③安値。安物。安価。④安易。安手。	①無事で安心した。②精神が安定する。③安かろう悪かろう。④お気の御用で。		1634
曲	3	丨冂曲曲	ひらび	6	キョク	ま・がる、ま・げる		①曲がる。曲げる。②正しくない。ゆがむ。ゆがめる。③くわしい。④変化があっておもしろい。音楽のふし。⑤しばい。	①曲線。曲折。曲直。②委曲。曲解。③曲芸。④音曲。歌謡曲。⑤戯曲。	①曲線を描く。②人の意見を曲解する。③委曲をつくして説明する。④水族館でイルカの曲芸を見た。⑤今日はベートーベンの名曲を聞いた。	▶直線	2242
血	3	丿 ｎ 亇 血血	ち	6	ケツ	ち		①血。動物の体を巡る赤い液。②血のつながりのある関柄。③いきいきとさかんなようす。④血みどろの。血を流そうにはげしい。	①献血。出血。鼻血。②血管。血縁。血筋。③血気。④血税。血涙。	①あたり一面、血の海になる。②血筋はあらそえない。③血気に逸る。④血涙をしぼる。		2376
向	3	丿亻冂冋向向	くちへん	6	コウ	む・く、む・ける、む・かう、む・こう	む・き、む・かい	①向く。向かう。②向き。向いている方面。	①向上。向暑。②方向。	①学力が向上する。②風の向きを考えて旗を立てる。		2494

本編　常用漢字

漢字	配当学年	筆順	部首	総画	音(常用漢字表)	訓(常用漢字表)	表外の音訓	意味	熟語	用例	備考(名)は人名	JISコード
死	3	一ァァ歹歹死	がつへん	6	シ	し・ぬ		①死ぬ。命がなくなる。②活動しない。役に立たない。③死にものぐるい。命がけ。④生命にかかわるような危険。	死活。死去。死列。死火山。死語。死闘。死力。必死。死地。	①我々にとっては死活問題だ。②そこは運転席から死角になっていた。③とりでを死守する。死力を尽くしてたたかう。④死地に赴く。		2764
次	3	、ソンケ次次	あくび	6	ジ、◆シ	つ・ぐ、つぎ	ついで	①次の。二番目の。あとにつづく。②順番。順序。③回数や度数などを表す言葉。	次回。次期。次男。順次。次々。二次募集。	①次úkgéaccù。②ただいま説明したような次第です。③二次試験は面接です。		2801
式	3	一ニテ式式式	しきがまえ	6	シキ	ー		①のり。決まり。決まったやり方。②一定の作法で行う行事。儀式。③回数や順序や方法などを表したもの。計算の順序や方法などを数学記号で表したもの。	式場。書式。古式。正式。式典。武式。結婚式。方程式。	①洋式の家。正式に結婚を申し込む。②校長先生の武辞を拝聴する。③式を立てて計算する。		2816
守	3	、、、宀宇守	うかんむり	6	シュ、(ス)	まも・る、も・り	まもり	①守る。大切にするたようにする。防ぎ守る。おかさせない。②守(かみ)。昔、地方を治めた長官。	守備。国守。	①制約を守る。最後の守りにつく。②美濃の守。伊豆の守。		2873
州	3	、丿丿丬州州	かわ	6	シュウ	す		①州(す)。中州。②国、国の中にある地方。③大陸。	三角州。本州。信州。六大州。欧州。アジア州。	①信州へ旅行する。		2903
全	3	ノ人人仝全全	ひとやね	6	ゼン	まった・く、すべ・て		①そろっている。欠けたところや傷がない。②すべて。みな。本当に。③全く。本当に。	健全。全会。全会一致。全快。全線。全体。全然。	①完全に戸締まりをする。②全会一致で可決する。台風のため全線不通となる。③そんなことは全然聞いていない。		3320
有	3	ノナオ冇冇有	つきへん	6	ユウ、◆ウ	あ・る		①有る。もつ。②(数を表す漢字につけて、さらに。その上に。)	有名。所有。私有。有志。有五年。	①有益なお話を聞かせてもらう。私の家には車が有る。②有志をつのる。	(名)あり	4513
羊	3	、、、兰羊羊	ひつじ	6	ヨウ	ひつじ		羊。(家畜の名)	羊毛。牧羊。	羊飼いの少年。羊頭狗肉。		4551
両	3	一ニ市市両両	いち	6	リョウ	ー		①ふたつ。二つでひとそろいの物。②昔のお金の単位。③くるま。また、車を数える言葉。	両親。両極。両立。両輪。二両。両替。車両。	①意見が両極に分かれる。②千円札を百円玉十枚に両替する。③四両編成の電車。		4630
列	3	一ァテ歹列列	りっとう	6	レツ	ー		①連なる。連ねる。並ぶ。②並び。列。③順序。④多く並ぶ。	列挙。列島。行列。前列。序列。列強。	①要望を列記する。②この写真の前列の右から二人目が先生です。③日本の序列型賃金は労働者に安心をもたらすが、若者の意欲をそぐこともある。④給料は年功序列を基本にして決められ、給料強の首脳会議があった。		4683

3 教育漢字

漢字	配当学年	筆順	部首	総画	音(常用漢字表)	訓(常用漢字表)	表外の音訓	意味	熟語	用例	備考(名)は人名	JISコード
医	3	一ァァテ医医医	はこがまえ	7	イ	―		①病気を治すこと。②病気を治す人。	医学。医術。医療。医者。主治医。医師。医者。	①医学の進歩がめざましい。②僕の夢は医者になることだ。		1669
究	3	／ハナァ穴究究	あなかんむり	7	キュウ	◆きわ・める	きわ・める	①究める。究めつくす。たずね究める。②究まる。終わる。	究明。学究。考究。究極。	①学問の真理を究める。②究極の選択。		2170
局	3	ラフロ尸局局局	しかばね	7	キョク	―		①つぼね。宮中の女官の部屋。また、宮中の役所などで、仕事の一部分を取り扱うところ。②会社や役所などで、仕事の一部分を取り扱うところ。また、役所。③限られた場所・部分・範囲。④社会のありゆきまた、なりゆき。⑤碁や将棋などの対戦。	春日の局。事務局。局所。郵便局。時局。難局。局面。対局。	①黒装束の曲者がお局の中へ忍び込んでいった。②郵便局で働く。③局地的に大雨が降る。局部麻酔をかける。④行き詰まった局面を打開する。⑤この局面は白が優勢だ。		2241
君	3	ーコヨ尹尹君君	くち へん	7	クン	きみ		①国や地方を治める人。王。②人を敬い、ていねいに呼ぶ言葉。③相手を指していう。▼僕。④友人や目下の人を呼ぶとき、名前に付ける言葉。	君主。君子。名君。母君。諸君。君たち。山本君。山田君。	①君子危うきに近寄らず。新しい王として君臨する。②父君によろしくお伝えください。③君たちは期待されている。④山田君の発表を聞く。		2315
決	3	／ミ氵汁沖決	さんずい	7	ケツ	き・める、き・まる		①決まる。決まる。取り決め。②きまる。こわれる。③思い切ってする。④わかれる。	決意。決議。解決。可決。決壊。決裁。決起。決行。決別。	①勝敗を決する。決まりを決める。②大雨で堤防が決壊する。③小雨ならば運動会を決行する。④仲間に決別を告げる。		2372
住	3	／イ仁仁住住住	にんべん	7	ジュウ	す・む、す・まう	す・まい	①住む。決まった所で暮らす。また、その場所。住まい。	住居。住所。住民。移住。定住。	住居を移転する。この町は住民運動が盛んである。		2927
助	3	１日日日助助助	ちから	7	ジョ	たす・ける、たす・かる、◆すけ	たす・け	①助ける。助(すけ)。②助ける。他の言葉の下につけて、人の特徴を表す。	援助。助言。助長。ねば助。飲み助。	①手伝いをしてお母さんを助ける。荷物が多いとき、車があると助かる。先生に助言を求める。甘やかしは、子どものわがままを助長する。②ねば助だから自嘲する。	(名)たすく	2985
身	3	／｛｜勹有身身	み	7	シン	み		①身。体。▼心。②自分。世の中での身分。③物の中身。	身上。身軽。身勝手。身元。万身。中身。	①身にあまる光栄です。②身元保証人。③彼は観音菩薩の化身と言われている。		3140
対	3	ヿヌヌ対対対	すん	7	タイ、◆ツイ	―		①向かい合う。相手になる。②二つそろって一組になったもの。③こたえる。応じる。	対面。対応。対決。対象。対句。対。応対。	①対応策を考える。小学生を対象とした雑誌が創刊される。万年筆とボールペンが対になっている。②対句。③ていねいに応対する。		3448

本編　常用漢字

漢字	配当学年	筆順	部首	総画	音(常用漢字表)	訓(常用漢字表)	表外の音訓	意味	熟語	用例	備考(名)は人名	JISコード
投	3	一十扌扌扌押投投	てへん	7	トウ	な・げる		①投げる。物をほうり投げる。投げおとす。②捨てる。投げ出す。やめる。③与える。送る。いれる。④さしだす。送る、かよう。⑤ぴったり合う、かなう。⑥とまる。とどまる。	投網。投石。投下。投身。投薬。投書。投与。投稿。投合。投宿。	①石を投ずる。ボールを投げる。投網をうつ。爆弾を投下する。②海に身を投げる。電車に投身した。③薬などに身を投与する。問題を投げかける。事業などに投資する。④一票を投ずる。⑤意気投合する。⑥三日の投宿予定である。		3774
豆	3	一一一一一豆豆	まめ	7	トウ、(ズ)	まめ		①豆。②小さいもの。	豆腐。豆乳。豆電球。豆本。	①豆を炒る。手作りの豆腐。		3806
坂	3	一十土圵圿坂坂	つちへん	7	★ハン	さか		坂。のぼりおりする道。	坂道。急坂(きゅうはん)。登坂。	坂道を駆け落ちる。坂道をあえぎながらの登坂。		2668
返	3	一厂厂反返返返	しんにょう	7	ヘン	かえ・す、かえ・る		①返る。返す。もどる。おり返す。相手の行いを受けて、こちらからもどす。	返却。返済。返答。返礼。返還。返事。	①借金を返す。②恩を返す。返答につまる。		4254
役	3	ノ彳彳彳亿役役	ぎょうにんべん	7	ヤク、エキ	―		①その人が受け持つつとめ、仕事。役目。②人の上に立つ地位。③芝居などで受け持つ役。④戦。⑤力仕事。⑥つかう。	役得。役人。兵役(へいえき)。役目。役員。役職。役者。戦役(せんえき)。現役(げんえき)。	①兵役に服する。②役つきになる。自分の役割を果たす。③芝居で待の役を演じる。④西南の役。⑤苦役に耐える。⑥多くの人びとを使役して城が築かれた。		4482
委	3	ノニチ禾禾季季委	おんなへん	8	イ	ゆだ・ねる		①委ねる。まかせる。②くわしい。	委員。委託。委嘱。委細。	①民生委員を委嘱しよう。委員長はお会いした上でお話しします。		1649
育	3	一亠云亡产育育育	にくづき	8	イク	そだ・つ、そだ・てる、はぐく・む	そだ・ち	①育つ。育てる。養って大きくする。②実力や知識をつける。	育児。教育。保育。	①この苗は育ちが早い。②マラソン選手を育てる。		1673
泳	3	氵氵泭泳泳泳	さんずい	8	エイ	およ・ぐ	およ・ぎ	①泳ぐ。水をかくようにして進む。体を浮かばせて水を巧みにかき分けて進む。②世の中や人混みを巧みにかき分けて進む。	泳法。競泳。水泳。遊泳。	①海で泳ぐ。②政界を泳ぐ。		1743
岸	3	一山屵屵岸岸	やまへん	8	ガン	きし		岸。水ぎわ。	岸壁。岸辺。	港では岸壁に外国船が横付けになっていた。岸辺に波が打ち寄せる。		2063
苦	3	一十廾卄芒苫苦苦	〈さかんむり〉	8	ク	くる・しい、くる・しむ、くる・しめる、にが・い、にが・る		①苦い、苦しむ。②苦しい、苦しみ、苦しむ。▶楽。	苦手。苦味。苦笑。苦言。苦心。苦悩。	①理科は苦手な教科だ。②辛い仕事も苦にならない。苦しい立場。理解に苦しむ。		2276

3 教育漢字

漢字	配当学年	筆順	部首	総画	音(常用漢字表)	訓(常用漢字表)	表外の音訓	意味	熟語	用例	備考(名)は人名	JISコード
具	3	一冂冂目目具具	はちがしら	8	グ	—	(そな・わる)	具わる。具える。そろっていて。事細かに、くわしく。うつわ。道具。	①具体。②具備。③雨具。文房具。	①彼女は具合悪そうに見える。②具体的に説明する。③計画を具申する。④雨具を具に利用する。	(名)とも	2281
幸	3	一十土去幸幸幸	かん	8	コウ	さいわ・い、さち、しあわ・せ		①幸い、幸せ。②天皇などのおでまし。③幸、山の幸。海の幸。	①幸運。②行幸。③幸福。御幸。▼不幸。	①幸いなことにかすり傷一つない。幸あれと祈り、②私は大学へ行きたいと思いました。③海の幸・山の幸。	(名)ゆき	2512
使	3	亻亻亻仁仁伊使使	にんべん	8	シ	つか・う		使う。用をさせる。人をやる。使いに行く人。	①使役。使用。②使者。使命。大使。勅使。	①頭を使う。使者を出す。②使途を明らかにする。故障のため使用禁止とする。③彼は口先ばかりで実のない人だ。④使者を立てて用件を伝える。		2740
始	3	乚乆刔刔奵妅奵始始	おんなへん	8	シ	はじ・める、はじ・まる		物事のはじめ、始まる。始める。もの事。	①始末。②始動。年始。始発。	①何でも始めが肝心だ。②始発電車に乗る。		2747
事	3	一亓亓写写写事	はねぼう	8	ジ(ズ)	こと		①事がら。もの事。②でき事。③仕事。④つかえる。	①事物。事件。②事情。吉事。③事務。事業。④執事。	①どうか事情をご理解ください。②その事件は迷宮入りとなった。③事務的な対応に閉口した。④彼は有名な作家に師事していた。		2786
実	3	亠宀宀宇宇宇実実	うかんむり	8	ジツ	み、みの・る		①みたち、ものがいっぱいある。中身が豊かにある。②木や草の実。実がなる。③真心のない、偽りのない人。④本当の。本物の。	①充実。②果実。③誠実。④実戦。実例。実習。実話。	①名を捨てて実を取る。実のある話。②栗の実を拾う。③彼は口先ばかりで実のない人だ。④実を言うととにかく教育実習が終わり、教師になりたい気持ちが強まった。	(名)さね、まこと	2834
者	3	一十耂耂夬者者者	おいかんむり	8	シャ	もの		者。人物や人の状態などをさして言う言葉。	医者。賢者。読者。	臆病者。邪魔者扱いする。		2852
取	3	一亓丆丆耳耳取取	また	8	シュ	と・る		①取る。手に取る。自分のものにする。▼捨。②集める。	①取得。取捨。②取材。	①テストで百点を取る。庭の雑草を取る。②見学しながらメモを取る。		2872
受	3	亠亠亠亠受受受	また	8	ジュ	う・ける、う・かる		①受ける。受け取る。もらう。▼授。②聞き入れる。	①受験。受諾。②受講。受領。	①注文を受ける。代金を受領する。②家庭料を受諾を受ける。		2885
所	3	亠戸戸戸戸所所所	とかんむり	8	ショ	ところ		①所。②……すること、……するもの。	①所長。名所。住所。②所属。所持。所在。所要。	①所変われば品変わる。②首相が所信を述べる。		2974
昔	3	一卄廾芉芉昔昔昔	ひへん	8	★セキ、(シャク)◆	むかし		昔、以前。	昔日。昔話。	昔住んでいた町に行く。昔話に花がさく。		3246

47

本編　常用漢字

漢字	配当学年	筆順	部首	総画	音(常用漢字表)	訓(常用漢字表)	表外の音訓	意味	熟語	用例	備考(名)(は)(人名)	JISコード
注	3	氵氵汁注注	さんずい	8	チュウ	そそ・ぐ		①注ぐ。つぎ込む。②心や目を一点に集める。向ける。③書物の文章を詳しく説明すること。また、その説明。④書き記す。	①注入。②注意。③注記。④注文。注油。注目。注釈。	①茶わんにお茶を注ぐ。②車をよく注意して歩く。台風で崩れた道路の復旧に全力を注ぐ。③わかりにくい言葉に注釈を付ける。人々の注目を集める。④洋服を注文する。		3577
定	3	宀宀宁定定	うかんむり	8	テイ、ジョウ	さだ・める、さだ・まる、★さだ・か	さだ・め	①定める。定まる。落ち着く。②定め、決まり。③思った通り。やっぱり。	①定理。安定。決定。②定刻。定員。定食。規定。定評。必定。	①規則を定める。②法の定めに従う。定刻に出発する。議院の定数。安いことで定評のある店に行く。③案の定、宿題を忘れた。		3674
波	3	氵氵汀沪波	さんずい	8	ハ	なみ		①波。②波の形に動いたり、うねったり、高く低くなったりするもの。③波だつ。騒ぐ。	①波浪。②電波。波動。③波及。波状。波紋。波乱。	①波が打ち寄せる。②成績に波がある。サッカー熱が小学生の間に波及していく。波のような動きで伝わっていく。③波紋が広がる。波乱を巻き起こす。		3940
板	3	一十十木杤板板	きへん	8	ハン、バン	いた		①板。木を薄く平らに削ったもの。それを使う人。②薄くて平たいもの。変化の少ないもの。③印刷するためほったような平らなものを一面で分かるように書いた板。	①板塀。②板前。板書。平板。③板木(はんぎ)。	①日本一の板前になりたい。②板書の計画をたてる。		4036
表	3	一十主丰表表表	ころも	8	ヒョウ	おもて、あらわ・す、あらわ・れる		①表(おもて)。外側。▼裏②表す。表れる。表に出してはっきりさせる。③表立つ。④上の人に出す書類。⑤表(ひょう)。込み入ったものを一目で分かるように書いたもの。	①表具。表面。②表現。表明。発表。③代表。④辞表。時刻表。	①表裏一体の関係にある。②引退表明。この詩には旅の気分がよく表れている。③表立って働く。④辞表を出す。⑤調査の結果を表にまとめる。		4129
服	3	丿几月月月肥服服	つきへん	8	フク	—		①服。着物。②身につける。おびる。③したがう。したがえる。④薬・茶・たばこなどをのむ。	①衣服。②服飾。服装。③服従。服役。服務。④服薬。服用。	①服を着る。②服飾デザイナーになる。③用心深いから気を付けなさい。④たばこを一服する。		4194
物	3	丿亠牛牛物物物	うしへん	8	ブツ、モツ	もの		①物。形のあるもの。②こと。ことがら。③世間のよう。④みたてる。適当な物を選ぶ。⑤死ぬ。	①物質。物心。②物事。③物騒。④物色。⑤物故。	①物心両面で援助を受ける。②物事の数から気を付けなさい。③夜道は物騒だから気を付けなさい。④よい品を物色する。⑤先日物故された人のことを草ねた。		4210

3 教育漢字

漢字	配当学年	筆順	部首	総画	音(常用漢字表)	訓(常用漢字表)	表外の音訓	意味	熟語	用例	備考(名は人名)	JISコード
放	3	一ナオ方方扩放放	のぶん	8	ホウ	はな・す、はな・つ、はな・れる、ほう・る		①放す。解き放す。ゆるす。自由にする。②おいやる。おくりだす。遠くにやる。③ほしいまま。気ままにする。④つける。⑤しまりがない。なげやり。	①解放。放流。放送。②追放。放棄。放浪。③放火。放漫。④放置。⑤放任。	①小鳥を空に放す。矢を放つ。②ダムの水を放流にする。③星がかすかな光を放つ。③時事放談。④家に火を放つ。⑤放任主義の家庭。無罪放免。		4292
味	3	一ロロロ미며味味	くちへん	8	ミ	あじ、あじ・わう	あじ・わい	①舌で受ける感じ。味。味わう。②物事のなかみ。また、おもしろみ。③なかま。	①味覚。②興味。③味方。	①塩からい味を好む。②味わいのある文章。③味方に引き入れる。		4403
命	3	ノ人ヘヘ合合命命	くちへん	8	メイ、ミョウ◆	いのち・の	(みこと)	①言いつける。②名づける。③命。④めぐりあわせ。	①命令。②命名。③命綱。④宿命。運命。	①命令に背く。名古屋へ出張を命ずる。②責任者を命名される。③命綱をつけて仕事をする。④君と僕は宿命のライバルだ。		4431
油	3	￥氵氵汇沪油油	さんずい	8	ユ	あぶら		①植物や鉱物の油。燃える液体。②活動力や活力のもと。	①油絵。油煙。②油断。	①油壷から墨が作られる。②油断もすきもない。油が切れる。油断大敵だ。		4493
和	3	ー二千千禾禾和和	くちへん	8	ワ、(オ)★	やわ・らぐ、やわ・らげる◆、なご・む◆、なご・やか◆		①仲良くする。②穏やかか、穏やかになる。③声や調子をあわせる。④日本、日本風の。⑤加えた数。	①和睦。②和気。③唱和。和音。④和服。和風。和名。⑤総和。	①人の和を大切にする。和解が成立する。②気持ちが和らぐ。美しい曲を聴いて心が和む。③乾杯!の音頭に唱和した。④正月は和服姿の女性が目立つ。⑤三と五の和は八です。	(名)かず	4734
屋	3	一フコア戸戸戸戸屋屋	しかばね	9	オク	や		①家。住まい。②屋根。③商店などの家のよび名。④人の、ある性質を特に指して言う言葉。	①屋内。②屋上。③屋号。越後屋。がんばり屋。④気取り屋。	①屋根プール。②縁台には夜店の屋台が並ぶ。ヒマラヤ山脈は世界の屋根と言われる。③商店街の人同士が屋号で呼び合う。④彼女は気取り屋だ。		1816
界	3	1口田田田里界界	た・たへん	9	カイ	―		①さかい。くぎり。間のしきり。②区切りの中の範囲。③限られた社会。仲間内。	①境界。②界隈。③学界。芸能界。俳句界。	①体力の限界に挑戦する。②彼は夜は駅かいわいに繰りだしている。③商店界では夜も活躍するのが夢だ。④彼女は気取り屋だ。		1906
客	3	￥宀夕交交灾客客	うかんむり	9	キャク、カク◆	―		①お客。たずねてきた人。招かれた人。②旅。旅人。③品物を買ったり、見物したり、乗り物に乗ったりする人。④その分野で認められた人。⑤自分に対して他の者。相手。	①来客。客人。②客死。客船。③乗客。④論客。⑤客観。	①客をもてなす。②彼は放浪の果てにパリで客死した。③客船の旅がよい。④彼の論客だ。⑤客観的な立場で考える。		2150
急	3	1 クス名名急急急	こころ	9	キュウ	いそ・ぐ	いそ・ぎ	①急ぐ。②突然に。にわかに。③かたむきが大きい。④大切なところ。	①急用。急行。②急死。急増。急逝。③急峻。急降下。④急所。	①急用を要する。現場に急行する。②車は急に止まれない。友人の急逝に驚く。③急峻な山道。④急所をついた質問をする。		2162

本編　常用漢字

漢字	配当学年	筆順	部首	総画	音（常用漢字表）	訓（常用漢字表）	表外の音訓	意味	熟語	用例	備考（名は人名）	JISコード
級	3	糸糸糸糸紗級	いとへん	9	キュウ	―		①くらい。順序。②学年。また、同じ学年をわけたもの。クラス。	①階級。上級。初級。②級友。学級。	①そろばんの級がある。上級試験に合格する。②上年の級に進む。小学校時代の級友と同窓会を開く。		2173
係	3	イイイ伊伊係係	にんべん	9	ケイ	かか・る、かかり		①つなぎとめる。かかわりを持つ。②係、あることを受け持つ。	①関係。係争。係員。進行係。受付係。	①白い花の「白い」は「花」に係る。港に船を係留する。②クラスの係を選ぶ。係員の指示に従う。		2324
研	3	一ア石石石矿研	いしへん	9	ケン	と・ぐ◆		①みがく。研ぐ。②おさめる。きわめる。	①研磨。②研究。研鑽。研修。	①包丁を研ぐ。②研修期間。		2406
県	3	一ロ目目県県	め（もく）	9	ケン	―		県。都・道・府・県とともに行政区画の一つ。地方自治体の一つ。	県民。県庁。県道。▼国道。	愛知県民。岐阜県庁。県の許可を受ける。		2409
指	3	一才才扩拍指指	てへん	9	シ	ゆび、さ・す		①指。②指す。ゆびさす。指図する。	①親指。十指。②指図。指揮。指示。指摘。	①指をくわえる。後ろ指をさされる。②グラフを指して説明する。北を指して歩く。		2756
持	3	一才才井挂持持	てへん	9	ジ	も・つ		①持つ。手にする。②たもつ。持ちこたえる。持ち続ける。	①所持。②持久。持病。持続。持得。	①弁当を持参する。②満を持して行動する。体が持たない。緊張が持続する。		2793
拾	3	一才扌扑扑扔拾拾	てへん	9	シュウ、ジュウ	ひろ・う		①拾う。手に入れる。▼捨。②とお。十。金額などを書くとき、数字の十のかわりに使われる。	①拾得。②参拾万円。	①財布を拾う。命拾いをする。拾得物を交番に届ける。②参拾万円を支払う。		2906
重	3	一一一一一一一一重重	さとへん	9	ジュウ、チョウ	え、おも、かさ・ねる、かさ・なる	おも、たい	①目方が重い。重さ。②重重しい。落ち着いている。③大仕掛けな物。大きい。④ひどい。甚だしい。激しい。⑤重んじる。大切にする。尊ぶ。⑥重なる。重ねる。	①重荷。②重厚。③重工業。④重病。重要。⑤重視。重鎮。⑥重箱。重複。	①相手より人柄を重視する。拾得物を重ねる。不幸が重なる。②重工業が発達する。③重い病気にかかる。重病人。④学力より人柄を重視する。⑤失敗を重ねる。⑥昭和の時代は、六十四年間続いた。	(名)しげ	2937
昭	3	1日日即即昭昭	ひへん	9	ショウ	―		①明らか。明るい。②照り輝く。③昭和（元号として）。	①昭示。②昭光。③昭和天皇。	昭和の時代は、六十四年間続いた。	(名)あき、あきら	3028
乗	3	一千垂垂乗乗	はらいぼう	9	ジョウ	の・る、の・せる		①乗る。物の上にあがる。②つける。利用する。③数を掛け合わせる。かけ算。④仏の教え。	①乗車。同乗。②加減乗除。④大乗。	①船に乗って向こう岸へわたる。②相手の隙に乗ずる。③六の三乗を乗ずる。④大乗仏教。		3072
神	3	ラ ネ ネ ネ 和 和 神 神	しめすへん	9	シン、ジン	かみ、（かん）、（こう）★		①神さま。天地をつくり、支配するとされているもの。②人の知恵でははかりしれないもの。③魂。心。また、その働き。	①神楽。神社。神道。②神秘。神妙。③神経。神髄。精神。	①神に祈る。さわらぬ神にたたりなし。②彼は神妙にひかえている。③神経が鈍い。		3132

50

3 教育漢字

漢字	配当学年	筆順	部首	総画	音(常用漢字表)	訓(常用漢字表)	表外の音訓	意味	熟語	用例	備考(名は人名)	JISコード
相	3	一十才木村相相相	め-へん	9	ソウ、◆ショウ	あい		①ようす。すがた。かたち。②助ける。君主を助けて政治を執る人。③互いに。一緒に。④言葉の上に付けて意味を強める。	相場。世相。手相。首相。相手。相棒。送迎。送信。送料。	①顔の相が変わる。②首相が金の相場が下がる。③反する意見を述べ合う。相互理解。④相変わらず元気です。	(名)すけ	3374
送	3	''ソエギ关关送送	しんにょう	9	ソウ	おく・る		①人を見送る。▼迎。②届ける。別の所へやる。	送迎。送信。送料。送別。放送。	①駅まで送る。園児を送迎する。先生の送別会を開く。②小包で送る。毎月の学費を子どもに送る。		3387
待	3	''彳彳什件件待待	ぎょうにんべん	9	タイ	ま-つ		①待つ。待ちうける。②もてなす。	待望。待遇。優待。	①機会を待つ。春を待つ。待望の男の子が生まれる。②社員の待遇を改善する。		3452
炭	3	'山屵屵炭炭炭	ひ-へん(火)	9	タン	すみ		①炭。木炭。②すてる。	炭火。炭酸。炭坑。	①炭火で魚を焼く。②炭酸飲料を自動販売機で買う。③炭坑で働く。		3526
柱	3	一十才木杧柱柱柱	き-へん	9	チュウ	はしら		①柱。まっすぐに立てて棒。②物事の中心となるもの、ささえるもの、頼りになる人。③神や遺骨を数える言葉。	柱石。大黒柱。一柱。	①柱によりかかる。②一家の柱となる。③三柱の英霊。		3576
追	3	''丿户户户追追追	しんにょう	9	ツイ	お-う		①後を追う。追い払う。②追いかける。③後から付け加えたり、さかのぼんにする。④人の死をいたむ。	追従。追放。追憶。追加。追悼。追伸。	①見えていくお追従を言うな。②暴力をこの町から追放する。③料理を二人分追加する。④追悼の言葉を述べる。造善供養をする。		3641
度	3	''广户户庐庐度度	まだれ	9	ド、(ト)、(タク)	◆たび		①ものさし。長さをはかる道具。②決まり、おきて。③ほど。程合い。④めもり。数ではかれる物。⑤回数。たび。⑥心の大きさ。人柄。	度量衡。制度。程度。温度。毎度。度胸。	①仕事の速度が遅い。尺度を当てる。②議会制度。③採算を度外視して品物を売る。④近視の度が進む。⑤この度は、ご卒業おめでとうございます。⑥度胸が据わっている。	(名)のり	3757
畑	3	''火炉炉畑畑畑	た-へん	9	—	はた、はたけ		①畑。麦・野菜・果物などをつくる土地。②専門の仕事、分野。	畑作。花畑。麦畑。経済畑。	①畑にいもを植える。②畑違いの商売を始めた。		4010
発	3	''プダダダ発発発	はつがしら	9	ハツ、◆ホツ	—		①放つ、矢や弾などをうちだす。②出かける。送り出す。③始める。始まる。④生じる。おこる。おこす。⑤ひらく、明るくなる。⑥大きく、盛んになる。⑦暴く、掘り起こす。	発射。発車。発起。発火。発熱。発揮。発育。発芽。発見。発展。発言。発売。発表。発症。発信。	①弾丸を発射する。②バスが発車する。③発起人になる。④二日間、発熱に苦しむ。⑤合格を発表した。⑥発展学習に取り組む。⑦新人を発掘する。		4015
美	3	''''兰羊美美美	ひつじ	9	ビ	うつく-しい	うつくしむ	①美しい。▼醜。②よい。りっぱな。③おいしい、うまい。④ほめる。	美女。美人。美談。美術。美貌。美食。美術。美観。美技。賛美。美称。	①美しい女性。美観を損ねる。②有終の美を飾る。③美食家。④焼き物を賞美する。	(名)み、よし	4094

本　編　　常用漢字

漢字	配当学年	筆順	部首	総画	音（常用漢字表）	訓（常用漢字表）	表外の音訓	意味	熟語	用例	備考（名は人名）	JISコード
秒	3	一二千禾禾利秒秒	のぎへん	9	ビョウ	―		時間・角度・経緯度の単位。一分の六十分の一。	秒速。毎秒。	時計の針の、秒を刻む音が聞こえる。		4135
品	3	丨口口口口尸品品品	くち へん	9	ヒン	しな		①品もの。②人や物にそなわった性質や値うち。また、それから受ける感じ。	①品質。②品格。③品性。景品。備品。	①この店は品がそろっている。品質をよく調べてから買う。②なんといっても品が違う。品行方正な生活態度。		4142
負	3	ノク夕夕負負負負負	かい へん	9	フ	ま・ける、ま・かす、お・う	ま・け	①負う。背負う。借りる。②負い目。借り。③身に受ける。たまる。④たのむ。負わす。⑤たがう。負ける。⑥ゼロより小さい数。	①負担。②負債。負傷。③自負。④抱負。⑤勝負。⑥▼正数。負数。	①費用を負担する。責任を負う。②負債をかかえる。③名著として一流であると自負している。④画家として負うところが多い。⑤誘惑に負けず、相手を負かす。⑥数学では負ロよりマイナスの数という。		4173
面	3	一ア百百而而面面面	めん	9	メン	おも、おもて、つら		①人の顔。つら。おもて。②人の目の前ですること。③顔にかぶる。お面。④向き。方向。⑤数学の図形。⑥平たいもの。	①面影。面相。②面前。面談。③仮面。能の面。④方面。平面。面積。⑤書面。帳面。	①泣きつら。面構え。②面会を申し込む。③面をつける。能の面。④その面ではは心配はない。		4444
洋	3	丶氵氵氵洋洋洋洋	さんずい	9	ヨウ	―		①大きな海。なだ。②広広としたようす。③西洋、ヨーロッパやアメリカ。	①大洋。②洋洋。③洋食。洋服。洋品。	①洋上に豪華客船が浮かんでいる。②青年の前途は洋洋としている。③洋服の前から浴衣に着替える。洋品店。		4546
員	3	丨口口口月目貝員員	くち へん	10	イン	―		①人や物の数。②ある役目や仕事についている人。③幅。	①員数。社員。②満員。幅員。	①申し込みの員数を調べる。②銀行員。社員教育に力を注ぐ。		1687
院	3	阝阝阝阝阝阝阝院院院	こざと へん	10	イン	―		①垣根をめぐらした大きな建物。役所や寺、法堂・女院など。②上皇・法皇・女院などって言う呼び名。③戒名に使う言葉。	①寺院。僧院。②上皇。院政。後鳥羽院。③院号。	①仏教・イスラム教などの建物を寺院と言い、キリスト教の建物は教会と言う。②院政について学習する。③院号をつける。		1701
荷	3	艹艹艹サ艹芐芐荷荷	くさかんむり	10	カ	に		①荷。荷物。②になう。引き受ける。かつぐ。	①出荷。荷札。荷物。②荷担。負荷。重荷。	①荷が重い。②犯罪に荷担する。		1857
起	3	一キキキキキ走走起起	そうにょう	10	キ	お・きる、お・こる、お・こす		①起きる。起きあがる。立ち上がる。②起こる。起こす。事を始める。③起こり。はじまり。④ひきあてる。あげもちいる。	①起居。起床。②起案。起算。③起源。発起。④起用。	①朝早く起きる。②事件が起こる。騒ぎを起こす。③起源を探る。④新人を起用する。		2115
宮	3	丶宀宀宀宁宜宜宮宮	うかんむり	10	キュウ、グウ、(ク)	みや		①天皇・国王などが住む建物。②社。神をまつる建物。③皇族の呼び名。	①宮殿。王宮。②神宮。宮司。③宮様。	①ベルサイユ宮殿。②七五三に宮参りをする。熱田神宮。③宮様のお車がお着きになった。		2160

3 教育漢字

漢字	配当学年	筆順	部首	総画	音(常用漢字表)	訓(常用漢字表)	表外の音訓	意味	熟語	用例	備考(名)は人名	JISコード
庫	3	一广广广庐庐庐庫庫庫	まだれ	10	コ、(ク)★	ー		くら。物を入れておく建物。	金庫。倉庫。宝庫。	金庫に大切な物を保管する。海底は地下資源の宝庫だ。	(名)はくら	2443
根	3	一十才木木木机机根根	きへん	10	コン	ね		①草や木の根。②物事のよりどころ。③人や物の本来持っている性質。気力。	①根幹。根毛。②根拠。根源。③根気。根性。	①木の根を掘り起こす。②問題の根は深い。根拠のないうわさ。③根気のいる仕事。根の優しい人。		2612
酒	3	一氵氵氵汀沂沂洒酒酒	ひよみのとり	10	シュ	さけ、(さか)		酒。酒を飲む。	酒宴。酒豪。酒造。飲酒。禁酒。	酒気をおびる。酒造業を営む。		2882
消	3	丶氵氵氵氵沪消消消消	さんずい	10	ショウ	き・える、け・す		①消える。消す。なくす。②使い果たす。③ひかえめな。④おとろえる。	①消火。消失。消華。消滅。解消。②消費。消耗。③消極。④消長。盛衰。	①火が消える。姿を消す。この本は難しくて消化しきれない。権利が消失する。②消費者が訴える。③彼は何事にも消極的である。④国家の消長。		3035
真	3	一十广方古育首直直真真	め_へん	10	シン	ま	(まこと)	真(まこと)。ほんとうに。自然のまま。	真剣。真実。△盛衰。真摯。	人の言うことを真に受ける。真実の気持ちを述べる。事件の真相発明に全力をあげる。	(名)さね、まこと	3131
息	3	丶丶白白自自自息息息	こころ	10	ソク	いき		①息。呼吸する。②いきる。③やすむ。いこう。④おわる。やめる。⑤利子。⑥こども。⑦たより。	①吐息。②生息。③休息。④終息。⑤利息。⑥子息。⑦消息。	①吐息をつく。息をはずませる。②息を吹きかえる。③息つく暇もない。④無病息災。⑤この銀行の預金は利息が高い。⑥ご息女。⑦消息が絶える。		3409
速	3	一一一一束束束速速速速	しんにょう	10	ソク	はや・い、はや・める、はや・まる、すみ・やか◆	はや・さ	①速い。速やかに。②速さ。	①速断。速答。速効。②速度。速力。	①よく調べもしないで速断する。②車の速度を一定にする。	(名)はや、はやし	3414
庭	3	一广广广庐庐庭庭庭庭	まだれ	10	テイ	にわ		①庭。②家。家の中。	①庭園。庭木。②家庭。	①庭木の手入れをする。②家庭訪問をする。		3677
島	3	丶广户户户自自鸟島島	やまへん	10	トウ	しま		島。海や湖の中の陸地。	島国。離島。フィリピン群島。	島国根性。日本やイギリスは島国だ。		3771

53

本編　常用漢字

漢字	配当学年	筆順	部首	総画	音(常用漢字表)	訓(常用漢字表)	表外の音訓	意味	熟語	用例	備考(名)は人名	JISコード
配	3	一丙丙丙酉酉酉配配	ひよみのとり	10	ハイ	くば・る		①ならべる。ならぶ。②組み合わせる。連れ添わせる。夫婦にする。③配る。割り当てる。④従える。⑤島流しにする。	①配列。配合。②配偶者。③配達。配分。④配下。支配。⑤配流。	①色の配合がよい。②肥料を配合する。③新聞配達。利益を配分する。配慮が行き届く。④配下を集める。⑤その罪人は遠い島に配流された。		3959
倍	3	亻仁仁佇佇佇佇倅倅倍	にんべん	10	バイ	―		①増す。加える。②倍にする。	①倍率。②倍額。倍増。	①倍率を上げる。損害が倍増する。②会員倍増運動の協力をする。人の倍は働く。		3960
病	3	一广广疒疒疒痕病病	やまいだれ	10	ビョウ、★(ヘイ)	◆や・む、やまい		①病む。病。不治の病。心配する。②悩む。③欠点。悪い癖。	①病気。病弱。病身。病没。②病根。	①胸を病む。不治の病。病をおして勉強する。②すんでしまったことを気に病む。③社会の病根をたち切る。		4134
勉	3	亠占召免免勉勉	ちから	10	ベン	―	つと・める、はげ・む	つとめる。はげむ。	勉学。勉強。勉励。勉励。	刻苦勉励をモットーにする。	(名)つとむ	4257
流	3	亠亠疒疒疒流流流	さんずい	10	リュウ、★(ル)	なが・れる、なが・す		①流れる。流れ。②移り変わる。③流す。遠くへおいやる刑罰。④なめらか。⑤それる。ねらいがはずれる。⑥中止になる。成立しない。⑦学術などの一派。⑧階級。血筋。⑨上流。⑩よりどころがない。	①流域。流転。③流罪。④流感。流暢。⑤流用。⑦流会。⑧流派。⑨上流。⑩流言。	①川が流れる。流血の惨事。流動する社会。②時が流れる。万物流転。世の流れについてゆく。③島流しにする。幕府に反逆して流罪になった。④彼らは英語を流暢に話す。⑤本代の一部を流用した。⑥会議が流れる。⑦予算委員会は出席者が少ないので流会になった。⑧アラビヤ半派の流れをくむ歌人。⑨多くの平家の流れをくむ。⑩そのまま伝わってきた流言飛語にまどわされない行動をしよう。		4614
旅	3	亠方方扩扩扩扩旅旅	ほうへん	10	リョ	たび		旅。家を離れて遠くに出かけること。	旅行。船旅。旅路。旅愁。旅情。	長い旅路を終えて帰る。旅情にひたる。		4625
悪	3	一一一一一亜亜亜悪悪悪	こころ	11	アク、★オ	わる・い		①悪い。よくない。正しくない。②へた。③苦しむ。④きまう。⑤憎む。	①悪運。悪事。悪筆。②悪文。③悪載。④粗悪。⑤憎悪。	①天気が悪い。悪運が強い。悪事をはたらく。②この作品は出来は悪い、悪筆をお許しください。③宿題をすませるまでは悪戦苦闘だった。④品質が悪い。⑤彼女の手紙の内容は憎悪に満ちたものだった。		1613

54

3 教育漢字

漢字	配当学年	筆順	部首	総画	音(常用漢字表)	訓(常用漢字表)	表外の音訓	意味	熟語	用例	備考(名)は人名	JISコード
球	3	一丁王王王卦玝玝球球球	おうへん	11	キュウ	たま		①たま(球)。たまの形をしたもの。②まり、ボール。また、ボールを使うスポーツ。③野球の略。	①電球。②卓球。③球場。④球技。⑤球審。	①電球をとりかえる。②球技大会を開く。③球審の判定に従う。		2169
祭	3	ノクタタ奴奴奴祭祭祭	しめす	11	サイ	まつ・る、まつ・り		①祭る。まつり。神をまつる。②お祭りのように賑やかな催しや騒ぎ。	①祭日。祭典。祭礼。②文化祭。	①昔の英雄を神として祭る。氏神様の祭に出かける。若人の祭典。②地元の学校が優勝したので町はお祭り騒ぎだ。		2655
終	3	幺糸糸糸糸終終終	いとへん	11	シュウ	お・わる、お・える	おわり	①終わる。お仕舞いにする。②一番あと。さいご。	①終了。終焉(しゅうえん)。終結。②終電。	①終焉の地。②終着駅に降り立つ。		2910
習	3	丑刀羽羽羽習習習	はね	11	シュウ	なら・う		①習う。学ぶ。②ならわし。ならい。	①習作。習熟。②習慣。習俗。	①ピアノを習う。仕事に習熟する。②その土地の習慣になる。		2912
宿	3	ウ宁宁宿宿宿宿	うかんむり	11	シュク	やど、やど・る、やど・す		①宿る。泊まる。また、その建物。②前前からの、もとからの。③生まれる前からの。	①宿泊。宿舎。宿題。②宿敵。宿命。	①今夜の宿を予約する。子を宿す。②宿敵と対決する。③宿命とあきらめる。		2941
商	3	立产产产产商商商	くちへん	11	ショウ	あきな・う	あきない	①品物を売り買いする。商い。②割り算の答え。▶積。	①商業。②商魂。商才。商人。	①衣料品を商う店。②六を三で割った商は二である。		3006
章	3	一立产音音章章章	たつへん	11	ショウ	―		①明らかにする。②文。文書。③詩や文の一区切り。④音楽の曲の一区切り。⑤しるし。	①表章。②文章。③章句。④楽章。⑤校章。	①美しい文章を書く。②章を改める。③文章の第一章句。④交響曲の第一楽章を演奏した。⑤桜の花をかたどった校章が名札に印刷されている。	(名)あき、あきら	3047
深	3	氵氵氵汀沪深深深	さんずい	11	シン	ふか・い、ふか・まる、ふか・める		①深い。底が深い。②興深い。③色が濃い。④はなはだしい。⑤夜更く。たけがわ。⑥度をすごすこと。	①深海。②深速。③深緑。④深刻。⑤深夜。⑥深酒。	①深い海。友情を深める。②学問は興深い。知識が深まる。③深緑におおわれた山。④深い傷を負った。⑤秋も深まってきた。⑥深酒は体に悪い。		3128
進	3	ノ亻个什什隹隹准進進進	しんにょう	11	シン	すす・む、すす・める	すすみ	①進む。前へ動く。②のぼる。下から上へ移る。階級などが上がる。③さしあげる。④今までよりよくなる。優れて高まる。	①進行。進出。②進級。進学。③進呈。④進化。	①道をまっすぐ進む。計画が思い通りに進む。海外へ進出する。②大学に進む。③菓子を進物に包んでもらう。④科学技術が進歩し機械化を進める。		3142

本編　常用漢字

漢字	配当学年	筆順	部首	総画	音(常用漢字表)	訓(常用漢字表)	表外の音訓	意味	熟語	用例	備考(名)は人名	JISコード
族	3	一ナ方方方方於於於族族	ほうへん	11	ゾク	―		①血のつながる人たちの集まり。身内。②仲間。	①家族。親族。②民族。士族。	①家族そろって旅行する。②美しい民族衣装を着る。		3418
第	3	竺竺竺竺竺第第	たけかんむり	11	ダイ	―		①ものの順を示すのに用いる言葉。②順序。③試験。	①第一。②次第。③及第。落第。	①安全第一で行こう。政界の第一線で活躍する。②入学式の式次第が掲示された。③卒業試験に及第する。		3472
帳	3	丨冂巾巾巾巾帳帳帳帳	はばへん	11	チョウ	―		①たれまく。カーテン。②覚え書き。記録。③はり、かやや幕などを数える言葉。	①蚊帳。開帳。②帳面。帳尻。③一帳(ひとはり)。三帳。	①蚊帳を巻いて上げおろしする。②帳簿を合わせる。③提灯二帳を準備する。		3602
笛	3	竺竺竺竺笛笛	たけかんむり	11	テキ	ふえ		笛。吹き鳴らす楽器。	汽笛。	笛を吹く。汽笛を鳴らす。		3711
転	3	一二亓亓車車車軒転転	くるまへん	11	テン	ころ・がる、ころ・げる、ころ・がす、ころ・ぶ		①転ぶ。転がる。ひっくりかえる。②めぐる。まわる。③うつる。かわる。うつす。	①転倒。転覆。転落。②転回。転校。③転載。転職。栄転。	①気が転倒する。草地にあおむけに転がる。百八十度の転回。丸太を転がす。②転校生。③東京は日本の首都だ。		3730
都	3	土耂耂者者者者者都都	おおざと	11	ト、ツ	みやこ		①都。政府のあるところ。②大きな町。③あわせて。すべて。④東京都の略。	①首都。②都市。③都合。都度。④都民。都営。	①東京は日本の首都だ。②都市計画を公開する。③都合一千円になる。その都度お金を払う。④都営住宅に住む。		3752
動	3	ニュ言言言育重動動	ちから	11	ドウ	うご・く、うご・かす		①動く。動かす。▶静。②人の振る舞い。仕事。③働く。働きかける。④変わる。乱れる。	①運動。動画。動作。②言動。動静。動向。③動機。動力。④動乱。	①彼は物に動じない。敵の動きを見る。②言動に気を付けなさい。③動力資源。④動乱の時代。		3816
部	3	一ナ立立音咅咅部部	おおざと	11	ブ	―		①区分けしたもの。区分。②仕事や内容でわけた組織。③新聞・雑誌・書物などを数える言葉。	①部分。部門。②部隊。編集部。部署。③部数。	①新製品の開発部門に配属される。上の部にはいる。②会社に新しい部門が出来る。理科研究会の生物部会で発表する。③発行部数が増える。		4184
問	3	丨冂冃冃門門門門問問問	くちへん	11	モン	と・う、と・い、(とん)		①たずねる。▶答。②訪れる。たずねて行く。③見舞う。慰める。	①問題。②訪問。③慰問。	①安否を問う。次の問いに答えなさい。②彼の様子が気に掛かるので訪問することにした。③先日、老人ホームを慰問した。		4468
飲	3	人△△今今今倉食食食飲飲	しょくへん	12	イン	の・む		飲む。水や酒などを飲む。飲み物。	飲酒。飲用。飲料。暴飲。	お茶を飲む。要求を飲む。飲食店。		1691

3 教育漢字

漢字	配当学年	筆順	部首	総画	音(常用漢字表)	訓(常用漢字表)	表外の音訓	意味	熟語	用例	備考(名)は人名	JISコード
運	3	一戸冒冒宮宮軍運運	しんにょう	12	ウン	はこ・ぶ		①運ぶ。移す。②めぐる。まわる。③動く。動かす。④働かせる。めぐりあわせ。	①運賃。②運行。③運転。④運営。⑤運勢。運命。幸運。	①重い荷物を運ぶ。②新しい運行表が発表された。③運転資金を調達する。④部活動の運営について話し合う。⑤くじを引いたら運良く当たった。		1731
温	3	氵氵沪沪沪沪温温温温	さんずい	12	オン	あたた・か、あたた・かい、あたた・まる、あたた・める		①温かい。温まる。温める。②おだやかな。なごやかな。心が優しい。③ならう。おさらいする。④大切にする。	①温和。②温厚。③温故知新。温習。④温存。	①温かいご飯。②温厚な人柄。③次の試合にそなえて力を温存しておく。④長い間温めてきた計画を発表する。	(名)あつ	1825
開	3	一门門門門門開開	もんがまえ	12	カイ	ひら・く、ひら・ける、あ・く、あ・ける		①ひら(開)く。ひら(開)ける。開ける。②始まる。仕事などを始める。③ひら(開)ける。手を加えてよい状態にする。	①開花。開眼。開門。②開業。開始。開設。③開拓。開発。開墾。未開。	①かさを開く。努力が開花する。バッヂインクに開眼した。②会議を開く。図書館の開設。③荒れ地を開いて新製品を開発する。		1911
階	3	阝阝阝阝阶阶階階階	こざとへん	12	カイ			①階段。②建物の重なりを数える言葉。③位や身分の上下。	①階下。②地階。二階。③階級。	①階段の上り下りに気をつける。②下の階におりる。階下で不審な物音がする。③位が一階級上がる。中産階級。		1912
寒	3	宀宀宀宁宝寒寒寒寒	うかんむり	12	カン	さむ・い		①気温が低い。②こわごわ。恐れる。③貧しい。みすぼらしい。④一年中で一番寒い時期。	①寒暖。②寒心。③寒村。④寒中。	①今年の冬はとても寒い。寒暖の差が大きい。②寒心にたえない。③ふところが寒い。④今日から寒稽古(かんげいこ)が始まる。		2008
期	3	一十十十甘甘其其期期期	つきへん	12	キ ★(ゴ)			①ある決まった時間。決められた日時。②あてにして待つ。	①期間。②期待。	①九月八日を期して開店します。この期に及ばずしてごうごうに二人いっしょになった。②期せずして二人いっしょになった。		2092
軽	3	一戸百戸車車軒軒軽軽	くるまへん	12	ケイ	かる・い、かろ・やか ◆		①軽い。目方が少ない。②程度が軽くない。簡単な。③大切に考えない。相手を下に見る。軽はずみ。	①軽量。軽重。②軽快。軽減。③軽蔑。軽薄。	①荷物を軽軽と持ち上げる。②軽快なリズム。③軽挙妄動をつつしむ。		2358
湖	3	氵氵氵沽沽沽湖湖湖	さんずい	12	コ	みずうみ		湖。	湖水。湖岸。湖畔。	湖畔のキャンプ場で炊飯した。		2448
港	3	氵氵氵汁洪洪港港港	さんずい	12	コウ	みなと		港。船のとまるところ。機の発着所。	港湾。空港。港町。漁港。	ここは古くからの港町である。		2533
歯	3	一十卡卡歩歩歯歯歯	はへん	12	シ	は		①歯。②歯のように並んでいるもの。③とし。としをとる。	①歯科。歯茎。②歯車。歯石。歯茎。③年歯。	①歯を磨く。②下駄の歯、歯車がかみ合う。③自ら年歯を語る。		2785

本編　常用漢字

漢字	配当学年	筆順	部首	総画	音(常用漢字表)	訓(常用漢字表)	表外の音訓	意味	熟語	用例	備考(名)は人名	JISコード
集	3	ノイイ亻什什件件隹隹集集	ふるとり	12	シュウ	あつ・まる、あつ・める、つど・う◆	あつ・まり	①集まる。集める。集う。②集まり。③集めた物。	①集会。②集約。③集団。④詩集。⑤群集。⑥句集。	①生徒が校庭に集まる。若者が集う。見を集約する。②町内の集まりがある。集会を開く。③句集を出版する。		2924
暑	3	1 口日日旦早早昇昇暑暑暑	ひへん	12	ショ	あつ・い		①暑い。暑さ。②暑い季節。	①避暑。②暑中。	①夏の日射しが暑い。②暑中見舞いを書く。		2975
勝	3	ノ丿月月月月片肝胖脒脒勝勝	ちから	12	ショウ	か・つ、まさ・る◆	か・ち(ぐ・れる)	①勝つ。勝る。②他より優れる。勝る。	①勝利。②原勝。▼勝訴。勝敗。	①試合に勝つ。暑さに勝つ。病気に勝つ。②勝るとも劣らない。		3001
植	3	一十十十十十村村植植植植	きへん	12	ショク	う・える、う・わる		①植える。草や木を植えつける。②草や木のこと。③人がある土地に移り住んで離れないこと。④印刷の活字を読む。	①植林。②植物。③植民。④植字。	①木の苗を植える。畑に麦が植わっている。植林図鑑。③インドはイギリスの植民地であった。④彼は若い頃植字工をしていた。		3102
短	3	ノトヒ矢矢矢矢知知知短短	やへん	12	タン	みじか・い		①短い。②おとる。つたない。とぼしい。	①短縮。②短命。③短所。短慮。	①秋の日は短い。②短所を補う。		3527
着	3	゛゛゛゛羊羊着着着着着	ひつじ	12	チャク、(ジャク)★	き・る、き・せる、つ・く、つ・ける		①着る。着物などを身につける。②着く。くっつく。③住み着く。④着ける。日をつける。⑤仕事にかかる。⑥加える。⑦届く。行き着く。⑧決まる。落ち着く。⑨着物。⑩着物や到着の順序を数えるときの言葉。	①着衣。②着席。③土着。④着眼。着目。⑤着手。⑥着色。⑦着順。⑧着実。⑨上着。⑩三着。	①洋服を着る。着心地がよい。②船を岸に着ける。③彼はその村に土着することに決めた。④着眼点を定める。⑤研究に着手する。⑥七宝着色料。⑦着陸機で帰国する。⑧着工を完成に近づく。⑨上着に穴があく。⑩三着。		3569
湯	3	氵氵氵゛汧沪渭渭湯湯湯	さんずい	12	トウ	ゆ		①湯。水を沸かしたもの。②風呂。温泉。③煎じ薬。	①熱湯。②湯治。③薬湯。	①湯をわかす。②湯の町を散歩する。③薬湯を飲む。		3782
登	3	ノ入べ父父癶癶癶癶癸登登	はつがしら	12	トウ、ト	のぼ・る		①登る。あがる。高いところにいたる。②高い地位につける。③帳簿に書き付ける。④出かける。ある場所にあらわれる。	①登頂。②登用。③登記。④登校。	①登山を趣味とする。②人材を登用する。③住民登録をする。④集団登校の児童。登場人物。		3748

3 教育漢字

漢字	配当学年	筆順	部首	総画	音(常用漢字表)	訓(常用漢字表)	表外の音訓	意味	熟語	用例	備考(名は人名)	JISコード
等	3	ノ⺮⺮笁笁等等	たけかんむり	12	トウ	ひと・しい	(など)	①等しい。②段階、区分、順序。③等級(など)、たち、多数を表す言葉。	①等分。②等級。③電車・バス等。	①ここでやめては何もしないのに等しい。②米には等級が付けられている。③この店では肉・魚等の食品が売られている。	(名)ひとし	3789
童	3	亠立产音音童童	たつへん	12	ドウ	◆わらべ		童(わらべ)。子ども。	童顔。童心。童謡。童話。児童。	童謡をみんなで歌う。		3824
悲	3	ノ丨刂扌非非非悲悲	こころ	12	ヒ	かな・しい、かな・しむ		①悲しい。悲しむ。心をいためなげく。②めぐみ深い、あわれみの心。	①悲劇。悲運。悲観。②慈悲。	①友人の死を悲しむ。優勝の悲願を果たす。②彼は慈悲深い人だ。		4065
筆	3	⺮⺮筆筆筆筆	たけかんむり	12	ヒツ	ふで		①筆。②字や絵をかくこと。また、かいた字や絵。	①筆勢。鉛筆。毛筆。②筆順。筆跡。筆古。	①筆で字を書く。②筆が立つ。筆古につくしがたい。		4114
遊	3	⺡⺡㳺㳺游游遊	しんにょう	12	ユウ、(ユ)★	あそ・ぶ	あそ・び	①遊ぶ。戯れる。楽しむ。②動き回る。③旅に出る、旅行する。④役に立たない。仕事に就いていない。⑤つきあい。	①遊戯。遊軍。②遊牧。遊覧。③遊説。④遊休。⑤交遊。	①トランプで遊ぶ。水遊びをして楽しむ。②遊牧民の生活は南にあこがれる。③全国遊説の旅に出る。④土地を遊ばせておくのはもったいない。遊休施設が近所にできる。⑤なかよし、交遊があった友達などめぐりあった。		4523
葉	3	⺾芏苹苹葉葉	くさかんむり	12	ヨウ	は		①葉。草や木の葉。②葉のようにうすく平たいもの。また、それを数える言葉。③時代。	①葉桜。青葉。紅葉。②色紙一葉。一葉。③中葉。	①葉桜の季節になった。②色紙二葉に思いを書いた。③鎌倉時代中葉。		4553
陽	3	阝阝阝𨺓𨺓𨺓陽陽陽	こざとへん	12	ヨウ	─		①ひ。太陽。②日向、山の南側。③うわべ、人目につくところ。④晴れ晴れとして明るい。⑤対になるもののうちの一方。	①陽光。山陽。②陽動。③陽気。陽春。④陽電気。陽極。	①まぶしいほどの陽光が降り注ぐ。山陽地方。②山陽新幹線を利用して広島高校へ行く。③敵の陽動作戦にひっかかる。④陽春の候を迎えました。陽気には良い日が続く。⑤電流が流れ出す方の極を陽極という。	(名)あきら	4559
落	3	⺾艹茨茨落落	くさかんむり	12	ラク	お・ちる、お・とす		①落ちる。低くなる。失う。②もれる。ぬけ落ちる。③落ちぶれる。衰える。④できあがる。きまりがつく。⑤人が集まり住んでいるところ。	①落日。落下。落第。没落。②脱落。零落。③落成。落着。④村落。集落。	①がけから落ちる。②名簿から名前が落ちる。命を落とす。③信用が落ちる。④眠りに落ちる。一件落着。隣の集落へ友と映画を見に行く。		4578
暗	3	丨日日日暗暗暗暗	ひへん	13	アン	くら・い		①暗い、光が少ない。②おろか、よく知らない。③隠れていて分からない、人に知られない。④そらんじる。	①暗室。暗黒。②暗愚。暗闇。③暗黙。暗記。暗唱。	①事件が明らかで暗の分かれ道となった。屋を暗くするための部屋の幕。②この方面の地理に暗い。③暗黙のうちに了解する。④九九を暗記する。		1637

本編　常用漢字

漢字	配当学年	筆順	部首	総画	音(常用漢字表)	訓(常用漢字表)	表外の音訓	意味	熟語	用例	備考(名)は人名	JISコード
意	3	一立卒音意意意	こころ	13	イ	—		①こころ。考え。気持ち。②わけ。意味。	①意見。意志。②意義。意味。	①意にかなう。意志が強い人。意識を失う。②意義のある人生を送る。口先だけの親切では意味がない。		1653
感	3	ノ厂厂厂咸咸感感	こころ	13	カン	—		①気持ち。おもい。心に思う。②心に深くしみる。心が動く。③ふれる。心やからだでうけとめる。	①感想。感情。②感慨。感嘆。③感知。感得。	①やりすぎた感がある。感想文を書く。②感嘆の声をあげる。感極まって泣ける。③危険を感知する。		2022
漢	3	氵氵汁汁浩浩漢漢	さんずい	13	カン	—		①中国。中国に関係すること。②漢。昔、中国にあった国の名。③男。男子。	①漢字。漢方。②漢血漢。	①漢方薬でなおす。②中国の漢の時代の学問である漢学を研究する。③巨漢を描きながら歩く。		2033
業	3	业业世丵業業業	きへん	13	ギョウ、★ゴウ	◆わざ		①しごと。つとめ。②学問。勉強。③仕事。行い。④(仏教の言葉)善悪の報いを引き起こすもととなる行い。	①業績。②学業。③悪業。④業苦。	①業績を上げる。②学業を第一に考える。③悪業を重ねる。④この世の業苦と早く離れたい。	(名)なり	2240
詩	3	言言計詩詩詩	ごんべん	13	シ	—		心に感じたことを一定の響きを持った言葉を引き起こすもととなる行い。(リズム)を持った言葉で表したもの。	詩歌。詩情。漢詩。抒情詩。	詩情がわく。		2777
想	3	一十木木相相想想	こころ	13	ソウ、★(ソ)	—	(おも・う)	①想う。考える。思い浮かべる。②考え。	①想像。想定。愛想。②思想。理想。	①未来を想像する。敵の攻撃を想定して作戦を練る。②少年の頃の理想は高かった。		3359
鉄	3	人人牟牟余鉄鉄鉄	かねへん	13	テツ	—		①鉄。くろがね。②鉄のようにかたく強い。③鉄道の略。	①鉄鋼。鉄道。鉄砲。②鉄筆。鉄則。③地下鉄。	①鉄筋三階建て。②彼は鉄の意志を持っている。鉄壁の守備。③地下鉄に乗る。		3720
農	3	中曲農農農	しんのたつ	13	ノウ	—		田を耕して作物を作ること。	農園。農耕。農村。農民。	農耕民族。農繁期。▼農閑期		3932
福	3	礻礻礻礻福福福	しめすへん	13	フク	—		幸せ。幸い。めでたい。▼禍	福祉。福利。幸福。祝福。	福は内。鬼は外。福をもたらす。		4201
路	3	口口足足跻路路	あしへん	13	ロ	じ	(みち)	①道。人や乗り物などが通る道。②物事の筋道。③大切な地位。④旅をする。	①路地。路上。路傍。②要路。③枢路。④路銀。	①路上駐車を禁止する。②彼は理路整然と話しおさむ。③路銀が尽きる。	(名)みち	4709

3 教育漢字

漢字	配当学年	筆順	部首	総画	音(常用漢字表)	訓(常用漢字表)	表外の音訓	意　味	熟　語	用　例	備考(名)は人名	JISコード
駅	3	丨 Γ F 馬 馬 馬 馬7 馬尺 駅	うまへん	14	エキ	ー		①列車や電車がとまるところ。停車場。②昔、街道にあった馬などを乗りかえたりするところ。馬つぎ場。	①駅長。駅伝。②駅舎。宿駅。	①日本各地の駅弁を食べる。②箱根駅伝競走。		1756
銀	3	ノ 人 今 今 金 金 金 鈩 鈩 銀 銀 銀 銀	かねへん	14	ギン	ー	(しろがね)	①銀。しろがね。②銀のような白い色。③お金。銭。	①銀貨。銀髪。②銀行。	①銀メダルを取る。②一面の銀世界。③路銀を切らしてしまった。		2268
鼻	3	' ｆ 斤 自 自 皇 鼻 鼻 鼻 鼻	はな	14	◆ビ	はな		①鼻。②物事のはじめ。	①鼻血。鼻音。②鼻祖。	①鼻が高い。鼻を明かす。鼻歌まじり。②近代絵画の鼻祖である。		4101
様	3	一 十 ｆ ｫ 木 栏 栏 样 様 様 様	きへん	14	ヨウ	さま		①様(さま)。あり様。②かた。かたち。③かざり、図柄。④名前などの下につけて、相手を敬う気持ちを表す。	①様態。②様式。③模様。④山田様。皆様。殿様。神様。	①雪の様に白い。みすぼらしい様子。②様になる。③花模様の服を着ていた。		4545
緑	3	` 纟 纟 糸 纟 约 約 紛 緑 緑 緑 緑 緑	いとへん	14	リョク、(ロク)★	みどり		緑。緑色。	緑化。新緑。緑茶。	緑地の多い町。緑茶は日本の代表的なお茶です。		4648
練	3	` 纟 纟 糸 纟 约 紀 紳 緘 緘 練 練 練	いとへん	14	レン	ね・る		①練る。こねる。②きたえる。より立派なものにする。	①練習。②練炭。洗練。	①土を練る。練炭火鉢。②計画を練る。練習問題を繰り返す。		4693
横	3	一 十 ｆ ｫ 木 栏 栏 栏 栏 横 横 横 横 横 横	きへん	15	オウ	よこ		①横たわる。横にする。横ぎる。②よこしま。正しくない。道理に合わない。③かってきまま。	①横断。横糸。②横道。横領。横着。③横行。専横。横暴。	①横断面。二列横隊に並ぶ。②話が横道にそれる。③暴力団が横行する。横暴な振る舞い。		1803
談	3	` ` 言 言 言 診 診 診 談 談 談 談 談 談	ごんべん	15	ダン	ー		①語る。話す。話し合う。②話。物語。	①談判。談笑。②縁談。怪談。	①目撃者の談による。②美談として語り継がれる。		3544
調	3	` ` 言 言 言 訊 訶 調 調 調 調 調 調 調 調	ごんべん	15	チョウ	しら・べる、ととの・う、ととの・える ◆◆		①整う。整える。つり合いがよくとれている。②こしらえる。つくる。いろ取りそろえる。③調べる。話す。話し合う。④調べ。音楽・詩歌・文章などのおもむき、感じ。リズム。	①調和。調整。②調理。調剤。③調査。調書。④調子。音調。変調。	①縁談が調う。②旅の仕度が調う。③原因を調べる。④ピアノの美しい調べ。		3620

61

本編　常用漢字

漢字	配当学年	筆順	部首	総画	音(常用漢字表)	訓(常用漢字表)	表外の音訓	意味	熟語	用例	備考(名)は人名	JISコード
箱	3	ノ丶⺮⺮⺮笋笋筘箱箱	たけかんむり	15	―	はこ		箱。入れ物。	箱庭。重箱。貯金箱。本箱。	組み立て式の本箱を買う。		4002
館	3	ノ⺈⻝⻝⻝飣飣舘館館	しょくへん	16	カン	やかた		館。大きな建物。	①洋館。②館長。映画館。体育館。書館。博物館。図	①明治時代に建てられた洋館。②博物館の館長に就任する。		2059
橋	3	一十才オヤ杯杯栜橋橋橋	きへん	16	キョウ	はし		橋。	大橋。橋脚。歩道橋。	洪水で橋脚が流された。		2222
整	3	一一市束束束敕敕整整整	のぶん	16	セイ	ととの・える、ととの・う		整える。みだれたものをきちんとそろえる。	整数。整備。整理。整列。	体調を整える。服装を整える。足並みが整う。	(名) ひとし	3216
薬	3	一十十艹艹苢苢華薬薬薬	くさかんむり	16	ヤク	くすり		①薬。病気やけがをなおす力のあるもの。②爆発などの化学反応をおこす物質。	①薬剤。薬草。薬効。②火薬。	①薬草を煎じて飲む。②薬品で処理をする。		4484
題	3	一𠮛𠮛旦早早是是題題題	おおがい	18	ダイ	―		①見出し。内容を表した短い言葉。②問い。答えをまでている事柄。	①題名。題材。題目。②宿題。問題。	①作文に題を付ける。②宿題をすませて遊ぶ。		3474
欠	4	ノ𠂊欠	あくび	4	ケツ	か・ける、か・く		①欠ける。欠く。こわれる。足りない。出るのをやめる。②欠伸。	①欠員。欠勤。欠損。欠乏。②欠伸。大航。欠席。	①茶わんが欠ける。礼儀を欠く。補充して欠損商品、薬品が欠乏する。②台風のため欠航する。		2371
氏	4	⺍乁氏	うじ	4	シ	◆うじ		①血のつながった人。②人の名前の下に付けて敬う気持ちを表す言葉。	氏神。氏族。氏名。山田氏。	①やはり氏より育ち。②住所と氏名を書き込む。私は山田氏の意見に賛成する。		2765
不	4	一フ不	いち	4	フ、ブ	―		下にくる言葉を打ち消す言葉。・・・ない。・・・できない。	不満。不覚。不景気。不番。不意。	彼は不覚の涙を流した。不審な点があり、お尋ね下さい、不本意ながら賛成する。		4152
夫	4	一二キ夫	だい	4	フ、(フウ)	おっと		①結婚した男。夫。▼婦。②働く男。一人前の男子。	①夫婦。夫妻。②坑夫。農夫。	①クラス会に先生ご夫妻をお招きする。②セッパや登山隊は現地の人を人夫に雇って荷物を運んだ。	(名) お	4155
以	4	丨レ以以	ひと	5	イ	―		①もって・・・で・・・で。②(ある言葉の上について)・・・より、・・・から。	①以心伝心。②以上。以前。	①彼とは以心伝心の仲だ。②二つ以上の基金をお願いする。以前はにぎやかな町であった。	(名) もち	1642
加	4	フ力加加加	ちから	5	カ	くわ・える、くわ・わる		①加える。ふやす。②加わる。仲間に入る。③足し算。	①加害者。加護。②加入。③加法。加算。加勢。	①最後に一言加える。負けそうなので加勢を頼む。②彼は敵に加担した。国際連合に加盟する。③一割加算する。		1835

3 教育漢字

漢字	配当学年	筆順	部首	総画	音(常用漢字表)	訓(常用漢字表)	表外の音訓	意味	熟語	用例	備考 (名)は人名	JISコード
功	4	一丁丁功	ちから	5	コウ、(ク)	—		①てがら。しごと。力をつくして成し遂げた結果。②きわめ。しるし。	功名。成功。功労。功績。奏功。功徳。	①エジソンの偉大な功績をたたえる。②注射が奏功して熱が下がる。功徳をほどこす。	(名)いさお	2489
札	4	一十木札	きへん	5	サツ	ふだ		①ふだ。②書きもの。文書。③切符。④紙のお金。札。	札所。一札。改札。前札。	①札所巡りをする。②大の霊札を受け取った。③改札口。④千円札は札止めになった。		2705
司	4	フヲ司司司	くちへん	5	シ	—	(つかさどる)	①同(つかさどる)つとめて、仕事をうける。②司る役目。また、その人。	同会。行司。司祭。司会。	①同談会の司会をする。②行司の声が響く。	(名)つかさ	2742
失	4	ノ一二牛失	だい	5	シツ	うしなう		①手からはなす。失う。なくす。②忘れる。過ち。しくじる。欠点。	失明。失礼。失策。失敗。失修。必需。	①札を失する。すっかり自信を失う。では失礼致します。②失敗た事をすっかり失念していた。③失態を演じる。		2826
必	4	ノ心必必	こころ	5	ヒツ	かならず		きっと。まちがいなく。必ず・・・しなければならない。	必勝。必着。必需。	約束の時間には必ず行きます。必勝を期す。申し込みは十日までに必着のこと。		4112
付	4	ノイ仁付付	にんべん	5	フ	つける、つく		①くっつく。くっつける。②あたえる。渡す。③たのむ。まかす。	付録。付与。付託。	①雑誌に付録をつける。どろが顔につく。②資格を付与する。③案件を委員会に付託する。		4153
辺	4	フヲ辺辺	しんにょう	5	ヘン	あたり、べ		①ほとり。辺り。そば。②はて。中央からはなれている。片田舎。③辺。多角形を囲むまっすぐな線。	川辺。辺境。辺地。一辺。	①この辺りは人通りが少ない。この辺りは静かな住宅地だ。②辺地に赴任する。③三辺の長さが等しい三角形を二等辺三角形という。		4253
包	4	ノク勹包包	つつみがまえ	5	ホウ	つつ・む		包む。取り囲む。包み。	包囲。包含。包装。	お菓子を包む。霧が町を包む。小さな包みを受け取る。敵に包囲される。この計画は多くの問題を包含している。		4281
末	4	一二十末末	きへん	5	マツ、★バツ	すえ		①木の枝の先。先の方。はし。②物事の末。おわり。③重要でないもの。④下の位。⑤こな。	末端。菓子。末路。末節。末席。粉末。末期。末尾。末流。	①組織の末端。②行く末が楽しみだ。世も末だ。江戸時代末期の作品だ。③枝葉末節。④末席にすわる。⑤粉末の薬。		4386
未	4	一二十未未	きへん	5	ミ	—	(ひつじ)	①いまだ。まだ。未だ・・・していない。②未(ひつじ)。十二支の八番目。	未解決。未定。未熟。未年。	①未解決の記録。②前人未到の記録。②未年の生まれ。		4404
民	4	フコアP民	うじ	5	ミン	◆たみ		①一般の人。②公ではない。	民意。民間。民心。住民。庶民。民有。民主。民話。	①民主的な方法で委員を選出する。②地方の民謡を集める。		4417

63

本編　常用漢字

漢字	配当学年	筆順	部首	総画	音（常用漢字表）	訓（常用漢字表）	表外の音訓	意味	熟語	用例	備考（名）は人名	JISコード
令	4	ノ人人令令	ひとやね	5	レイ	—		①言いつける。言いつけ。じる。②おきて。きまり。③よい。りっぱな。④他人の親族をうやまって言う言葉。	①命令。指令。②法令。条令。③令名。④令嬢。令息。	①言令に従う。②条令を制定する。③令名はかねがね お聞きしています。		4665
衣	4	、ーナオ衣衣	ころも	6	イ	ころも		衣。着物。	衣装。衣服。衣料。作業衣。浴衣。	衣装をまとう。花嫁衣装。冬の衣料品セールが始まる。	(名)きぬ	1665
印	4	╯ ┌ ┌ ┌ ┌ 印印	ふしづくり	6	イン	しるし		①はんこ。はんを おす。②印（しるし）。印を付ける。③刷る。絵や字を刷りうつす。④インド（印度）の略。	①印鑑。検印。捺印。②印章。印象。③印刷。④印欧語族。	①書類に印をおす。②自分の持ち物に印を付けておく。③印刷が大切だ。④原稿を印刷にまわす。		1685
各	4	′ ╯ 夂 冬 各 各	くちへん	6	カク	おのおの		各各（おのおの）。めいめい。それぞれ。いろいろ。	各派。各自。各種。	各自の判断に任せられる。		1938
共	4	一十 サ 土 共共	はちがしら	6	キョウ	とも		①共。いっしょに。共に。いっしょにする。②共産主義・共産党の略。	①共済。共存。②中共。共犯。反共。	①共に同じ道を歩む。共済組合に加入する。②反共のデモ行進があった。		2206
好	4	〈 〈 女 女 好好	おんなへん	6	コウ	この・む、す・く	この・み	①好む。好く。好き。②よい。うまい。上手。③うまい。好ましい。④親しい。仲良し。	①好物。②好奇。好転。好評。③好演。④友好。	①コーヒーより紅茶を好む。②でも好かれている。③そのような言葉遣いは好ましくない。④学芸会で彼の好演が光っていた。④せっかくの彼の好意を無にしたくない。		2505
成	4	) 厂 厂 成 成 成	ほこがまえ	6	セイ、（ジョウ）	な・る、な・す		①成る。成す。成しとげる。②できあがる。育つ。③こしらえる。まとまったものにする。	①成功。達成。②成績。成育。成熟。③成文。	①五つの章から成る論文。②子どもの成育を見守る。③鳥が群れを成して飛ぶ。	(名)しげ、しげる	3214
争	4	′ ╯ 夕 刍 争争	はねぼう	6	ソウ	あらそ・う	あらそ・い	争い。争う。競う。	争議。争点。論争。	争点を明らかにする。		3372
仲	4	′ イ 仁 仁 仲仲	にんべん	6	◆チュウ	なか		①まん中。②仲。人と人との間柄。③二番目。兄弟の二番目。	①仲秋。②仲買。仲介。③伯仲。仲兄。	①仲秋の名月。②仲の良い姉妹。③勢力が伯仲する。仲兄には よくしてもらった。		3571
兆	4	) ン 儿 兆 兆 兆	ひとあし	6	チョウ	きざ・す、きざ・し		①兆し。兆る。②数を表す言葉。億の一万倍。	①兆候。前兆。②億兆。	①夕立が降りそうな兆しが見える。②工費が二兆円を超えている。		3591
伝	4	′ イ 仁 伝 伝 伝	にんべん	6	デン	つた・わる、つた・える、つた・う		①伝わる。伝える。伝う。②伝えて広める。③人の一生を記したもの。	①伝授。伝来。駅伝。②伝道。宣伝。③伝記。	①話が一兆円を超えくださいご主人によろしくお伝えください。屋根を伝って逃げる。②キリスト教の伝道のため海を渡った。③偉人の伝記を読む。		3733
灯	4	′ ′ ナ 灯 灯 灯	ひへん（火）	6	トウ	★ひ	（ともしび）	灯（ともしび）。	灯火。灯台。灯明。街灯。電灯。	街灯を設ける。		3784

64

3 教育漢字

漢字	配当学年	筆順	部首	総画	音(常用漢字表)	訓(常用漢字表)	表外の音訓	意味	熟語	用例	備考(名)は人名	JISコード
老	4	一十土耂考老	おいかんむり	6	ロウ	お・いる、★ふ・ける	お・い	①年をとる。老いる。年寄り。②古くなる。衰れる。疲れる。③経験を積むこと。	①老化。老眼。②老朽。老衰。③老巧。老練。	①老いた母の健康を気遣う。②あの人は年より老けて見える。③老朽化した校舎。④老師の教えを守る。		4723
位	4	ノイ亻位位位	にんべん	7	イ	くらい		①置かれた場所。置かれる場所。場所を占める。②位。等級。身分。③物事の程度や順序。④人を敬って言う言葉。⑤数の位。	①位置。方位。②任位。上位。③順位。④位牌。⑤小数第二位。	①責任ある位置につく。②作品が一位を受賞した。③順位を伸ばす。④位牌を胸に抱く。⑤一の位で四捨五入する。		1644
改	4	己已改改改改	のぶん	7	カイ	あらた・める、あらた・まる	あらかじめ	①改める。新しくする。改まる。②調べる。検査する。	①改心。改革。改善。改造。②改札。	①今までの態度を改める。②年が改まる。③行いが改まる。生活を改善する。④財布の中を改める。汽車に乗るときは改札口を通る。		1894
完	4	丶宀宁完完完	うかんむり	7	カン	—		①そろっていて、足りないところがない。②まっとうする。やり遂げる。あることを終える。	①完全。完敗。②完遂。完成。	①野球の試合で完敗した。②任務を完遂する。		2016
希	4	ノメチ希希希	はば・はばへん	7	キ	—		①まれ。少ない。めったにない。うすい。②ねがう。のぞむ。	①希少。②希望。	①希少価値。②希望に燃えて大学に入学する。	(名)のぞみ、のぞむ	2085
求	4	一十十才求求	したみず	7	キュウ	もと・める	もとむ	①求める。たずねる。欲しいものを手に入れようとする。	求職。求人。求。	協力を求める。求人広告を新聞に掲載する。	(名)もとむ	2165
芸	4	一十艹世芸芸	くさかんむり	7	ゲイ	—		①わざ。練習して身につけた技術や学問。②見たり聞いたり習ったりして楽しむための遊びごと。③草や木を植えること。	①文芸。芸術。②芸能。芸風。③園芸。	①彼は武芸の達人だ。②師匠の芸風を受け継ぐ。僕の隠し芸だ。③園芸植物を栽培する。		2361
材	4	一十オ木材材	きへん	7	ザイ	—		①家や物をつくるもとになる木。②物をつくるもとになるもの。③生まれつきの能力。才能。	①材木。②材料。③人材。逸材。	①山から材木を切り出す。②料理の材料をそろえる。③隠れた逸材を発掘する。		2664
児	4	旧旧児児	ひとあし	7	ジ、(ニ)◆	—		①小さい子。わらべ。②(親に対して)子ども。③若い男。	①児戯。遺児。②愛児。鳳雲児。九州男児。	①児戯に等しい。②交通遺児の進学を援助する。③彼は演奏界の風雲児だ。		2789
初	4	丶ラオネ初初	ころもへん	7	ショ	はじ・め、はじ・めて、はつ、★うい、そ・める◆		①初め。初まり。②初めて。初めての。	①初老。初恋。初対面。②初夏。初雪。初孫。	①彼は高崎藤村の「初恋」という詩が好きだ。池に初氷が張る。		2973

本編　常用漢字

漢字	配当学年	筆順	部首	総画	音(常用漢字表)	訓(常用漢字表)	表外の音訓	意味	熟語	用例	備考(名)は人名	JISコード
臣	4	一丁丆丣臣	しん	7	シン、ジン	―		君主に仕える者。	臣民。重臣。忠臣。	臣民の暮らしを第一に考える。	(名)おみ、み	3135
折	4	扌扌折	てへん	7	セツ	お・る、お・り、お・れる		①折れる。折れ曲がる。②くじける。くじく。③死ぬ。④おり(折り)。機会。そのとき。	①折衝。折半。②折衝。③天折。④折節。	①紙を二つに折る。筆を折る。②うそをついたでも折檻をした。③相手が折れてきたので仲直りをした。④天折した子の命日。折節便りがある。		3262
束	4	一一一束束	き	7	ソク	たば		①束ねる。くくる。ひとまとめにくくったもの。束。②縛る。自由にさせない。	①花束。束髪。②束縛。結束。拘束。	①髪がよく似合う。②言論の自由を束縛する。		3411
低	4	亻亻仟低低	にんべん	7	テイ	ひく・い、ひく・める、ひく・まる	ひく‥さ、	①低い。程度が下の方である。②さがる。下にたれる。	①低下。低額。低調。②低迷。低地。低姿勢。	①気温が低下する。人の出足が低調だ。②チームが最下位に低迷している。		3667
努	4	女奴奴努努	ちから	7	ド	つと・める		努める。励む。	努力。	勉強に努める。努めて健康に注意する。彼は努力家だ。	(名)つとむ	3756
兵	4	丘丘兵兵	はちがしら	7	ヘイ、★ヒョウ	―	(つわもの)	①武器を持って戦う人。兵士。②戦の道具。武器。③いくさ。戦争。	①兵士。兵隊。騎兵。②兵器。③兵法。兵力。	①兵を進める。②新兵器を調達する。③兵力を増強する。孫子の兵法を学ぶ。		4228
別	4	口号另別	りっとう	7	ベツ	わか・れる	わか・れ	①別れる。はなれる。②分ける。区別する。③ほか。よその。④とりわけ。	①別居。②選別。③別人。別名。④格別。別段。別段。	①友人と別れる。②代金は別にする。③別の場所に行く。交通費は別途支払う。秋桜はコスモスの別名だ。④別に困らない。別段驚くことはない。		4244
利	4	千禾利利	りっとう	7	リ	き・く	★き・く	①するどい。よく切れる。②賢い。すばやい。③都合がよい。役に立つ。④もうけ。とく。⑤勝つ。相手を負かす。⑥利く。働きがある。	①鋭利。②利発。③利点。利害。④利益。⑤勝利。⑥左利き。	①鋭利な刃物。②彼は利発な子どもだ。③地の利を得る。④利害関係が一致する。⑤勝利を収める。⑥気が利く。	(名)とし	4588
良	4	亠ㄱ畁良良	こんづくり	7	リョウ	よ・い		良い。好ましい。優れている。	良縁。良心。良好。改良。善良。	良縁にめぐまれる。良。	(名)よし、なが	4641
冷	4	冫冫冫冷冷	にすい	7	レイ	つめ・たい、ひ・える、ひ・や、ひ・やす、ひ・やかす、さ・める、さ・ます	つめ‥たさ、ひ・ややかし	①冷たい。冷める。冷やす。②涼しい。寒い。③情が薄い。心が冷たい。持ち冷めている。	①冷蔵。冷房。②冷害。寒冷。③冷淡。冷遇。冷酷。	①手が冷たくなる。冷房で体がすっかり冷えてしまった。②夏でも夜になると冷え込んでくる。冬は寒気が冷たい。③二人の関係はすっかり冷えきっている。継母の冷たい仕打ちにじっと耐える。		4668

66

3　教育漢字

漢字	配当学年	筆順	部首	総画	音(常用漢字表)	訓(常用漢字表)	表外の音訓	意味	熟語	用例	備考(名)は人名	JISコード
労	4	丷 ソ 丷 亡 学 労	ちから	7	ロウ	―		①働く。骨折り。②疲れる。苦しむ。	①労働。労作。②疲労。労苦。	①労使交渉にのぞむ。これは父が仕上げた労作である。②労せずに手に入れる。		4711
英	4	一 艹 芒 苎 英 英	くさかんむり	8	エイ	―		①ひいでる。優れている。才能がとくに優れた人。②イギリス(英吉利)の略。	①育英。英知。英才。英雄。②英語。英美。	①英知を集める。②英国製の服。	(名)ひで	1749
果	4	一 ロ 曰 旦 早 果 果	き・へん	8	カ	は・たす、は・てる、は・て	はたして	①木の実。くだもの。②果たす。思い切ってする。③原因によってすべておこるすべてのもの。④思った通り。はたして。⑤果てる。終わる。死ぬ。遠いところ。	①果実。果樹。果物。②果たす。果断。③果報。効果。④果然。⑤結果。	②責任を果たす。③果報者。④果たして彼の言うとおりになった。⑤議論の果てにやっと決まった。		1844
芽	4	一 艹 芊 芋 芽 芽	くさかんむり	8	ガ	め		①草や木の芽。②物事のはじめ。起こり。	①発芽。②萌芽。	①あさがおが芽を出す。②友情が芽生える。		1874
官	4	宀 宀 官 官 官 官	うかんむり	8	カン	―		①役所。政府。公の仕事をするところ。②役人。公務員。また、その地位。③体の中である働きを受け持つ部分。	①官営。官軍。官庁。②官憲。官僚。③官能。器官。	①勝って官軍。②官を辞する。③官能を刺激する。		2017
季	4	一 二 千 禾 禾 禾 季 季	こ・へん	8	キ	―		春夏秋冬の時節。	季語。季節。	日本の雨季は六月頃です。	(名)すえ、とし、ひで	2108
泣	4	氵 氵 氵' 氵 泣 泣 泣	さんずい	8	◆キュウ	な・く		声を出して涙を流す。	号泣。感泣。男泣き。	彼女は人目もはばからず泣き崩れた。泣き寝入り。		2167
協	4	一 十 忄 忄 忄 协 協 協	じゅう	8	キョウ	―		①力を合わせる。②集まって相談する。③やわらぐ。心を合わせる。	①協同。協力。協定。②協議。協商。③協調。協和。	①一致協力する。②鳩首協議する。③協調性に欠ける。		2208
径	4	彳 彳 彳 彳 径 径 径	ぎょうにんべん	8	ケイ	―		①こみち。細道。②円のさしわたし。③まっすぐに。	①小径。山径。②直径。半径。③径行。	①旅の径路を報告する。②直径を正確にはかる。(「経路」も用いる。)③直情径行。		2334
固	4	｜ 冂 同 同 固 固 固 固	くにがまえ	8	コ	かた・まり、かた・める、かた・まる、かた・い		①固まり。固める。固い。こわれにくい。②かたくなに。がんこに。強情なこと。③はじめから。もともと。	①固体。固定。②固辞。固執。③固有。	①水は氷点下の温度で固体となる。②自分のやり方に固執する。③日本固有の文化を紹介する。		2439
刷	4	一 コ 尸 尸 吊 吊 刷 刷	りっとう	8	サツ	す・る		①刷る。刷り。②ぬぐう。こすってきれいにする。③はけ。ブラシ。	①印刷。②刷新。③刷子。	①学級新聞を刷る。②人事を刷新する。③刷毛でペンキを塗る。		2694

本編　常用漢字

漢字	配当学年	筆順	部首	総画	音(常用漢字表)	訓(常用漢字表)	表外の音訓	意味	熟語	用例	備考(名)は人名	JISコード
参	4	二ナ本矢矣参参	む	8	サン	まい・る		①みっつ。金額で三を使うとき、書きかえができないように使う。②加える。③ひき比べる。④参る。おまいりする。⑤うかがう・行く・くる、へりくだって言う言葉。	①参千円。②参画。参歌。③参照。④参拝。⑤参上。	①お祝いに参万円を渡す。②立案に参画する。③表紙を参照してください。④神社に参拝する。⑤私の方から参ります。	(名)み	2718
治	4	氵氵治治治	さんずい	8	ジ、チ	おさ・める、おさ・まる、なお・る、なお・す		①おさめる。鎮める。正しい状態にととのえる。②病気を治す・治る。	①治安。治水。②治癒。治療。療治。	①国を治める。治安を維持する。治水工事を進める。②風邪が治る。病気が治癒した。虫歯の治療をする。	(名)おさむ、はる	2803
周	4	ノ 刀 月 月 用 用 周 周	くちへん	8	シュウ	まわ・り		①広く行き届く。②めぐる。周り。	①周知。②周期的。周辺。周回。	①それは周知の事実です。②我が家の周りは田畑です。	(名)かね、ちか	2894
松	4	一十才木木木杜松	きへん	8	ショウ	まつ		松。常緑樹の名。	松明。松葉杖。門松。	松明の火の粉を浴びる。		3030
卒	4	一 ナ 六 オ 太 杰 卒 卒	じゅう	8	ソツ	―		①位の低い兵。②急に。にわかに。③終わる。終える。	①兵卒。②卒倒。卒中。③卒業。	①一兵卒として戦場に向かった。②事故の知らせを聞いて卒倒した。③卒業式が厳粛に行われた。		3420
底	4	一 广 广 庐 店 底 底	まだれ	8	テイ	そこ		①物の一番下の部分。②一番奥深い所にあるもの。	①底辺。底流。②底意地。底力。	①海の底に潜る。社会の底辺でがんばる。②心の底からお礼を言う。		3676
的	4	´ ń Ĥ 白 白 的 的 的	しろ	8	テキ	まと		①的。めあて。②はっきりしている。たしか。③(名詞の下について)…らしい。…として。	①的中。②的確。③形式的。	①的はずれな答をする。予想が的中する。②的確な判断をする。③形式的なあいさつを交わす。		3710
典	4	1 口 由 曲 曲 典 典 典	はちがしら	8	テン	―		①手本になる大切な書物。②儀式。③整って美しい。④正しい理由。よりどころ。	①古典。辞典。②式典。祭典。③典雅。④出典。典拠。	①辞典をひく練習をする。②華燭(かしょく)の典。③典雅な舞。④引用文の出典を明記する。	(名)すけ、つね、のり、ふみ	3721
念	4	ノ 人 人 今 今 念 念 念	こころ	8	ネン	―		①思う。心に深く思う。②となえる。③注意する。気をつける。	①念願。②念仏。③入念。	①念願がかなう。不安の念をいだく。②祖母は何かあるたびに念仏をとなえる。③念のためもう一度見直しなさい。		3916
府	4	一 亠 广 广 庁 府 府 府	まだれ	8	フ	―		①役所。官庁。②多くの人が集まるところ。物事の中心となるところ。③都・道・県とともに地方自治体の一つ。	①政府。②首府。③大阪府。府立。	①政府の方針が示された。②最高学府。③大阪府立図書館で調べる。		4160
法	4	氵氵汁汁法法法	さんずい	8	ホウ、(ハッ)、(ホッ) ★ ★	―	(のり)	①法(のり)。きまり。おきて。②手段。やり方。③仏の道。	①法度。法外。法規。法曹。法律。憲法。用法。②秘法。手法。③法衣。法話。	①法外な値段を付ける。②秘法を授かる。言葉の用法を研究する。③僧侶が法衣をまとう。		4301

68

3　教育漢字

漢字	配当学年	筆順	部首	総画	音(常用漢字表)	訓(常用漢字表)	表外の音訓	意味	熟語	用例	備考(名)は人名	JISコード
牧	4	′ ┴ ╯ ╯ 牛 牜 牧 牧	うしへん	8	ボク	◆まき		①牧(まき)。牛や馬を放し飼いにすること。②おしえ、みちびく。	牧童。牧師。	①この地方は牧畜が盛んだ。②新しい牧師が教会に招かれた。		4350
例	4	′ 亻 亻 佟 佟 例 例 例	にんべん	8	レイ	たと・える たと・えば		①ためし。これまでにあったこと。例え。見本。②例えば。決まり。決められたこと。③いつもと同じ。ふだんの。	先例。悪例。前例。例示。例祭。例年。	①例のない話。②分数の例題を解く。例えを引いて話す。③条例を定める。④いつもの場所で会う。例年になく暑い。		4667
栄	4	′ ″ ″ ″ ″ ″ 学 学 栄	きへん	9	エイ	さか・える は・え は・える	さか・え	①栄える。②栄(は)え。ほまれ。	繁栄。栄華。栄光。栄養。栄誉。	①国が栄える。②栄えある優勝。	(名)さか	1741
軍	4	′ 冖 冖 冝 冒 宣 冒 軍 軍	くるまへん	9	グン	—		①いくさ。戦い。②兵士。兵隊。	軍事。従軍。軍隊。大軍。	①軍需品。軍事旗。②軍隊に入る。軍縮交渉。		2319
建	4	′ ¯ ╅ ヨ 聿 聿 津 建 建	えんにょう	9	ケン (コン)★	た・てる、た・つ		①建てる。建物を建てる。建物を初めて作る。②おこす。初めて申し出る。③意見を申し出る。	建築。建国。建議。建設。建白。	①家を建てる。②国を建てる。ビルが建つ。③環境問題について対策を建議する。会議の席で新プロジェクトについて建議した。	(名)たけ	2390
昨	4	′ 日 日 日″ 日ヒ 昨 昨 昨	ひへん	9	サク	—		①ひとつ前の。②前。先。昔。	昨年。昨今。	①昨日はお世話になりました。②昨今は困った事件が多い。		2682
祝	4	′ ヹ ネ ネ ネ 礻″ 祝 祝 祝	しめすへん	9	シュク (シュウ)★	いわ・う		①祝う。めでたいことを喜ぶ。②祈る。神に願いごとをする。	祝儀。祝宴。祝辞。祝詞。	①誕生日を祝う。祝儀をはずむ。②地鎮祭で神主が祝詞をあげる。		2943
城	4	′ ┼ ┼ ┼ 圹 圹 城 城 城	つちへん	9	ジョウ	しろ		城。敵を防ぐためのとりで。また、大名の住まい。	城下。城郭。	城跡は公園として整備されている。金沢は城下町だ。		3075
信	4	′ 亻 亻″ 亻″ 信 信 信 信 信	にんべん	9	シン	—	(まこと)	①信(まこと)。うそ偽りないこと。②心から思いこんで疑わない。合図。③手紙。	信義。信仰。信頼。信心。信望。信書。信用。通信。	①国と国との信義を守る。②信仰があつい。③信書の秘密。		3114
省	4	′ ′ ″ 少 ″″ 少 省 省 省 省	めへん	9	セイ、ショウ	◆かえり・みる、はぶ・く		①省みる。ふりかえる。へらす。②省く。中央の役所。③中国の行政区画。	反省。省略。省令。省察。帰省。山西省。	①今日一日の行いを省みる。②余分な説明は省く。③文部科学省の推薦図書を読む。	(名)のぶ	3042
浅	4	′ ¨ ¨ 氵 ¨″ ¨″ 浅 浅 浅	さんずい	9	◆セン	あさ・い		①浅い。②少ない。③うすい、あわい。④程度が軽い。⑤学問や考えが足りない。▼深	浅瀬。浅緑。浅手。浅海。浅学。▼深慮。	①浅瀬で遊ぶ。船が浅瀬に乗り上げた。②経験が浅い。日が浅くなる。③夏休み明け、生徒は日に焼けて浅黒い顔をしていた。④眠りが浅い。⑤考えが浅い。浅学非才。		3285

本編　常用漢字

漢字	配当学年	筆順	部首	総画	音(常用漢字表)	訓(常用漢字表)	表外の音訓	意味	熟語	用例	備考(名)は人名	JISコード
単	4	ヽヽヽヽ甲甲単単単	つかんむり	9	タン	—		①ただ一つ。まじりけがない。ひとり。②あっさりしてみにくいっていない。③ひとえ。裏をつけていない着物。	①単一。単数。単独。②単純。③単衣。	①単一民族。単独行動。②これは単なる冗談だ。単純作業。単調なリズム。③母の形見に単衣のをもらう。		3517
飛	4	乁乁乁下飛飛飛飛飛	とぶ	9	ヒ	と・ぶ、と・ばす		①飛ぶ。空を飛ぶ。②飛び上がる。飛びはねる。飛び散る。③飛ぶようには早い。	①飛行。飛翔。②飛散。飛躍。③飛脚。	①雁が飛ぶ。②二行飛ばして読む。工業が飛躍的に発展する。③飛ぶようで帰る。		4084
変	4	ー亠广亣変変変変	ふゆがしら	9	ヘン	か・わる、か・える		①変わる。変える。別のものになる。②普通ではない。不思議な様子。③突然の出来事。変わった出来事。	①変化。変質。変更。②異変。③変遷。変哲。	①方向を変える。物価が変動する。②この町は見事に変貌を遂げた。③風邪をひいて声が変だ。何の変哲もない。③突然変異。本能寺の変。		4249
便	4	亻仁佢佢佢便便便便	にんべん	9	ベン、ビン	たよ・り		①都合がよい。②大小便。③便り。ことづて。④手がで。ついで。⑤物を運ぶ方法。	①便宜。便覧。便利。②便所。便秘。③便箋(びんせん)、郵便。④便乗。⑤航空便。	①交通の便がよい。便官をはかる。②便意をもよおす。③どっさり郵便が届く。④友達の車に便乗する。⑤次の航空便で土産を送る。	国語	4256
約	4	幺幺糸糸約約約約	いとへん	9	ヤク	—		①取り決め。取り決めをする。②縮める。つつしむ、控えめにする。③切り詰める。④おおよそ。ほぼ。	①約束。予約。契約。②約分。要約。約数。③節約。④約半分。約一キロメートル。	①再会を約束して別れる。②文章の要約の仕方を学習する。③小遣いを節約する。④約一時間運転した。		4483
勇	4	亠ア丙丙勇勇勇勇	ちから	9	ユウ	いさ・む	いさましい	①勇ましい。勇む。ふるいたつ。②思い切りがよい。	①勇敢。勇断。②勇名。勇退。	①勇名をとどろかす。勇ましく戦う。②勇断を下す。後進に道を譲るため、彼は勇退した。	(名)いさみ	4506
要	4	一亠两两西更要要	にし	9	ヨウ	かなめ、い・る◆		①物事の大事な部分。要。②求める。望む。	①要点。主要。②要求。要望。②要旨。要望。需要。	①要点を押さえて読む。②要求におこたえします。水泳教室へ入るには、医師の健康診断書が要ります。		4555
案	4	宀宀安安安案案案	きへん	10	アン	—		①しらべる。考える。②考え方。ふう。③下書き。④前から思っていたこと。	①案件。②新案。③案文。④案の定。	①案ずるより生むがやすい。②いい案が浮かぶ。③演説の案文を書いた。④案の定、雨になった。		1638
害	4	亠宀宀宀宇害害害害	うかんむり	10	ガイ	—		①そこなう。きずつける。②わざわい。不幸な事件。③邪魔をする。攻めにくい。	①害虫。害意。②災害。③妨害。	①タバコは健康に害がある。この夏は冷害が心配されている。②害虫を駆除する。③選挙運動の妨害の容疑者が取り調べされた。		1918

70

3 教育漢字

漢字	配当学年	筆順	部首	総画	音(常用漢字表)	訓(常用漢字表)	表外の音訓	意味	熟語	用例	備考(名は人名)	JISコード
挙	4	´ ⺍ ⺍⺍ 兴 兴 挙 挙 挙 挙	て	10	キョ	あ・げる、あ・がる	あ・げて	①挙げる。高く挙げる。②とり挙げる。とり挙げ用いる。③めしとる。つかまえる。④ならべる。⑤事を起こす。企てる。⑥ふるまい。行い。⑦すべて。のこらず。	①挙手。②推挙。選挙。③検挙。④列挙。⑤挙行。⑥挙動。⑦挙国。	①貴校の人は挙手してください。②候補者の名前を挙げる。③犯人が挙がる。④例を挙げて説明する。⑤結婚式を挙げる。⑥挙動不審の男。⑦一家を挙げて応援に行く。挙国一致。		2183
訓	4	⺀ ⺀ ⺀ 言 言 言 言 訓 訓 訓	ごんべん	10	クン	―		①教える。②漢字に、その字の意味を表す日本の言葉を当てた読み方。字句などを解釈すること。	①訓育。訓話。②訓点。訓読。▼音読。	①先生の訓辞を聞く。防災訓練。②漢文を訓読する。	教訓。	2317
郡	4	⺀ ⺀ ⺀ 尹 君 君 君 君³ 郡 郡	おおざと	10	グン	―		都道府県の市区をのぞいた地域をいくつかにわけた区画。町・村を含む。	郡部。	この地方の郡部には山が多い。		2320
候	4	⺀ 亻 亻 亻² 伫 伫 候 候 候 候	にんべん	10	コウ	★そうろう		①ようすをさぐる。たずねる。②待ち受ける。待ち望む。③きざし。しるし。④目上の人のそばにつかえる。⑤季節や天気のようす。⑥そうろう。古い手紙文に使われた言葉で、ありますございますの意。	①斥候。②候補。③兆候。④伺候。⑤気候。時候。天候。⑥候文。	①いつどこに敵の斥候が来ているか分からんぞ。②わが校チームは優勝候補だ。③風邪が悪化する兆候が見られる。④宮中に伺候する。⑤早春の候、いかがお過ごしですか。⑥年来の御持病、まことに困りたる事に候。		2485
差	4	⺀ ⺀ ⺀² 羊 差 差 差 差 差	たくみへん	10	サ	さ・す		①違う。いちがう。ちがい。②差しひき。ある数と他の数とのつかわさ。③つかわす。人をいかせる。④送る。	①差異。②差額。③差配。	①兄弟でも性質には差異がある。家で勉強するかどうかで、成績に差がつく。②二つの数の差を求めなさい。③迎えの人を差し向ける。傘を差し出す。④はがきの差し出し人。		2625
残	4	⺀ ⺀³ 歹 歹 残 残 残 残 残 残	がつへん	10	ザン	のこ・る、のこ・す	のこ・り	①残る。残す。②そこなう。きずつける。③ごたらしいことをする。	①残暑。残念。②残債。残酷。	①財産を残す。残暑見舞いを出す。②残酷なシーンに涙する。		2736
借	4	⺀ 亻 亻² 仹 仹 仹 仹 借 借 借	にんべん	10	シャク	か・りる	(シャ)、か・り	①借りる。人の物を使わせてもらう。②間に合わせ。	①借家。借金。②仮借。	①部屋を借りる。借りをつくる。②仮借文字。		2858
笑	4	⺀ ⺀ ⺀² 竹 竹 竹² 笶 笶 笑 笑	たけかんむり	10	◆ショウ	わら・う、え・む ◆	え・み	①笑う。笑い。②言葉の上に付けてへりくだった気持ちを表す。	①笑顔。笑話。笑覧。②笑納。笑笑。	①大きな声で笑う。②つまらない品ですがご笑納ください。		3048

本編　常用漢字

漢字	配当学年	筆順	部首	総画	音(常用漢字表)	訓(常用漢字表)	表外の音訓	意味	熟語	用例	備考(名)は人名	JISコード
席	4	一广广产庐庐席席席	はばへん	10	セキ	―		①座る場所。②たくさんの座席を用意した場所。会や式を行う所。③成績などの順位。	①座席。②宴席。③首席。	①席に着く。②クラス会の席上であいさつをする。③席次が上がってうれしい。		3242
倉	4	ノ人人今今今合倉倉	ひとやね	10	ソウ	くら		倉。米倉。穀物倉。	倉庫。穀倉。船倉。	日本の穀倉地帯。運送会社の倉庫が建ち並ぶ。		3350
孫	4	了孑孑孙孙孫孫孫孫	こへん	10	ソン	まご		①孫。子の子。②血筋につながる者。③間を一つ隔てていることを言う。	①子孫。②嫡孫。③孫弟子。	①この伝統は孫子の代まで伝えたい。②子孫の繁栄を願う。③文献を孫引きする。		3425
帯	4	一十卅卅艹芦芦芦芦帯帯	はばへん	10	タイ	お・びる、おび		①帯。帯びる。腰につける。②刀のようにめぐらすもの。③身につける。もつ。ふくむ。④ともなう。⑤帯のような形の地域。区切られた地域。	①帯状。②帯刀。③包帯。④帯電。⑤帯同。⑥一帯。緑地帯。	①夜空に天の川が帯状にかかる。②刀を帯びる。③包帯を巻く練習をする。④赤みを帯びる。化学繊維は帯電しやすい。⑤部下を帯同する。⑥工業地帯が広がる。		3451
徒	4	ノ彳彳彳ァ仕仕件徒徒	ぎょうにんべん	10	ト	―	(いたずらに)	①歩いて行く。②弟子。学生。③仲間。④手に何も持たない。⑤何もしない、役に立たないむなしい。	①徒歩。②生徒。信徒。③徒党。④徒手。⑤徒食。	①駅まで徒歩五分です。②生徒会の会長に立候補する。③徒党を組む。④徒手体操。⑤せっかくの努力が徒労に終わる。		3744
特	4	ノ一牛牛牛牛牛特特特	うしへん	10	トク	―		ただひとつだけとびぬけているとりわけ。ことに。	特質。特色。特典。特派員。	日本語の特質を考える。会員には割引などの特典がある。		3835
梅	4	一十才木术术术杯梅梅	きへん	10	バイ	うめ		①梅の花。②梅の実。③つゆ。梅の実がなるころの長雨。	①梅園。②梅酒。③天梅。梅林。梅雨。	①梅林を散策する。②梅酒をつくる。③梅雨前線。		3963
浴	4	丶冫氵氵氵浐浴浴浴	さんずい	10	ヨク	あ・びる、あ・びせる		①浴びる。水や湯を体にそそぎかける。体をあらう。②身にうける。こうむる。	①浴室。浴槽。②海水浴。日光浴。	①水を浴びる。②恩恵を浴びる。非難を浴びる。		4565
料	4	丶丷斗米米米米料料	とます	10	リョウ	―		①はかる、おしはかる、考える。②もとになるもの、使うのに必要な物。③払う代金、代金。④つくる、さばく、きりもりする。	①料筒。②材料。③料金。④料理。	①料筒がよくない。②作文の材料を集める。③水道料金が高くなった。④ムソレツは豪華な料理です。		4633

72

3　教育漢字

漢字	配当学年	部首	筆順	総画	音(常用漢字表)	訓(常用漢字表)	表外の音訓	意　味	熟　語	用　例	備考(名)は人名	JISコード
連	4	しんにょう	一 亓 亘 車 連 連	10	レン	つら・なる、つら・ねる、つ・れる		①連なる。続く。つながる。②いっしょになる。一緒に行う。③連れ。仲間。④連れる。ひき連れる。⑤連(れん)。連なったものや紙の一編んだもの、紙を数える言葉。⑥連盟・連合・連邦などの略。	①連結。連絡。②連合。連名。③連中。④連行。⑤一連。⑥国連。	①山山が連なる。家々が連ねる。②会議の末席に連なる。グループに名を連ねる。③国際連合の会議が東京で開かれる。④旅の途中で連れができて学校へ行く。⑤この詩は四連からなる。⑥国連は国際連盟の精神を受け継いでいる。		4702
貨	4	かいへん	′ ′ ′ 化 化 作 省 貨 貨 貨 貨	11	カ	ー		①たから。値打ちのある品物。②お金。	①貨車。雑貨。②貨幣。通貨。外貨。良貨。	①日用雑貨を買う。②財貨を貯える。		1863
械	4	きへん	一 十 十 十 木 木 材 材 械 械 械	11	カイ	ー		しかけのある道具。しかけ。からくり。	機械。器械。	こわれた器械を修理した。		1903
健	4	にんべん	′ ′ 个 个 个 信 信 俳 健 健 健	11	ケン	すこ・やか		①健やか。体が丈夫なこと。②非常に。ひどく。	①健康。健勝。健忘。②健闘。	①ご健勝のことと存じます。子どもが健やかに育つ。②ご健闘を祈ります。	(名)たけ、たけし、たけく	2382
康	4	まだれ	′ 广 广 庐 庐 庐 唐 唐 康 康 康	11	コウ	ー		①やすらか。すこやか。②体が丈夫。すこやか。	①安康。②健康。	①小康状態にある。②健康を保つ。	(名)やす、やすし	2515
菜	4	くさかんむり	一 十 ++ +* ++ 芝 苎 茥 菜 菜 菜	11	サイ	な		①菜。野菜。食用にする草。②ご飯のおかず。	①菜園。前菜。②菜。惣菜。	①菜の花が一面に咲いている。家庭菜園。②このお料理は惣菜がおいしいね。		2658
産	4	うまれる	' 一 十 六 产 产 产 产 库 库 産	11	サン	う・む、う・まれる、うぶ★		①産む。子どもが産まれる。②産まれた所やとれた所を言う言葉。③暮らしに使う物をつくりだすこと。また、つくられたもの。④お金や土地など暮らしのもとになるもの。	①出産。国産。②国産。産地。③産業。熱帯産。④財産。不動産。	①とんぼは水辺に産卵する。女の赤ちゃんが無事に産まれる。②このお米は秋田産である。③麦を産する。このりんごは産地直送です。④産をなす。		2726
唱	4	くちへん	' 口 口 口¹ 口" 明 唱 唱 唱 唱 唱	11	ショウ	とな・える		①うたう。うた。②唱える。声を大きくして言う。	①唱歌。愛唱。絶唱。②唱和。唱道。復唱。	①文部省唱歌。②念仏を唱える。		3007

73

本編　常用漢字

漢字	配当学年	筆順	部首	総画	音(常用漢字表)	訓(常用漢字表)	表外の音訓	意味	熟語	用例	備考(名)は人名	JISコード
清	4	氵汁汁泮清清清	さんずい	11	セイ、(ショウ)	きよ・い、きよ・まる、きよ・める	きよ・らか	①清い。清らか。すみきっている。②けがれがない。俗っぽくない。③すがすがしい。さっぱりしていて気分がよい。④汚れを取る。きよらかに始末する。⑤清(しん)。昔、中国にあった国の名。	①清栄。清流。②清涼。清貧。③清新。④清掃。清涼。清算。	①清らかな水。ご清栄のこととお慶び申し上げます。②清い交際を続ける。清澄な山の空気。③心がすがすがしい。清楚な政治。④汚れを取る。チームに清新の気をふきこむ。⑤身を清める。	(名)きよ、きよし	3222
巣	4	｀´´´"´´´´巣巣巣	つかんむり	11	★ソウ	す		①動物のすみか。木の上の鳥のすみか。また、病気などが宿っているところ。②巣。すみか。	①巣箱。病巣。②巣窟。	①燕が軒に巣をつくる。②悪者の巣窟をつきとめる。		3367
側	4	ノイ㐅侧侧侧侧側	にんべん	11	ソク	がわ		①そば。近い所。かたわら。②側(がわ)。一方のがわ。	①側近。右側。②側面。清側。	①首相の側近からの話を聞く。②経営の側面から支援する。		3406
敗	4	ｌ η Π Ħ 目 則 則 敗敗	のぶん	11	ハイ	やぶ・れる		①敗れる。たたかいに負ける。②やりそこなう。しくじる。③ものがだめになる。	①敗残。敗戦。敗北。②失敗。③腐敗。	①試合に敗れる。一回戦で敗れる。②失敗にめげずまた挑戦する。③腐敗した臭いに閉口した。		3952
票	4	二 Ė 币 要 要 票 票	しめす	11	ヒョウ	―		①小さな書き付けの用紙。きっぷ。②選挙などに使うふだ。また、それを数える言葉。	①票決。票数。票田。②投票。伝票。	①票決の結果を発表する。②票を読む。		4128
副	4	一 戸 戸 吊 畐 畐 副 副	りっとう	11	フク	―		①主なものにそえる。そう。助ける。②主なものにともなうふだ。また、それを数える言葉。③控え。写し。	①副題。副業。▼本業。②副作用。副産物。③副本。▼正本。	①副業に精を出す。②おからは豆腐の副産物だ。③予備として副本を作る。		4191
望	4	ー t+切切切 望 望 望	つきへん	11	ボウ、◆モウ	のぞ・む	のぞ・み、のぞ・ましい	①主なものを見る。②願う。望む。③人気。評判。④陰暦十五夜の月。満月。写し。	①望郷。②願望。希望。志望。信望。③人望。④望月。	①アルプスの山山を望む。②平和を望む。望ましい人物。③山田先生は生徒に信望がある。	(名)もち	4330
陸	4	' ß 厂 阡 陉 陉 陸 陸	こざとへん	11	リク	―		①おか。陸地。②連なる。次次と続く。	①陸上。陸軍。②陸続。	①陸にあがる。陸の孤島。②人の列が陸続と続く。	(名)むつ	4606
賀	4	フ カ カ カ 智 智 智 賀 賀	かいへん	12	ガ	―	―	祝う。喜ぶ。	祝賀。賀正。	謹賀新年。		1876

3 教育漢字

漢字	配当学年	筆順	部首	総画	音(常用漢字表)	訓(常用漢字表)	表外の音訓	意味	熟語	用例	備考(名は人名)	JISコード
街	4	彳彳彳彳彳彳街街街街街	ぎょうがまえ	12	ガイ(カイ)	まち		街なか。街のにぎやかな通り。人通りの多い、にぎやかな区域。	街道。街路。商店街。繁華街。	街へくり出す。日光街道。		1925
覚	4	⺍⺍⺍⺍常常常党覚覚覚覚	みる	12	カク	おぼえる、さます、さめる	おぼえ	①覚える。感じる。②さとる。さとった人。③覚める。目が覚める。④あらわれる。	触覚。錯覚。覚語。覚醒。発覚。	①新しい漢字を覚える。②死は覚悟の上だ。③目を覚ます。目が覚める。④謀反が発覚する。	(名)さとる、さとし	1948
給	4	糸糸糸糸糸糸紣給給給給給	いとへん	12	キュウ	—		①足りるようにする。物をつぎたす。②たまわる。賃金や品物を与える。③であて。給料のこと。④世話をする。	給油。自給。補給。給与。支給。月給。薄給。給仕。	①祖母の家では作業衣を自給している。②従業員には作業衣を支給する。節分の日は会社の給料日である。③明日は会社の給料日である。④パーティーで給仕をする。		2175
極	4	一十木木朾朾柯柯極極極極	きへん	12	キョク、ゴク ◆	きわめる、きわまる、きわみ ◆◆◆		①極まる。極める。やりつくす。②この上ない。(他と比べて)一番の。③一方の果て。はし。④たいそう。特に、甚だしく。	極限。極限。極地。極端。極東。極彩色。極上。極上。極上。極秘。南極。磁極。	①極限に達する。頂上を極める。②極度の近眼。疲労の極に達する。③極端な意見を述べる。④その頃は極貧にあえいでいた。		2243
景	4	一口日旦早早早早景景景景	ひ	12	ケイ	—		①ひかり。②けしき。③ようす。④興をそえるもの。	景観。殺風景。景気。景品。	②富士山の景観はすばらしい。③会社の景気が悪い。④雪だるまは冬の景物の一つです。	(名)かげ	2342
結	4	糸糸糸紅紅紅結結結結結結	いとへん	12	ケツ	むすぶ、ゆう、ゆわえる ◆◆		①結ぶ。つなぐ。結う。②ばらばらのものがかたまる。まとまる。③仲間になる。組を作る。④出来上がる。締めくくる。終わりになる。	結合。結集。結婚。結成。凍結。結果。結局。	①契約を結ぶ。水素と酸素が結合して水になる。②みんなの力を結集しよう。③俳句の結社を主宰する。④実験の結果を発表する。	(名)ゆい	2375
最	4	一口日旦旦早早早早最最最	ひらび	12	サイ	もっとも	も	最も。この上なく。	最愛。最初。最期。最善。最長。	最も高い山。最も悲しい出来事。最愛の娘。潔い最期であった。最善を尽くす。		2639
散	4	一艹艹艹昔昔昔背散散散散	のぶん	12	サン	ちる、ちらす、ちらかす、ちらかる		①散る。散らす。散らかる。散らばる。まとまっていたのがバラバラになる。②とりとめがない。決まりがなく自由である。気ままである。③粉薬。	散水。散乱。散財。散歩。散薬。	①花が散る。紙屑を散らかす。床にゴミが散らばる。部屋を散らかす。②海辺を散歩する。③食後に散薬を飲む。		2722
順	4	丿丿丿川川川川順順順順順	おおがい	12	ジュン	—		①したがう。素直である。②逆らわない。すなおである。③うまくいく。具合がよい。	順応。順序。順番。順路。順調。順風。	①新しい環境に順応する。②順を追って説明する。③事が順調に運ぶ。順風満帆。	(名)より	2971

75

本編　常用漢字

漢字	配当学年	筆順	部首	総画	音(常用漢字表)	訓(常用漢字表)	表外の音訓	意味	熟語	用例	備考(名)は人名	JISコード
焼	4	゛゛゛゛灼灼灼灼焼焼焼焼	ひへん(火)	12	◆ショウ	や・く、や・ける		焼く、もやす。焼ける、もえる。	焼失。焼却。燃焼。	落葉を焼く。日に焼けて真っ黒になる。ゴミを焼却する。		3038
然	4	′クタタ外外外状状然然然	れっか	12	ゼン、ネン	—		①そのとおり、そうである。②ほかの言葉についてそのようすを表す言葉。…じょう・らしいようすで。	①当然。自然。偶然。②駿然。雑然。	①自然の摂理に従って生きる。②駿場が駿然とする。		3319
隊	4	｀ｙββββββ阡阡隊隊隊	こざとへん	12	タイ	—		①組を作った人の集まり。②軍隊のこと。	①隊員。隊形。隊商。隊列。②軍隊。兵隊。	①隊を組んで進む。隊列を整える。ゲームの隊形を覚える。②海軍に入隊する。		3466
達	4	- + 土 士 查 查 幸 幸 幸 達 達 達	しんにょう	12	タツ	—		①ゆきつく。とどける。②優れている。物事に通じている。③知らせる。命令を伝える。④複数の人を示す言葉。	①到達。達成。速達。②達人。達観。③伝達。④友達。	①募金が百万円に達した。目標達成まであとわずかだ。②達筆な手紙。③上からお達しがあるまで待つ。④友達はお達しがあるまで待つ。	(名)さとる	3503
博	4	一 ナ ナ 忖 忖 忖 捕 捕 博 博 博 博	じゅう	12	ハク、(バク)	—		①いろいろなことに通じている。②広く行き渡らせる。③広く行き渡らせる。④得る。⑤ばくち。	①博学。博識。②博愛。博士。③万博。理博。⑤賭博。博徒。	①博士号をとる。②博愛精神。③万博に多くの参加者を得る。④好評を博する。⑤思い切った大博打に出る。	(名)ひろ、ひろし、ひろむ	3978
飯	4	′ ′ ′ ′ 今 合 合 訇 訇 飯 飯 飯	しょくへん	12	ハン	めし		飯(めし)。米や麦を炊いたもの。また、食事。	飯場。飯台。赤飯。残飯。夕飯。	米の飯。飯の食い上げ。朝ご飯を食べる。		4051
富	4	′ ′ ′ 穴 富 宮 宮 富 富 富 富 富	うかんむり	12	フ、(フウ)	と・む、とみ		富む。富。財産が多い、豊か。物が十分にある。▼貧。	富裕。豊富。	変化に富んだ風景。富力に物を言わせる。		4157
満	4	゛゛゛沭沭沭浩浩浩満満満	さんずい	12	マン	み・ちる、み・たす		①満ちる。満ちる、いっぱいになる。②満ちたりる、不足がない、ゆたか。③全部に行き渡る、すべて。全部。	①満員。満期。②満喫。満足。③満身。満天。	①潮が満ちる。定期預金が満期になった。②古都の秋を満喫する。現在の生活に満足する。満天の星。③満身の力をこめる。	(名)みつ、みつる	4394
無	4	′ ′ 二 午 午 無 無 無 無 無 無 無	れっか	12	ム、ブ	な・い		①無い。存在しない。ある語の上につけて反対の意味を表す。②その他。	①無用。無分別。無鉄。無理。②無駄。無闇。	①無用の方は入室を控えてください。②努力が無駄になる。無闇に約束をしてはいけない。		4421

76

3 教育漢字

漢字	配当学年	筆順	部首	総画	音(常用漢字表)	訓(常用漢字表)	表外の音訓	意味	熟語	用例	備考(名)は人名	JISコード
量	4	一口日旦旦昌昌昌量量	さとへん	12	リョウ	はか・る		①かさ。目方。②量る。物のかさをはかる。③心の広さ。気前。④おしはかり考える。	①量産。②計量。③度量。力量。④推量。	①食事の量を減らす。②目方を量る。③彼は度量が広い。④当てて推量。		4644
愛	4	一ヶ♡♡♡♡♡愛愛愛愛愛愛	こころ	13	アイ	—		①かわいがる。いつくしむ。②いとしく思う。異性を恋う。③このむ。④大切にする。おしむ。⑤したしむ。	①愛育。②恋愛。③愛用。愛唱。愛読。④自愛。愛惜。愛敬。⑤親愛。愛想。	①日頃のご愛顧を感謝します。②二人は恋愛結婚したそうだ。③音楽を愛好する。④自愛のカメラで景色を写す。愛惜の念を抱く。⑤何のお愛想もなくてすみません。	(名)めぐみ	1606
塩	4	一ナ扌扌扌扩坊坊塩塩塩塩	つちへん	13	エン	しお		塩。白くてからい結晶。	塩。食塩。	塩分を控えめに料理する。瀬戸内海地方は製塩業が盛んであった。		1786
群	4	丁ヨ尹尹尹君君君君郡郡群群	ひつじ	13	グン	む・れる、む・れ、(むら)		①群れ。集まり。②いろいろの。多くの。	①群衆。群生。②群小。群雄。	①群発地震。②群を抜いて成績がよい。		2318
試	4	一言言言言言言訂訂試試試	ごんべん	13	シ	こころ・みる、ため・す◆	こころ・み、ため・す	試す。やってみる。	試食。試薬。	無駄な抵抗を試みる。相手の実力を試す。入学試験。試用期間。		2778
辞	4	一千千千舌舌舌舌舌辞辞辞	からい	13	ジ	や・める◆		①言葉。文章。②ことわる。辞(や)める。③別れを告げて去る。	①辞書。弔辞。②辞職。辞退。辞任。③辞去。辞世。	①開会の辞を述べる。②役員を辞する。③辞世の句を詠む。		2813
照	4	1日日日日日刀日刀日刀日刀日召照照照照照	れっか	13	ショウ	て・る、て・らす、て・れる		①照る。明るく輝く。照らす。②照らし合わす。見比べてみる。	①照明。残照。②参照。照会。	①日が照る。照明を工夫して雰囲気を盛り上げる。②教科書に照らして確かめる。原本と照合する。照合の件について回答する。		3040
節	4	1 ナ ナ ナ ナ ナ ナ 节 笳 笳 節 節 節	たけかんむり	13	セツ、(セチ)★	ふし		①竹の節。節のようにくびれたとこや区切り。②文などの区切り。③音楽の調子。④ほどよく、控えめにする。⑤みさお。自分の心をかたく守って変えないこと。⑥気持ちの変わり目。⑦祝いの日。⑧時。折り。	①節穴。節目。②文節。③曲節。④節減。節操。⑤節分。節句。⑥季節。⑦時節。	①君の目は節穴か。②人生の節目を迎える。この文章は三つの節に分けられる。③節をつけて歌う。④経費節減に協力する。⑤節操を守る。⑥節分の日は豆散きをする。⑦九月九日は重陽の節句です。⑧その節はお世話になりありがとうございました。	(名)たかし	3265
戦	4	'''''単単単戦戦戦	ほこがまえ	13	セン	たたか・う、いくさ◆		①戦い。戦(いくさ)。②おののく。ふるえる。	①戦争。戦況。戦死。②戦慄。▶平和。	①敵と戦う。関ヶ原の戦い。②戦慄が体を走る。		3279

本編　常用漢字

漢字	配当学年	筆順	部首	総画	音(常用漢字表)	訓(常用漢字表)	表外の音訓	意味	熟語	用例	備考(名)は人名	JISコード
続	4	糹纟纟紅紵紵紵紵紵統統統続	いとへん	13	ゾク	つづ・く、つづ・ける	つづく	続く。続ける。切れ目なく続く。つながる。	続行。接続。継続。連続。	雨が降ってきても試合は続行された。公園に続々と人が集まった。		3419
置	4	一丆丆罒罒罒罘罘置置置置	あみがしら	13	チ	お・く		置く。ものや人をとどめておく。備え付ける。	設置。置物。置換。配置。	現地に駐在員を置く。地方自治に関する審議会を設置する。		3554
働	4	ノ亻亻仨仨信信信信信僵働働	にんべん	13	ドウ	はたら・く	はたらき	①働く。働き。仕事。ほねおり。才能。②腕前。かせぎ。③ききめがあらわれる。作用。	労働。稼働。	①朝から晩まで働く。②安全装置が働いた。汗を流して労働する。③妻子を養うぐらいの働きはある。やっと薬が効いた。		3815
管	4	⺮⺮⺮⺮⺮管管管管管管管	たけかんむり	14	カン	くだ		①管（くだ）。細長い筒状のもの。②笛。吹いて鳴らす楽器。③つかさどる。取り締まる。	鉛管。血管。管楽器。管制。管理。	①体内に血管が通っている。②詩歌管弦。③報道管制がしかれる。アパートの管理人。		2041
関	4	｜｜門門門門門関関関関関	もんがまえ	14	カン	せき、かか・わる		①関。昔、人の出入りを取り締まったところ。出入り口。②物を動かす大切なところ。③関わる。つながる。④相撲取りにつける言葉。	関門。機関。関係。関与。関取。大関。	①関門を突破する。②蒸気機関。交通機関。機関誌。③ガンに関する研究をする。事件の関係者。		2056
旗	4	｜方方扩㫋㫋㫋旌旌旗旗旗	ほうへん	14	キ	はた		旗。旗印。	旗手。校旗。国旗。弔旗。	日の丸の旗がひるがえる。旗をまく。		2090
漁	4	冫冫沪沪沪渔渔漁漁漁漁	さんずい	14	ギョ、リョウ	―	(あさ・る)	①魚をとる。②漁る。貪り漁る。	漁業。漁船。漁師。	①漁獲高がのびる。②野良猫がごみ箱を漁っている。		2189
察	4	宀宀㝎㝎㝎㝎㝎察察察察察	うかんむり	14	サツ	―		①よく見る。調べ見る。明らかにする。②推しはかる。考える。	診察。観察。考察。	①蛙の生態を観察する。②身に迫る危険を察知する。		2701
種	4	千禾禾禾秆秆秆秆種種種	のぎへん	14	シュ	たね		①種を植える。②ものの生まれるもと。③たぐい。仲間。	種子。種本。種類。雑種。品種。	①花の種をまく。②うわさの種がつきない。③この種の製品がよく売れる。	(名)くさ	2879
静	4	一二丰青青青青静静静静静	あお	14	セイ、(ジョウ)◆	しず、しず・か、しず・まる、しず・める	しずけさ	①静か。静まる。静める。②物音がのない。ひっそり。③落ち着いて穏やか。せわしくない。	静止。静寂。静観。静養。静粛。	①森の静けさにつつまれる。②静かな湖畔だ。③事態を静観する。静粛に願います。		3237

78

3 教育漢字

漢字	配当学年	筆順	部首	総画	音(常用漢字表)	訓(常用漢字表)	表外の音訓	意味	熟語	用例	備考(名)は人名	JISコード
説	4	言言言説説説	ごんべん	14	セツ、(ゼイ)★	と・く		①説を明かす。よく分かるように話して聞かせる。②意見。考え。③話。物語。	①説教。説明。解説。②演説。学説。③伝説。	①またお父さんの説教が始まった。②二つの説がある。③今昔物語は説話集である。		3266
徳	4	彳彳彳彳徳徳徳徳	ぎょうにんべん	14	トク	―		①人としての正しい行い。立派な人柄や行い。②めぐみ、恵みを与える。③もうけ。利益。	①道徳。徳目。②報徳。恩徳。③徳用。	①徳の高い僧。②人々に徳を施す。③早起きは三文の徳。	(名)のり	3833
億	4	亻亻亻佇佇倍億億	にんべん	15	オク	―		①一万の一万倍②非常に多い	①一億円。②億万長者。	①一億円の宝くじが当たる。②億万長者になりたい。		1815
課	4	言言記記課課課	ごんべん	15	カ	―		①割り当てる。割り当て。②役所や会社などの仕事の区分け。	①課税。課題。②課外。課長。	①重税を課せられる。②同じ部屋に経理と総務の二つの課がある。		1861
器	4	口叩罒罘哭哭器器	くちへん	15	キ	◆うつわ		①入れ物。②道具。③人間の才能や心の広さ。④体の中でいろいろな働きをする部分。	①食器。器具。②電気器具。器楽。③器用。大器。④器官。呼吸器。	①料理を器に盛る。②電気器具をそろえる。③器用に立ち回る。彼は社長の器だ。④消化器官。呼吸器官。		2079
選	4	己己巽巽巽選選	しんにょう	15	セン	えら・ぶ		選ぶ。より出す。	選出。選挙。選択。互選。	好きな色を選ぶ。学級委員を選挙する。よい辞典を選択する。		3310
熱	4	𠂉𠃍𠃎坴坴埶執熱熱	れっか	15	ネツ	あつ・い		①熱い。温度が高くて熱い。②熱。温度をたかめるもとになるもの。③体温。病気などで体温が高くなること。④ものごとにはっしんよく打ち込む。一つのことに意気込む。強くはげしい。	①熱湯。②熱量。熱病。④熱狂。	①熱いコーヒーを注文する。湯消毒で処理する。②熱がある。③勉強に熱がはいる。熱い視線を背中に感じる。ファンが熱狂する。		3914
標	4	木杧杧标标標標標	きへん	15	ヒョウ	―	(しるし)	標(しるし)。目印。目当てであるもの。目につくようにしてあるもの。	目標。標示。標準。標本。標的。	王が標的に命中する。不評標示物を撤去する。		4124
養	4	羊羊美美美養養	しょく	15	ヨウ	やしな・う		①養う。育てる。食べ物で力をつける。②よい心を育てる。③血のつながらない子どもを育てる。	①養育。養鶏。休養。②教養。修養。③養子。養父母。	①妻子を養う。養老年金。②教養を身につける。③養子縁組。		4560

本編　常用漢字

漢字	配当学年	筆順	部首	総画	音(常用漢字表)	訓(常用漢字表)	表外の音訓	意味	熟語	用例	備考(名)は人名	JISコード
輪	4	一　亓　亘　車　車　軩　軩　輪　輪	くるまへん	15	リン	わ		①車の輪。輪の形の物。②ぐるぐるまわる。めぐる。③かわるがわる行う。④物のまわり。④花を数える言葉。	①車輪。②輪唱。輪読。③輪番。④一輪。	①彼は思わぬ輪禍で死亡した。②輪読会を開く。③事件の輪郭をつかむ。④梅一輪。		4656
機	4	一　十　木　朴　村　桦　梯　榉　機　機	きへん	16	キ	◆はた		①機(はた)。②からくり。しかけ。③物事の大事なところ。④おり。とき。しおどき。⑤心やものごとのやわらかな動き。すばやいものごとのやわらかな動き。⑥飛行機の略。	①機織り。②機械。機敏。③機秘。機密。④機会。機嫌。⑤一機。機知。機転。機能。機体。	①機を織る。②機械的な作業に飽きる。会社の機構をあらためる。③国家機密をもらしてはいけない。④機が熟する。機会を待つ。⑤ご機嫌いかがですか。機知に富む。機転がきく。		2101
積	4	一　十　禾　禾　秸　秸　秸　積　積　積	のぎへん	16	セキ	つ・む、つ・もる		①重なる。積み重ねる。積も　る。集まる。②二つ以上の数をかけあわせてえた数。▼商。③広さや大きさを表す言葉。	①積雪。②二三の積。③面積。	①屋根に雪が積もる。積年の恨み。②二と三の積は六だ。③広大な面積。		3249
録	4	一　二　年　年　鉢　針　鉢　鉢　録　録	かねへん	16	ロク	—		①しるす。あとのために書いたり音や形をうつしとったりする。②書き記した物。	①録音。録画。記録。実録。②目録。	①公開録画。②目録を作成する。		4731
観	4	ノ　入　午　午　午　午　荏　観　観　観	みる	18	カン	—		①よくみる。眺める。②ようす。ありさま。③ものの見方。考え方。	①観察。観客。②観観。景観。③人生観。外観。観念。	①観光旅行。②別人の観がある。③いろいろな観点から考える。		2049
験	4	１　Ｆ　馬　馬　馬^　駐　験　験　験	うまへん	18	ケン　★(ゲン)	—	(しるし)	①験(しるし)。証拠。あかし。②きめる。③調べる。試す。	①霊験。②試算。③試験。実験。	②効験あらたかな薬である。③実験が成功する。		2419
類	4	ソ　米　米　米　米　菊　新　類　類　類	おおがい	18	ルイ	たぐ・い		①同じ仲間。似たものの集まり。②似ている。共通する。③同じような日にあう。	①衣類。魚類。種類。人類。②類語。類推。類似。③類焼。	①類は友を呼ぶ。②これに類する行いは禁止する。③昨日の火事で、わが家も類焼した。		4664
願	4	一　厂　尸　尸　原　原　原　原　願　願	おおがい	19	ガン	ねが・う		①願う。望む。神や仏に祈る。	①願書。懇願。嘆願。念願。	氏神様に願をかける。入学願書。		2074
鏡	4	ノ　人　午　午　金　針　鈴　錆　鎬　鏡	かねへん	19	キョウ	かがみ		①鏡。②レンズ。レンズを使った物を見る道具。	①手鏡。双眼鏡。②眼鏡。	①鏡台の前にすわる。②眼鏡をかける。		2232

80

3 教育漢字

漢字	配当学年	筆順	部首	総画	音(常用漢字表)	訓(常用漢字表)	表外の音訓	意味	熟語	用例	備考(名)は人名	JISコード
議	4	言計計詳詳議議	ごんべん	20	ギ	—		①はかる。話し合う。相談する。②考え。意見。	①議題。議論。協議。和議。②異議。抗議。建議。	①議論をたたかわす。②異議を唱える。		2136
競	4	立产产育竞竞竞竞竞	たつへん	20	キョウ、ケイ	◆きそ・う、★せ・る	せ・り	競う。争う。競り合う。	競泳。競技。競争。競走。競売。	料理の腕を競う。競い合う。	(名)きおう	2205
久	5	ノク久	はらいぼう	3	キュウ、★(ク)	ひさ・しい		時間や年月が長い。ながく続く。	持久力。久遠。	耐久性がある。久しぶりに手紙を書いた。	(名)ひさ、ひさし	2155
士	5	一十士	さむらい	3	シ	—		①男。立派な男性。②戦う人。さむらい。軍人。③学問・仕事の資格や技能を身につけている人。	①紳士。名士。②土官。兵士。③運転士。博士。	①好学の士が集う。②チームの士気を高めたい。③将来の夢はバスの運転士になることだ。	(名)お	2746
支	5	一十ナ支	しにょう	4	シ	ささ・える		①わかれる。わかれたもの。②支える。③お金などを払う。④わけ与える。⑤さしつかえる。⑥治める。とりしまる。	①支社。支出。②支援。支柱。③支出。支給。④支給。⑤支障。⑥支配。	①外国に支店を出す。②クラス全員の支持を得た。③収入より支出が多い。④手当を支給する。⑤支障をきたす。⑥感情に支配される。		2757
比	5	- ヒヒ比	ならびひ	4	ヒ	くら・べる		①並ぶ。並べる。比べる。②たとえる。③割合。	①比較。比肩。②比喩。③比率。	①比類のない美しさを誇る。②比喩で表現する。③算数に比重をかける勉強法。		4070
仏	5	ノイイ仏	にんべん	4	ブツ	ほとけ	(フツ)	①仏(ほとけ)。悟りを開いた人。②死んだ人。③フランス(仏蘭西)の略称。	①仏教。仏像。②仏前。仏語。	①仏門に入える。仏の顔も三度。②仏前に花を供える。③仏文学を専攻する。		4209
圧	5	一厂圧圧圧	つちへん	5	アツ	—		押さえる。押す。	抑圧。圧倒。	圧力をかける。胸を圧迫する。		1621
永	5	` 亅亅永永	みず	5	エイ	なが・い		時間が長い。いつまでも。	永久。永世。永眠。	アメリカに永住する。幼い弟と永別する。	(名)なが	1742
可	5	一 ア 可 可 可	くちへん	5	カ	—		①よい。②許す。聞き入れる。③できる。	①可決。②許可。③可能。	①可も無く不可も無い。②学校設立の認可を受ける。③可燃物を取り扱う。	(名)よし	1836
刊	5	一二干干刊	りっとう	5	カン	—		本や雑誌などを作って出す。出版する。	刊行。季刊。休刊。週刊誌。	朝刊を読む。		2009
旧	5			旧旧	ひへん	5	キュウ	—		①古い。前からある。②昔。前。過去。③旧暦の略称。	①旧年。旧友。②旧習。旧跡。③旧盆。	①旧式のテレビ。②旧態依然とした制度。③旧正月を祝う。		2176
句	5	ノクク句句	くちへん	5	ク	—		①文章や詩の一句切り。②俳句。	①文句。句読点。②句会。	①字句を修正する。②句集を出す。		2271

81

本編　常用漢字

漢字	配当学年	筆順	部首	総画	音(常用漢字表)	訓(常用漢字表)	表外の音訓	意味	熟語	用例	備考(名)は人名	JISコード
史	5	ノロロ史史	くちへん	5	シ	—		①歴史。できごとや世のうつりかわりなどを書き記したもの。②女性の文学者・芸術家などを敬って呼ぶときに用いる。	①史跡。②女史。	①史実にもとづいたドラマ。②ヘレン・ケラー女史の来日。	(名)ふみ	2743
示	5	一ニテ亓示	しめす	5	ジ、シ	しめ・す		①示す。人に見せる。②示し。教え。	①展示。示談。②訓示。	①示威行動をとる。②総選挙の公示。		2808
犯	5	ノブ犭犯犯	けものへん	5	ハン	◆おか・す		①まりをやぶる。してはならないことをする。	①犯罪。防犯。	罪を犯す。犯人を捕まえる。		4040
布	5	ノナオ右布	はばへん	5	フ	ぬの		①布。織り物。②敷く、広げる、広く行き渡らせる。	①布地。布目。②布教。布施。布陣。	①毛布をかける。②プリントを配布する。③新事業への布石を打つ。		4159
弁	5	ムム今弁弁	にじゅうあし	5	ベン	—		①見分ける。区別する。②物事の用にあてる。役立てる。③言葉でうまく言う。④言葉使い。⑤花びら。⑥気体・液体の通り道にあって、その量を調節するもの。	①弁別。②弁当を持って行く。③弁明。弁論。④名古屋弁。⑤花弁。⑥安全弁。	①善悪を弁別する。②弁当を持って行く。③人の弁護をする。④大阪弁で話す。⑤花弁の数を調べる。⑥逆流を防ぐため安全弁を取り付ける。		4259
因	5	1口円因因	くにがまえ	6	イン	★よ・る		①もとのままに従う。②物事の起るもと、わけ。	①因習。②原因。	①因習にとらわれる。②因果関係を解明する。		1688
仮	5	ノイ仁仮仮	にんべん	6	カ、(ケ)	◆かり		①かり。②間に合わせの。③借りる。④たとい。仮に。	①仮眠。仮称。②仮面。仮装。③仮借。④仮定。	①仮死状態に陥る。②仮病を使って休む。③仮借無く糾弾する。④仮説を立てる。		1830
件	5	ノイ仁件件	にんべん	6	ケン	—		①物事、でき事。②事柄を数える言葉。	①事件。件数。②一件。	①この件はすでに解決済みです。②一か月に交通事故が三件起きた。		2379
再	5	一ナ市冉再	どうがまえ	6	サイ、(サ)	ふたた・び		①再び。二度。	再会。再三。	試合を再開する。つぶれた会社を再興する。		2638
在	5	一ナオ右在	つちへん	6	ザイ	あ・る		①いる。②都会から離れた地方。田舎。	①存在。在校。②在所。在郷。	①大学に在籍している。②任所に母が一人で暮らしている。		2663
団	5	1口円団団	くにがまえ	6	ダン、(トン)	—		①まるい、まるまった物。②固まり、集まり。	①団子。②団体。団地。	①花より団子。②一致団結して事件を解決する。		3536
任	5	ノイ仁任任	にんべん	6	ニン	まか・せる、まか・す		①務め。役目。②役目につかせる。③任せる。	①大任。任命。②任期。任官。③一任。任意。	①任務につく。②任期は二年である。③平明上の任意の一点。		3904
囲	5	1口門囲囲	くにがまえ	7	イ	かこ・む、かこ・う	かこ・い、かこ・み	①囲み、囲う。とりまく。②まわり。	①囲碁。包囲。②周囲。	①たき火を囲む。花壇を柵で囲い、中に入ってはいけない。②地球の周囲を回る。		1647
応	5	一广広応応	こころ	7	オウ	こた・える		①応える。承知する。②受けつけ動く、適当に行う。③ふさわしい。④従う。	①応接。応答。②応急。応用。③適応。応分。④順応。	①丁寧に対応する。②応援歌をうたう。③応分の寄付をする。④新しい環境に順応する。		1794

3 教育漢字

漢字	配当学年	筆順	部首	総画	音(常用漢字表)	訓(常用漢字表)	表外の音訓	意味	熟語	用例	備考(名)は人名	JISコード
快	5	忄忄忙快	りっしんべん	7	カイ	こころよい		①気持ちがよい。②病気が治る。	①快感。②全快。快復。③快打。	①快適な生活を送る。②病気が快方に向かう。③はき快。		1887
技	5	一十扌扌打扩技	てへん	7	ギ	◆わざ		技。腕前。動き。	技術。技能。陸上競技。	技巧をこらす。競技を開始する。		2127
均	5	一十土ナ圴均均	つちへん	7	キン	―		平らにならす。等しい。	均一。平均。	均衡が破れる。均斉がとれた体つきをし ている。	(名)ひとし	2249
告	5	ノ ⺈ 丬 生 告 告 告	くちへん	7	コク	つげる		①告げる。知らせる。②訴える。	①告白。告別。②告発。告訴。	①医者は、彼の病気が重いことを家族に告げた。②不正を告発する。		2580
災	5	〈 巛 巛 災 災 災 災	ひ(火)	7	サイ	◆わざわい		災い。思いがけなく起こる不幸。	災難。火災。	災害が起こる。今回の地震によって災禍に見舞われた。		2650
志	5	一十士士志志志	こころ	7	シ	こころざす、こころざし		①ある目的に向かおうとする気持ち。②ある目的をめざす。	初志。大志。志望。志願。	①大志を抱く。②志望校に合格する。		2754
似	5	′ イ 亻 亻 似 似 似	にんべん	7	◆ジ	に・る		同じように見える。	相似。似顔。	似顔絵を描く。二人は双子ほどに酷似している。		2787
序	5	′ 亠 广 广 庁 序 序	まだれ	7	ジョ	―		①順番。②はじめ。はじまり。③書物の前書き。	①順序。序列。②序曲。序幕。③序言。序文。	①秩序立てて論じる。②序盤戦では好調であった。③序を書く。		2988
条	5	′ ク 欠 多 各 条 条	きへん	7	ジョウ	―		①筋道。②規則などを一つ一つ並べたもの。分けたもの。③小枝。細長いもの。④細長い物を数える言葉。	①条理。②条文。条件。③線条。④一条。	①この意見は条理にかなっている。②箇条書きにする。③弾丸についた線条痕。④一条の光が射す。		3082
状	5	ノ ゝ 丬 犬 状 状 状	いぬ	7	ジョウ	―		①姿。形。有り様。②手紙。書きつける。	①状況。状態。②礼状。状状。	①現状を把握する。②招待状を送る。		3085
判	5	ヽ ` 丶 兰 半 半 判	りっとう	7	ハン、バン	―		①わける。見分ける。②裁く。しろし。③判。④紙・本などの大きさ。	①判別。②判決。判事。③印判。④B5判。A4判。	①古代文字を判読する。②裁判にかける。③判を押す。④A4判の紙に印刷する。		4029
防	5	′ 阝 阝 阝′ 阝" 防 防	こざとへん	7	ボウ	ふせ・ぐ	ふせ・ぎ	①ふせぐ。まもる。	①堤防。②防御。防犯。	①堤防を補強する。②事故の再発を防止する。		4341
余	5	ノ 人 今 今 今 余 余	ひとやね	7	ヨ	あま・る、あま・す	あま・り	①余る。余り。②ほか。それ以外の。③ほど…。少し。④わたくし。自分を指す古い言葉。	①余分。②余人。余罪。③三方余円。④余輩。	①余暇を楽しむ。②余罪を併発する。③五百余名が参加した。④余の信念を貫く。		4530

本編　常用漢字

漢字	配当学年	筆順	部首	総画	音(常用漢字表)	訓(常用漢字表)	表外の音訓	意味	熟語	用例	備考(名)は人名	JISコード
易	5	丨日日月見易易	ひへん	8	エキ、イ	やさ・しい		①かえる。取りかえる。②占い。占う。③易(やさ)しい。たやすい。▼難	①交易。貿易。②易者。易断。③平易。容易。	①日本は貿易のさかんな国である。②易者に手相を見てもらう。③安易に決定するのはよくない。		1655
住	5	丿亻亻仁住住住	ぎょうにんべん	8	オウ	—		①ゆく。目的地へ向かう。▼復・来 ②昔。③時折。折節。	①往復。往来。②往年。③往時。往往。	①午後は往診にあてている。②往年の名投手。③往往にして厳しい質問が出される。		1793
価	5	丿亻仁伍価価価	にんべん	8	カ	★あたい		①価(あたい)。品物の値段。②値打ち。	①価格。定価。②価値。声価。	①価格を下げて売る。②真価を発揮する。		1833
河	5	氵氵汀汀河河河	さんずい	8	カ	かわ		①河。大きな川。②中国北方の黄河をさす。	①河口。運河。②河南。	①河畔にたたずむ。②百年河清をまつ。		1847
居	5	尸尸尸尸居居居	しかばね	8	キョ	い・る		①居る。住む。②すまい。③すわる。	①居室。居住。②住居。居間。③起居。居酒屋。	①両親と同居する。②住居を移す。③起居を共にする。		2179
効	5	亠六方交交効効	ちから	8	コウ	き・く		効き目。効き目がある。	効果。効用。	この薬は良く効く。効率のよい仕事ぶりである。		2490
妻	5	一ㄱㄱ亖亖妻妻妻	おんなへん	8	サイ	つま		妻。つれあいの女。▼夫	妻子。妻女。	妻子を連れて転勤する。		2642
枝	5	一十才木杧杧枝	きへん	8	★シ	えだ		①枝。②もとから分かれたもの。	①枝葉。②枝道。	①枝葉末節にこだわる。②話が枝道に入る。		2762
舎	5	人ケ伞炏枀舎舎	ひとやね	8	シャ	—		①家。宿。建て物。②自分の。自分のことを謙遜していう言葉。	①校舎。宿舎。②舎弟。舎兄。	①駅舎を改築した。②舎弟がお世話になりました。		2843
述	5	一十才木朮朮述述	しんにょう	8	ジュツ	の・べる		述べる。話す。聞き表す。	記述。述懐。	感想を述べる。記述式の試験をする。		2950
招	5	一扌扌扣扣招招招	てへん	8	ショウ	まね・く	まね・き	招く。呼ぶ。招き。	招待。招集。	危険を招く。有名な選手を招請して、大会を盛り上げる。		3023
制	5	ノ ー ニ 午 朱 朱 制 制	りっとう	8	セイ	—		①定める。おきて。取り決め。②おさえる。③作る。	①制定。制度。②制圧。制御。③制作。	①時速五十キロメートルに速度を制限する。②機先を制する。③芸術作品を制作する。		3209
性	5	丶丶忄㤗忤性性	りっしんべん	8	セイ、◆ショウ	—		①生まれつき。たち。②男女の別。③物事のたち・傾向。	①性質。性格。②性別。男性。③急性。性能。	①性急に結論を出す。②異性を意識する。③若い人は大きな可能性を秘めている。		3213
毒	5	一十二生生生声毒毒	なかれ	8	ドク	—		毒。悪い影響を与えるもの。人の体や心などを傷つけるもの。	毒草。毒蛇。毒薬。毒舌。害毒。中毒。消毒。	毒性の強い農薬に注意する。毒舌をふるう。		3839

84

3 教育漢字

漢字	配当学年	筆順	部首	総画	音(常用漢字表)	訓(常用漢字表)	表外の音訓	意味	熟語	用例	備考(名は人名)	JISコード
版	5	ノ 厂 片 尸 斤 版 版	かたへん	8	ハン	―		①印刷のため、字や絵をほったもの。②印刷して本を作るの。③戸籍簿。	①版画。②出版。版権。③版図。	①活版で印刷する時代も終わりが近付いた。②版を重ねる。③版図を広げる。		4039
肥	5	ノ 月 月 月 刖 肥 肥	にくづき	8	ヒ	こ・える、こ・やす、こ・やし		①肥える。太る。②肥やし。	①肥大。肥満。②肥料。追肥。	①目が肥えている。②追肥を施す。		4078
非	5	ノ ｜ ｊ 丬 扌 非 非 非	あらず	8	ヒ	―		①よくない。正しくない。▼是。②そしかがめる。③(他の言葉の上について)「でない」…がない。	①非行。②非難。③非常。非凡。	①非行にはしる。②非難を浴びる。③非力ながらお手伝いします。		4083
武	5	一 二 十 千 正 武 武 武	とめへん	8	ブ、ム	―	(名)たけ、たけし	①勇ましい。強い。②いくさ。	①武勇。武士。②武道。	①武勇伝を語る。②武装を解除する。	(名)たけ、たけし	4180
紀	5	❬ ❭ ❮ 糸 糸 紀 紀 紀 紀	いとへん	9	キ	―	(名)とし、のり	①筋道を立てて書き記す。②筋道。決まり。③とし。年代。	①紀行。②風紀。③世紀。	①紀行文を書く。②風紀が乱れる。③世紀の大発見。	(名)とし、のり	2110
逆	5	｀ ｀ ｀ 屰 屰 屰 逆 逆 逆	しんにょう	9	ギャク	さか、さか・らう	さか・さ、さか・さま	①逆らう。そむく。②逆。逆さ。▼順。	①反逆。②逆手。逆行。	①相手の逆手に出る。②逆境に立つ。		2153
型	5	一 二 干 刃 刑 刑 型 型 型	つちへん	9	ケイ	かた		①型、物を作るとき、元になる型。②模範となる物。手本。③似ている物同士に共通した形。タイプ。	①型紙。典型。②原型。③類型。血液型。	①ケーキを型に入れて焼く。②型破りな考え方。③一回り型の小さなノートを買う。		2331
限	5	❩ ❩ ❩ ❩ 阝 阝 限 限 限	こざとへん	9	ゲン	かぎ・る	かぎ・り	限る。限り。区切る。境目。	限界。限定。	人間の欲望には限りがない、期限を設ける。		2434
故	5	一 十 十 十 古 古 故 故 故	のぶん	9	コ	◆ゆえ		①ふるい。昔。もと。②死ぬ。死んだ人。③できごと。④わざと。⑤故(ゆえ)。理由。	①故事。②故郷。③事故。④故意。⑤何故。	①故事来歴を調べる。②故人をしのぶ。③機械の故障を直す。④故意に皿を割った。⑤故あって会社をやめる。		2446
厚	5	一 厂 厂 戸 戸 戸 厚 厚 厚	がんだれ	9	◆コウ	あつ・い	あつ・み	①厚い。厚みがある。▼薄。②手厚い。大切にする。	①厚着。厚意。②厚顔。厚生。	①厚手の布を買う。②厚遇を受ける。	(名)あつ、あつし	2492
査	5	一 十 木 木 杏 査 査 査 査	きへん	9	サ	―		調べる。確かめる。考える。	検査。査察。	調査の結果を報告する。施設の安全性について査察を受ける。		2626
政	5	一 T 下 T 正 正 正 政 政	のぶん	9	セイ、(ショウ)	★まつりごと	★まつりごと	①政(まつりごと)。国を治めること。②ととのえ治めること、物事をととのえしまうこと。	①政治。政策。②財政。家政。	①政局が安定する。②財政を立て直す。	(名)まさ	3215

本編　常用漢字

漢字	配当学年	筆順	部首	総画	音（常用漢字表）	訓（常用漢字表）	表外の音訓	意味	熟語	用例	備考（名）は人名	JISコード
祖	5	｀ｦネネ初初初祖祖	しめすへん	9	ソ	—		①父の父。親の親。②同じ家系で祖父より前の人。とくに、初代の人。③物事を初めてした人。	①祖父。②祖先。③元祖。祖母。祖国。開祖。	①祖父は早起きである。②祖先をまつる。③中興の祖。		3336
則	5	１ｎ日日目貝貝則則	りっとう	9	ソク	—	(すなわち)	①きまり。手本。②則（すなわ）ち。上の言葉の意味を受けて下に続ける言葉。	①規則。法則。②則天去私。	①校則に従う。②則天去私は漱石が晩年に理想とした境地である。	(名) のり	3407
独	5	｀ｙ犭犭扪狆狆独独	けものへん	9	ドク	ひと・り		①猫り。相手がいない。②ドイツ（独逸）の略称。	①独占。独立。②独文。独語。	①親元から独立する。②独首相と会談した。		3840
保	5	ノイ伊伊伊仔仔保保	にんべん	9	ホ	たも・つ		①保つ。持ち続ける。②守る。世話をする。③うけあう。責任をもって引き受ける。	①保安。保存。②保育。保護。③保管。保証。	①首のつまった服は保温効果がある。②保身用のブザーを持つ。③保険をかける。	(名) やす	4261
迷	5	｀ｙｙ半米米米米迷迷	しんにょう	9	◆メイ	まよ・う	まよ・い	①迷う。道がわからない。②困る。困らせる。③迷わす。はっきり気付かない。	①迷路。②迷惑。③迷彩。迷子。	①事件は迷宮入りになる。②人に迷惑をかける。③迷彩を施す。		4434
益	5	｀ｙ＾半益益益益益	さら	10	エキ（ヤク）★	—		①ためになる。役立つ。②もうけ。▼損。	①益虫。②有益。収益。	①蜜蜂は人間にとって益虫である。②利益の一部を寄付する。		1755
桜	5	一十才ポポポ松桜桜桜	きへん	10	★オウ	さくら		桜。	桜花。桜桃。	桜花が満開である。桜前線が北上する。		2689
格	5	一十才ポポポ松格格格	きへん	10	カク（コウ）★	—		①きまり。手本。②地位。身分。③資格。④ある言葉の、文中における、ほかの言葉に対する関係。⑤手で打つ。打ち合う。⑥骨組。形。⑦木を縦横に組み合わせたもの。	①格式。②格言。③資格。④主格。⑤格闘。⑥骨格。格子。	①飛行機を格納庫に入れる。②時は金なりという格言がある。③格段の進歩。④難問題と格闘する。⑤髪の格好を整える。⑥入り口の格子戸から中をのぞく。⑦格子。	(名) いたる	1942
個	5	ノイ仃仃伵個個個個	にんべん	10	コ	—		①物を数える名詞に添える言葉。②ひとり。	①個数。一個。②個人。個性。	①三個で千円です。②個展を開く。		2436
耕	5	一二三耒耒耒耕耕耕	すきへん	10	コウ	たがや・す		①耕す。相手作業をする。②働いて生活する。	①耕作。耕地。②筆耕。舌耕。	①田畑を耕作する。②筆耕料を得る。		2544
航	5	｀ｙ月身身身肮肮航	ふねへん	10	コウ	—		乗り物で水の上や空を渡って行く。	航海。航行。航空。航路。	航空写真をとる。定期航路。		2550

86

3 教育漢字

漢字	配当学年	筆順	部首	総画	音(常用漢字表)	訓(常用漢字表)	表外の音訓	意味	熟語	用例	備考(名)は人名	JISコード
財	5	冂 目 貝 貝 財 財	かいへん	10	ザイ、(サイ) ◆	—		たから。価値あるもの。	財産。財宝。	財源を確保する。財布の口を締める。		2666
殺	5	㇒ ㇒ ナ 并 杀 彩 殺 殺	るまた	10	サツ、(サイ)★、(セツ)★	ころ・す		①殺す。②けす。なくす。③意味を強める言葉。④へらす。少なくする。	①殺傷。殺生。②殺風景。③殺到。④相殺。	①そんな殺生なことを言うな。②殺風景な部屋。③お客が殺到する。④去年の赤字は今年の儲けで相殺された。		2706
師	5	′ ′ ′ 白 竍 師 師 師 師	はばへん	10	シ	—		①先生。人を教え導く人。②ある仕事を専門にしている人。③軍隊。	①師事。師匠。②技師。医師。③師団。出師。	①師匠の教えを守る。②一級建築師の資格を取る。③師団は作戦の基本単位である。	(名)もろ	2753
修	5	′ ′ ′ 个 个 修 修 修 修 修	にんべん	10	シュウ、シュ◆	おさ・める、おさ・まる		①修める。学んで身につける。心や行いを正しくする。②ととのえる。つくろう。③飾る。④書物を作る。	①修学。修正。修飾。④監修。	①仏道修行をする。②議案を修正する。③杉詞・掛詞などの修辞をならう。④国史を編修する。	(名)おさむ	2904
素	5	一 十 土 圭 圭 圭 圭 素 素 素	いとへん	10	ソ、ス◆	—		①もとのまま。ありのまま。②簡単に。ざっと。③常常。普段の。④じ。⑤化学で、元素の名につける言葉。	①素材。素描。②素読。③素行。④要素。酸素。	①声楽家としての素質がある。②漢文の素読をする。③素行が悪い。④様々な要素が入り交じっている。⑤水素と酸素でできている。	(名)もと	3339
造	5	′ ヒ 牛 告 告 造 造 造	しんにょう	10	ゾウ	つく・る		①造る。物事をしとげる。②きわめる。行き着く。	①造作。②造詣。	①造作もなくやりとげる。②日本画に造詣が深い。		3404
能	5	ム 4 台 台 台 台 台 能 能 能	にくづき	10	ノウ	—		①できる。②物事をする力。③効き目。④日本古くから伝わる芸能の一つ。	①可能。能弁。②能力。③効能。放射能。④能楽。能面。	①司会者は能弁で、会の進行をとどこおらせなかった。②能力を発揮する。③能の効能があらわれる。④薪能を迎える。		3929
破	5	一 ナ 石 石 矿 矿 破 破 破 破	いしへん	10	ハ	やぶ・る、やぶ・れる		①破る。こわれる。われる。②敵を負かす。いくさに負ける。③だめになる。うまくいかなくなる。④し終える。なしとげる。⑤きまりからはずれる。度を越す。⑥それまでの状態をくずす。	①破壊。撃破。②破産。破滅。③破局。走破。④読破。⑤破格。⑥破顔一笑、破天荒。	①建物を破壊する。②敵の陣営を撃破する。③破局を迎える。④一か月に五十冊を読破した。⑤破格の値段で完成。⑥破天荒な事業をしとげる。	(名)よし	3943
粉	5	㇒ 二 才 未 米 粉 粉 粉 粉 粉	こめへん	10	フン	こな		①粉(こ)。粉(こな)。物が細かく砕けた物。②粉粉にする。③おしろい。④うわべを飾る。	①粉末。粉砕。②粉粉。③脂粉。④粉飾。	①身を粉にして働く。②花瓶が粉に割れる。③事実を粉飾して話す。④粉雪が舞う。		4220

本編　常用漢字

漢字	配当学年	筆順	部首	総画	音(常用漢字表)	訓(常用漢字表)	表外の音訓	意味	熟語	用例	備考(名は人名)	JISコード
脈	5	丿几月月圧肝肝肝脈脈	にくづき	10	ミャク	―		①血の通る管。②脈、血管の規則正しい動き。③すじになってつづいているもの。	①動脈。②脈動。③脈絡。	①静脈に注射を打つ。②脈がはやくなる。③脈絡のない文章。		4414
容	5	丶宀宀宀宓灾灾容容容	うかんむり	10	ヨウ	―		①物を入れる。②入れた中身。③笑う、有り様。④許す、受け入れる。⑤安らか、ゆとりがある。⑥たやすい。	①容器。②内容。③容姿。④容認。⑤従容。⑥容易。	①容量が少ない。②内容を確かめる。③容色が衰える。④寛容な態度を示す。⑤従容として話をすすめた。⑥容易に解決できる。		4538
留	5	丶丆印印印印留留留留	たへん	10	リュウ、(ル)	と・める、と・まる	(とど)まる	留まる、留める。その場に留まる、動かない。	①留学。②留任。	回答を保留する。家を留守にする。		4617
移	5	二千千禾禾科科移移移移	のぎへん	11	イ	うつ・る、うつ・す		移す。場所や位置がかわる。動かす。	移動。転移。	他の球団へ移籍する。		1660
液	5	丶氵汁汁沪浐液液液	さんずい	11	エキ	―		①汁。物の中から出る汁。②水のような状態の物。	①胃液。樹液。②液状。液体。	①かぶと虫は樹液に集まる。②地震では地面の液状化現象が起きる。		1753
眼	5	丨冂目目目目眼眼眼眼眼	めへん	11	ガン、(ゲン)	◆まなこ		①眼(まなこ)。目なこ。目玉。目のようについている穴。②見抜く。③大事なところ。要。	①眼球。眼前。眼銃眼。観察眼。②眼力。③眼目。主眼。	①がくれた観察眼を持つ。②すぐれた観察眼を持つ。③調査の眼目は、見聞をありのままに記録することである。		2067
基	5	一十廿廿丗丗其其其基基	つち	11	キ	◆もと、★もと・い	もとづく	①土台。寄り所。物事を支える物。②据え付けられた物を数える言葉。	①基礎。基本。②一基。	①採点の基準を設ける。②石灯籠一基を池の横に置く。		2080
寄	5	丶宀宀宀宀宋宋寄寄寄	うかんむり	11	キ	よ・る、よ・せる		①寄る。身を寄せる。②立ち寄る道。③物を預ける、任せる、贈る。④集まる、重なる。	①寄宿。寄生。②寄港。③寄贈。寄付。④寄席。	①寄宿舎に五百名の学生がいる。②横浜に寄港する。③寄付を集める。④寄席に通う。		2083
規	5	一二キ夫扫担規規規規規	みる	11	キ	―		①コンパス。円をかく道具。②きまり。	①規短。②規則。規定。	①半規を描く。②規格外商品を安く売る。	(名)ただし、のり	2112
救	5	一十才才才求求救救救救	のぶん	11	キュウ	すく・う		救う。助ける、たすけ。	救援。救済。救命。	おぼれかけた子どもを救う。貧しい人人を救う。難民を救援物資をおくる。救援物資をおくる。		2163

3　教育漢字

漢字	配当学年	筆順	部首	総画	音(常用漢字表)	訓(常用漢字表)	表外の音訓	意味	熟語	用例	備考(名)は人名	JISコード
許	5	言言言許許	ごんべん	11	キョ	ゆる・す		許す。認める。	許可。許容。	入学を許可する。この程度のミスは許容範囲のうちだ。		2186
経	5	幺糸糸紀経経	いとへん	11	ケイ、◆キョウ	へ・る		①縦のすじ。上下・南北の縦の線。▼緯。②経る。節目をたどる、通り過ぎる。③つね。いつも決まってやっていること。④中国の聖人の教えやしや仏の教えを説いた書物。⑤節道を立てておさめる。	①経度。②経過。③経費。④経典。⑤経営。	①日本は東経130度付近に位置する。②経歴を調べる。③経費を節減する。④読経の声がひびく。⑤工場を経営する。	(名)つね	2348
険	5	阝阝阝険険険険	こざとへん	11	ケン	けわ・しい		①険しい。山が高く急な様子。②あぶない。③とげとげしい。	①険阻。②冒険。③険相。	①箱根の山は天下の険。②危険な目にあう。③険悪な関係になる。		2417
現	5	一 т 王 玗 玥 珇 珇 現現	おうへん	11	ゲン	あらわ・れる、あらわ・す	(うつつ)	①現れる。隠れていたものが姿を現す。②今である、実際にある。	①出現。現象。②現実。現代。	①写真を現像する。②現状を把握する。		2429
混	5	氵沪沪沪湿混混	さんずい	11	コン	ま・じる、ま・ざる、ま・ぜる、こ・む		①混じる。混ぜる。混ぜ合わせる。②水がさかんに流れる様子。③入り乱れて区別のつかない様子。	①混入。混合。②混混。③混戦。混同。	①買い物客で混雑する。②水が混混とわいてくる。③政局は混迷を続けている。		2614
採	5	扌扌扩护抨採	てへん	11	サイ	と・る		①採る。手にとる、取り入れる。②選ぶ。選び取る。	①採光。採取。②採算。採用。採集、採録。	①採algae採れる。②指紋を採取する。		2646
授	5	扌扌扩护押押授授	てへん	11	ジュ	◆さず・ける、◆さず・かる		①(上の地位から)授ける。与える。②授ける。教える。	①授与。②授受。伝授。	①勲章を授ける。表彰状を授与する。②師が弟子に秘伝を授ける。授業を受ける。	(名)さずく	2888
術	5	彳 彳 什 什 休 体 術 術	ぎょうがまえ	11	ジュツ	—		①わざ。身につけた学問ややり方。②たくらみ。はかりごと。③じない。	①技術。術語。②術策。術中。③奇術。魔術。	①技術の革新が続く。②術策を使う。③魔術。		2949
常	5	冖 兴 兴 尚 尚 学 学 常 常	はばへん	11	ジョウ	つね、★とこ		①常。普段。②常のもの。普通。	①常時。常識。②常用。常道。	①常連の一人が病気で来ない。②常軌を逸する。		3079
情	5	忄 忄 忄 忄 忙 情 情 情	りっしんべん	11	ジョウ、(セイ)	なさ・け		①思いやり。情け。②物事に応じて動く心の作用。③有り様。様子。④趣。味わい。⑤男女の間のしたい合う気持ち。	①情理。②情熱。③情報。④情景。風情。⑤情事。情婦。	①人に同情する。②情緒が不安定である。③事情がよくわからない。④川面に桜の花びらが浮かび風情があった。⑤情事をあばく。		3080

89

本編　常用漢字

漢字	配当学年	筆順	部首	総画	音(常用漢字表)	訓(常用漢字表)	表外の音訓	意味	熟語	用例	備考(名)は人名	JISコード
責	5	一十キ主青青青青責責	かい〈へん〉	11	セキ	せ・める	せ・め	①責める。とがめる。②責め。しなければならないつとめ。	①自責。②責任。阿責。責務。	①自責の念に駆られる。②責任のある立場に立つ。		3253
接	5	一十才才才护护按按接接	て〈へん〉	11	セツ	★つ・ぐ		①まじわる。つなぐ。続く。②近づく。近答。③人と会う。もてなす。	①接続。接近。②接触。③接客。面接。	①骨を接ぐ。②外国の要人と接触をはかる。③接客態度が悪い。		3260
設	5	一言言言言訂設設	ごん〈べん〉	11	セツ	もう・ける		設備。備え付ける。つくる。こしらえる。たてる。	設備。建設。	設計図を書く。目標を設定して学習する。		3263
率	5	一十亡亥亥玄玄 率率率	げん	11	ソツ、リツ	ひき・いる		①率いる。みちびく。②軽はずみ。慌ただしい。③ありのまま。すなお。④にわかに。だしぬけに。⑤わりあい。	①引率。統率。②軽率。③率直。率然。④率然。⑤利率。真率。比率。	①率先して実行する。②彼の行動は軽率である。③率直に話し合えば理解し合える。④率然と現れる。⑤利率を計算する。		4608
断	5	、、半米米 迷 断断断	おの〈づくり〉	11	ダン	◆た・つ、ことわ・る	ことわ・り	①断つ。切り離す。絶える。②きっぱりと決める。③必ず。きっと。強い意志を示すよう。④断る。	①断水。断絶。②断定。判断。断固。③断念。無断。	①断続的に停電する。②そのとおりだと断言する。③断然それだと決めた。④友達の誘いを断る。		3539
張	5	「ララ引引尹 弘 張張張	ゆみ〈へん〉	11	チョウ	は・る		①張る。ぴんと張る。②広げる。大きくする。③実際よりも大きくする。大げさにする。④言い張る。⑤弓・幕・提灯を数える単位。	①張力。緊張。②拡張。伸張。③誇張。④主張。⑤一張り。二張り。	①ロープを張る。②根を張る。③彼の説明には誇張された部分が多くある。④互いが主張しあって、話がまとまらない。⑤弓三張りを準備した。		3605
停	5	、一个个信信信信停停停	にん〈べん〉	11	テイ	ー		①途中で停まる。とめる。とどまる。②途中でやめる。やめさせる。	①停車。停学。②停電。停戦。	①急停車する。停電に備えて蝋燭を用意する。②停戦協定を結ぶ。		3668
堂	5	、、、、、、、、 常堂堂	つち〈へん〉	11	ドウ	ー		①大きくて立派な建物。集会所や寺院や。②どうどうとして、りっぱなようす。③他人の母を敬っていう言葉。	①講堂。②堂堂。③母堂。	①公会堂で音楽会を開催する。②運動会で正正堂堂と戦う。③ご母堂は元気でいらっしゃいますか。		3818
得	5	彳彳彳 犭 犭 犭 得得得得	ぎょう〈にんべん〉	11	トク	え・る、う・る◆		①得る。手に入れる。②知る。わかる。理解する。③得(とく)。もうけ。	①得点。②得心。③得策。	①得手勝手な振る舞いをする。②説明を聞いて得心がいった。③謝る方が得策だ。		3832

3 教育漢字

漢字	配当学年	筆順	部首	総画	音(常用漢字表)	訓(常用漢字表)	表外の音訓	意味	熟語	用例	備考(名は人名)	JISコード
貧	5	八分分谷谷谷貧貧貧貧	かいへん	11	◆ヒン、ビン	まず・しい		①貧しい。②少ない、乏しい、足りない。	①貧乏。②貧血。貧弱。	①貧富の差が激しい。②心の貧しい人。		4147
婦	5	く女女女妒妒妒婦婦婦	おんなへん	11	フ	―		①女、女子。②嫁。妻、結婚した女の人。	①婦人。婦女。②夫婦。一夫一婦。	①婦人服売り場は混雑していた。②夫婦仲がよい。		4156
務	5	マア予矛矛矜務務務務	ちから	11	ム	つと・める、つと・まる		①務め。仕事。役目。②はげむ。力をつくす。	①職務。②執務。	①親としての務めを果たす。②今、自宅で執務中です。	(名)つとむ	4419
略	5	ロロ田田田町畋略略略略	たへん	11	リャク	―		①はぶく。取り除く。②あらまし、だいたい、おおまかな。③はかりごと。考えをめぐらす。④おりかす。奪い取る。	①省略。略字。②略図。大略。③計略。策略。④侵略。略奪。	①前文は略して、本題に入る。②著者の略歴を紹介する。③謀略をめぐらす。④略奪を繰り返す。		4612
営	5	ツツツ兴兴兴労学営営営	つかんむり	12	エイ	いとな・む		①すまい。とくに、軍隊が泊まる所。②建物をつくる。③営み、営む。	①兵営。②営造。営籍。③営林。経営。	①山陰に露営した。②神社の社殿を営造した。③営業として家業にはげむ。		1736
過	5	口口口丹丹丹禍禍過過過過	しんにょう	12	カ	す・ぎる、す・ごす、★あやま・つ、★あやま・ち		①通り過ぎる。②時間がたつ。過ぎまる。時間を費やす。③度を過ぎる。程度をこえる。④過つ。過ち、間違い。	①通過。過去。過程。②過日。過大。過密。③過大。過労。過誤。④過失。過誤。	①実権の過程を記録する。②お正月を田舎で過ごす。③母が過労で寝込む。④同じ過ちを繰り返さないようにしよう。		1865
喜	5	一十土吉吉吉吉直直喜喜喜	くちへん	12	キ	よろこ・ぶ		①喜ぶ。喜び。楽しく思う。	喜色。歓喜。随喜。	子どもの無事を喜ぶ。喜怒哀楽をすぐに顔に出す。	(名)よし	2078
検	5	一十才木木松检检检検検検	きへん	12	ケン	―		①調べる。②とりしまる。	①検診。検査。②検討。検束。	①集団検診。②スパイ容疑で検束された。		2401
減	5	氵氵沪沪派派减减减减	さんずい	12	ゲン	へ・る、へ・らす		①減る、減らす。すくなくす。▼増。②ひく、引き算。▼加。	①減産。減少。②加減。減法。	①試合の前に減量する。②加減乗除の計算をする。		2426
証	5	言言言言言訂証証	ごんべん	12	ショウ	―	(あかし)	本当であることをはっきりさせること、また、そのしるし、証(あかし)。	証拠。免許証。	証明写真をうつす。論より証拠。		3058

本編　常用漢字

漢字	配当学年	筆順	部首	総画	音(常用漢字表)	訓(常用漢字表)	表外の音訓	意味	熟語	用例	備考(名)は人名	JISコード
象	5	ｲﾉｱｱｱ多多多争象象象	いのこへん	12	ショウ、ゾウ	―		①かたどる。形を似せる。②かたち。姿。ようす。③しるし。あらわれたしるし。あらわれ。④ぞう。動物の名。	①象形。②万象。③象徴。現象。④象牙。インド象。	①漢字にも一部象形文字がある。②森羅万象。③五輪のマークはオリンピックの象徴だ。④現在では象牙の取引は禁止されている。		3061
税	5	ｰｰﾆﾌｷｷｷ'科科科税	のぎへん	12	ゼイ	―		みつぎ。年貢。国や地方自治体が国民から取り立てるお金。	税金。納税。	税制改革。不況で税収が減った。		3239
絶	5	ｸｸ纟纟纟糸糸糸終終絶絶	いとへん	12	ゼツ	た・える、た・やす、た・つ		①絶ち切る。途中でやめる。②絶える。尽きる。なくなる。③遠く隔たる。④すぐれる。比べるものがない。⑤はなはだ。非常に。	①絶交。断絶。②絶望。絶筆。③絶海。④絶世。⑤絶好。絶対。	①涙にむせんで絶句する。②この鳥は絶滅しかけている。③絶海の孤島。④彼女は絶世の美人である。⑤人気絶頂にある。		3268
測	5	｀ｼｼ沪沪沪河測測測	さんずい	12	ソク	はか・る		①長さ・広さ・高さ・深さなどを測る。おし測る。②思いめぐらす。	①測量。実測。②推測。予測。	①水深を測る。②相手の胸中を測る。		3412
属	5	ｯﾚﾝ尸尸屈屈属属属属	しかばね	12	ゾク	―		①つき従う。つく。②身内。仲間。△族。	①付属。属性。②尊属。金属。	①サッカー一部に所属する。②金属バット。		3416
貸	5	ｲｲ代代伐伐貸貸貸貸	かいへん	12	◆タイ	か・す	か・し	貸す。貸し与える。貸し。	貸与。貸家。	力を貸す。作業服は会社で貸与する。		3463
貯	5	｜ﾛﾛﾛ貝貝貝貯貯貯	かいへん	12	チョ	―	(チョウ)	たくわえる。集めておく。ためておく。	貯金。貯蔵。貯蓄。	老後のために貯蓄する。		3589
提	5	ｰｵｷｷ押押押押提提提	てへん	12	テイ	◆さ・げる		①提げる。手に持つ。手に携える。引き連れる。②さしだす。かかげる。	①提携。提灯。②提出。提供。	①提灯。提出。②問題を提起する。		3683
程	5	ｰｰﾆﾌｷｷｷ'程程程程	のぎへん	12	テイ	◆ほど		①度合い。②みちのり。距離。時間の長さ。のり。③きまり。	①程度。②道程。③規程。	①実力の程を試す。②程なく彼はやってきた。③職務規程。		3688
統	5	ｸｸ纟纟纟糸糸糸糸統統統	いとへん	12	トウ	★す・べる		①一つにまとめる。②続きのつながり。血筋。	①統一。統計。②正統。伝統。	①部下を統べる。②伝統を受け継ぐ。		3793

3 教育漢字

漢字	配当学年	部首	筆順	総画	音(常用漢字表)	訓(常用漢字表)	表外の音訓	意　味	熟　語	用　例	備考(名)は人名	JISコード
費	5	かいへん	一・ニ・弓・弗・曹・曹・費・費・費	12	ヒ	◆つい・やす、◆つい・える		①費やす。お金やものをつかう。いい減らす。②物事をするのにつかうお金。	①消費。②費用。	①完成まで五年を費やす。②旅行の費用は六万円だ。		4081
備	5	にんべん	ノ・イ・仁・代・伊・併・併・佛・備・備・備・備	12	ビ	そな・える、そな・わる		①備える。用意する。②備わる。揃っている。	①備蓄。②設備。	①石油を備蓄する。②図書室に新しい本が備わる。		4087
評	5	ごんべん	、・一・ー・言・言・計・評・評	12	ヒョウ	—		ものごとの良し悪しや値打ちを決めること。	批評。評価。	今評判の映画を見に行く。		4130
復	5	ぎょうにんべん	ノ・イ・彳・彳・彳・得・復・復・復・復・復	12	フク	—		①もと来た道を帰る。もとに戻る。引き返す。②もう一度する。繰り返す。③仕返しをする。④告げる。答える。	①復元。復古。②復習。反復。③復讐。④復命。回復。	①王政復古。②反復横跳び。③報復手段。④復命書を提出する。		4192
報	5	つちへん	一・十・土・去・幸・幸・幸・幸'・報・報・報・報	12	ホウ	むく・いる	むく・い	①報い、報いる。お返しをする。②知らせる。告げる。	①報恩。報復。②報告。情報。	①いたずらして報いで大けがをした。②会議の様子を報告する。		4283
貿	5	かいへん	、・ク・ケ・ガ・切・貿・貿・貿・貿・貿	12	ボウ	—		物と物とをとりかえる。互いに売り買いをする。	貿易。	貿易港。貿易を盛んにする。		4339
解	5	つのへん	、・ク・ケ・角・角・角・角・角'・解・解・解・解・解	13	カイ、★ゲ	と・く、と・かす、と・ける		①解く。ばらばらにする。分かれる。②わかる。説明する。わかるようにする。③しばられていたものをほどく。取り除く。許す。	①解体。分解。②解説。理解。③解放。解熱。	①現地で解散する。②問題が解ける。③難問を解決する。		1882
幹	5	かん	一・十・土・吉・吉・音・幹・幹・幹・幹・幹・幹	13	カン	みき		①幹。木の根もとから上のびた太い部分。②物事の中心となる部分。③腕前。働き。	①根幹。②幹線。③才幹。	①木の幹がまっすぐにのびる。②幹線道路。③彼は才幹に富んでいる。		2020
義	5	ひつじ	、・ソ・ハ・羊・羊・美・美・姜・義・義・義・義・義	13	ギ	—		①人が行わなければならない正しい道。また、そのために行動すること。②わけ。いみ。③血のつながりのない身内の者。④かわりになるもの。	①正義。②意義。③義母。④義眼。	①義務教育を受ける。②字義を調べる。③義理の姉。④義足をつける。	(名)ただし、よし	2133

93

本編　　常用漢字

漢字	配当学年	筆順	部首	総画	音(常用漢字表)	訓(常用漢字表)	表外の音訓	意味	熟語	用例	備考(名)は人名	JISコード
禁	5	一十十木木木林林埜埜梺禁禁	しめす	13	キン	—		①とめる。してはいけないと、さし止める。おさえて。②天皇の御殿。③閉じ込める。牢屋。	①禁止。②禁中。③監禁。	①立ち入り禁止。②禁中並公家諸法度。③監禁を解く。		2256
鉱	5	ノ人ム全余金金金釒釒釒鉱鉱	かねへん	13	コウ	—		あらがね。山から掘り出したままの金属を含む物。	鉱脈。炭鉱。	鉱脈を掘り当てる。		2559
罪	5	一ロロ罒罒严罗罪罪罪罪	あみがしら	13	ザイ	つみ		罪。とが。法律や道徳にそむく行い。	罪状を認める。罪悪に責められる。罪人。犯罪。	罪状を認める。罪悪に責められる。		2665
資	5	冫冫冫冫次次次咨咨資資資	かい〜ん	13	シ	—		①もと。もとで。②もとになるもの。原料。③生まれつき。④資本家の略。	①資本金。②資源。③資質。④労資。	①資本師の資格を取る。②美容師の資格を取る。③優れた資質にめぐまれる。④労資の対立が生じる。	(名)すけ	2781
飼	5	ノ人今今今今食食食飼飼飼	しょく〜ん	13	シ	か・う		飼う。動物に餌を与えて育てる。	飼育。飼料。	うさぎを飼育する。		2784
準	5	冫冫冫冫汁汁泮泮洴淮進準	さんずい	13	ジュン	—		①みずばかり。水平をはかる器の一。手本。のり。②のり。手本。きそく。③目当てとする。よりどころとする。④なぞらえる。つぐ。その次に位置する。⑤そなえる。用意する。	①水準器。②準則。③準拠。④準決勝。⑤準備。	①水準器ではかる。②準則により法人を設立する。③教科書に準拠する。④正式の会員に準じた扱いをする。⑤準備運動をする。		2964
勢	5	一十土丰去去幸幸軌軌勢勢	ちから	13	セイ	いきお・い		①いきおい。力。②ようす。なりゆき。③人の集まり。多くの人。	①勢力。②形勢。情勢。③軍勢。多勢。	①水が勢いよく流れる。②形勢は次第に不利になった。③多勢に無勢。		3210
損	5	一扌扌扩扩押押捐捐捐損損	てへん	13	ソン	そこ・なう、そこ・ねる		①へる。へらす。②損なう。こわす。こわれる。傷つける。③うしなう。損をする。▼得。	①損耗。減損。②破損。損害。③損失。損益。	①売り上げが減損する。②車を損傷する。③骨折り損のくたびれもうけ。		3427
墓	5	一十サ艹艹苩苩草墓墓墓墓	つち〜ん	13	ボ	はか		墓。死者を葬るところ。また、そこに建てるしるし。	墓前。墓地。	先祖の墓に参る。墓標を建てる。		4272
豊	5	一口曲曲曲兽豊豊豊豊	まめ	13	ホウ	ゆた・か		①豊か。たくさん。②穀物などがよく実ること。	①豊富。豊作。②豊漁。豊年。	①才能豊かな人。②豊かに実った稲。	(名)とよ	4313

3 教育漢字

漢字	配当学年	部首	筆順	総画	音(常用漢字表)	訓(常用漢字表)	表外の音訓	意味	熟語	用例	備考(名)は人名	JISコード
夢	5	ゆうべ	一十十十十芒芹苔苔芦夢夢夢	13	ム	ゆめ		①夢、夢を見る。②実際にないもの。はかないもの。③我を忘れること。	①夢路。②夢見。夢想。③夢中。	①夢路をたどる。②トロイメライは夢想曲である。③無我夢中で取り組んだ。		4420
演	5	さんずい	丶冫冫冫冫沪沪沪沪浐浐演演演	14	エン	—		①のばし広める。②芝居などの芸を行う。③実地に稽古する。	①演繹。②演説。演劇。演出。③演習。	①演繹法で証明する。②街頭で選挙演説があった。③小学校で演芸大会が開かれた。④運動会の予行演習をする。		1773
慣	5	りっしんべん	丶丶忄忄忙忙惜惜惜惜惜慣慣	14	カン	な・れる、な・らす		①慣れる、繰り返して、親しみ慣れる。②ならわし。しきたり。③そのままの状態をつづける。	①慣用。②慣例。慣習。③慣性。	①新しい仕事に慣れる。②慣例に従い、行事をとりおこなった。③ニュートンが確立した慣性の法則。		2023
境	5	つちへん	一十土土产产护护培培培培境境	14	キョウ、(ケイ)	さかい		①境。土地の区切り目。②区切られた所。場所。③ありさま。まわりの様子。置かれた立場。	①国境。②異境。辺境。③境地。心境。	①境を境にして隣り合う。②彼は異境で死を迎えた。③悟りの境地に達する。		2213
構	5	きへん	一十才木术朾朾朾柑柑栫栫構構	14	コウ	かま・える、かま・う		①構え。家などのつくり。②家などをたてる。考えなどを組み立てる。仕組み。③ものの作り方。仕組み。④かまう。世話をやく。気にかける。	①構内。②構築。構造。③構想。構図。	①立派な構えの家。②構想をねる。③分解して機械の構造を調べる。④子守大を構う。		2529
際	5	こざとへん	丶丶阝阝阝阝阝阝阝阝際際際際	14	サイ	★きわ		①際。はて。限り。②時、おり。③出あう。出会う。④交わる。つきあう。	①際限。②実際。③際会。④交際。	①際限のない欲望。②実際には立ち寄りくだらい。③不況の際会する。④彼女に交際を申し込んだ。		2661
雑	5	ふるとり	ノ九杂杂杂杂杂杂杂杂杂雑雑雑	14	ザツ、ゾウ	—		①まじる、さまざまなものが入りまじる。②いろいろ。さまざま。③主なものでない、大切でない。いろいろ、こまごま。④あらい、ぞんざい、悪い。	①雑居。②雑多。雑踏。③雑用。④粗雑。	①正月に雑煮を食べる。②部屋の中が雑然としている。③雑談をかわす。④悪口雑言を言う。		2708
酸	5	ひよみのとり	一一一一一一一两两西西酉酉酸酸	14	サン	★す・い		①酸(す)。酸(す)っぱい。②つらい。いたましい。③水にとけて、水素イオンを生じる物質。④酸素の略。	①酸味。②酸鼻。③酸性。塩酸。④酸久。	①酸味の強い果物。②辛酸をなめる。③酸性雨の被害。④さびは鉄の酸化したものだ。		2732
精	5	こめへん	丶丶丬米米米米米料精精精精精	14	セイ、(ショウ)	—		①米をついて白くする。②丁寧に手を加える、詳しく。③混じりけのない物、優れた物。④こころ。元気。⑤不思議な力を持つ物。	①精白。②精密。③精肉。④精神。⑤妖精。	①玄米を精白する。②精巧な模型。③精彩を放つ。④精を出す。⑤森の精。		3226

本編　常用漢字

漢字	配当学年	筆順	部首	総画	音(常用漢字表)	訓(常用漢字表)	表外の音訓	意味	熟語	用例	備考(名)は人名	JISコード
製	5	ノ　二　キ　キ　制　制　制　製　製　製	ころも	14	セイ	―		①こしらえる。品物をつくる。②つくったもの。	①製作。製造。②自家製。製品。	①家具を製作する。②工場製品を輸出する。		3229
総	5	ノ　幺　糸　糸　糸　糸　糸　糸　糸　糸　総　総　総	いとへん	14	ソウ	―		①締める、まとめて一つにする。②全体をまとめ、取り締まる。③全部、全ての。	①総合。総論。②総裁。総監。総務。③総意。総力。	①米や麦を総称して穀物という。②警視総監になる。③今年の新入生は総体的に背が高い。		3377
像	5	／　イ　イ　イ　伊　伊　伊　伊　俜　像　像　像　像	にんべん	14	ゾウ	―		①すがた、かたち、にすがたる。②かたどる。似せてつくる。	①映像。想像。②像法。像形。	①レンズが像を結ぶ。②像法の時、真の修行がなされない。		3392
増	5	ー　十　土　扩　扩　护　护　押　押　増　増　増　増	つちへん	14	ゾウ	ま・す、ふ・える、ふ・やす		①増す。多くなる。数や量が増える。加える。▼減。②おごり高ぶる。つけあがる。	①増加。増大。②増長。	①体力が増進する。②ほめられるとすぐ増長するのはよくない。		3393
態	5	一　十　ナ　育　育　育　育　育　能　能　能　態　態　態	こころ	14	タイ	―		ようす。ありさま。	態度。状態。	歓迎の態勢を整える。彼は授業中の態度が不良。		3454
適	5	一　十　十　十　十　商　商　商　商　商　適　適　適	しんにょう	14	テキ	―	(かな・う)	①当てはまる。ぴったりとあう。ちょうどよい。②気持ちがよい。気に入る。	①適応。適切。適度。②快適。自適。	①適度な運動は健康によい。②快適な生活を送る。		3712
銅	5	ノ　人　会　金　金　釘　釘　釗　銅　銅　銅	かねへん	14	ドウ	―	(あかがね)	銅(あかがね)。銅、赤い金属。	銅鏡。精銅。	西郷隆盛の銅像。		3828
複	5	ラ　ネ　ネ　ネ　ネ　ネ　ネ　ネ　神　複　複　複　複	ころもへん	14	フク	―		①かさなる。二つ以上からできている。②もう一度する。再びする。	①複雑。複数。②複写。複製。	①複数の犯人のしわざだ。②複写機。		4203
綿	5	ノ　幺　糸　糸　糸　糸　糸　約　綿　綿　綿　綿　綿	いとへん	14	メン	わた		①綿。②木綿。③長く続く。④細かい、詳しい。	①綿花。綿毛。②綿糸。綿織物。③連綿。④綿密。	①ふとんに綿を入れる。②綿糸で織った布。③綿綿と訴える。④綿密に調べる。		4442
領	5	／　ヘ　今　今　令　令　卯　領　領　領　領　領　領	おおがい	14	リョウ	―		①自分の物にする。おさめる。とりしまる。②受け取る。③大事な点、おおもと。	①領土。領収。②受領。要領。③首領。本領。	①領空侵犯。②領収証。③要領がいい。		4646
歴	5	一　厂　厂　厂　厏　厤　厤　麻　麻　歴　歴　歴　歴	とめへん	14	レキ	―		①すぎる、すごす。経過する。②順をおう。つぎつぎに。③はっきりしている。	①歴史。歴訪。学歴。②歴任。③歴然。	①歴史年表をつくる。歴代の総理大臣。②大臣を歴任する。各国を歴訪する。③歴然たる証拠。		4682

3 教育漢字

漢字	配当学年	筆順	部首	総画	音（常用漢字表）	訓（常用漢字表）	表外の音訓	意味	熟語	用例	備考（名）は人名	JISコード
確	5	一ア石石矿矿矿碎碎碎碎確確確	いしへん	15	カク	たし・か、たし・かめる	たし・か(す)	①確か。まちがいない。②しっかりして動かない。	①確認。②正確。③確定。④確立。	①待ち合わせの時間を確かめる。②確固とした考えを持つ。		1946
潔	5	一氵氵汁汁汁洁洁洁洁潔潔潔	さんずい	15	ケツ	★いさぎよい		①潔い。きよい。汚れがない。人の気持ちをやすることに欲がすっきりしている。	①清潔。②簡潔。③潔白。	①自分が悪かったと潔く認めなさい。②簡潔な文章を書く。	(名)きよ、きよし	2373
賛	5	ニ夫夫夫夫奔奔替替替賛賛賛	かいへん	15	サン	—		①同意から助ける。同じ考えだと言って力をそえる。②ほめる。ほめたたえる。③絵に書を添える言葉。	①賛否。②賛成。賛美。称賛。③賛辞。③画賛。自画自賛。協賛。	①賛否両論が入り乱れる。②賛辞を送る。③画に賛を添える。		2731
質	5	′′″″″″″″″″″″″″″″	かいへん	15	シツ、シチ、(チ)	—	(ただ・す)	①もと。ものが成り立つおもちだちすじ。②人となり。生まれつき。③飾り気がない。④問(ただ)す。問いたずねる。⑤借金の時あずける品物。	①品質。②性質。素質。③質実。④質疑。質問。⑤質屋。	①量より質。②天成の質。③質実剛健。④質疑応答の時間を設ける。⑤指輪を質に入れる。		2833
賞	5	″″″″″″″″″賞賞賞	かいへん	15	ショウ	—		①ほめる。ほめたたえる。②手柄に対して与えられる物。褒美。褒美の品。③めでたものをよろこび、あじわう。	①賞賛。②賞与。③賞味。鑑賞。	①賞賛を浴びる。②賞品をいただく。③花を賞する。		3062
導	5	″″首首道道導導	すん	15	ドウ	みちび・く		①導く。先に立って案内する。教える。②電気や熱を伝わる。	①先導。導入。②導体。導火線。	①生徒を導く。新しい技術を導入する。②半導体の研究をする。		3819
編	5	″″紀紀紹絹絹編編編編	いとへん	15	ヘン	あ・む		①編む。とじる。②順序をつける。組み立てる。③文章を集めて書物などをつくる。④文章や詩を数える名詞葉。	①編み物。②編成。編入。③編者。編集。④一編。	①セーターを編む。②野球チームを編成する。③詩を編む。④一編の詩が人びとに感動を与えた。		4252
暴	5	″″″早早昂果果果暴暴	ひへん	15	ボウ、(バク)	★あばく、あば・れる		①あらい。あらあらしい。乱暴な。②はげしい。ひどい。③程度をこす。むやみに。④急に。たちまち。突然。⑤あばく。すっぱ抜く。	①暴行。②暴風。③暴飲。暴食。④暴落。暴発。⑤暴露。	①暴力をふるう。②暴風雨。③暴飲暴食。④株の暴落。⑤不正を暴く。		4329
衛	5	″彳彳伫伫俤俤佈偉偉衛衛	ぎょうがまえ	16	エイ	—		①まもる。防ぐ。まもり。②回る。	①衛生。②防衛。	①衛生的な薬品管理。②人工衛星。	(名)え、まもる	1750

本編　常用漢字

漢字	配当学年	筆順	部首	総画	音(常用漢字表)	訓(常用漢字表)	表外の音訓	意味	熟語	用例	備考(名)は人名	JISコード
興	5	丨 ｢ ｢ ｢ 目 틔 甽 闸 閧 興 興	うす	16	コウ、キョウ	★おこ・る、★おこ・す		①おこる。おきる。興す。②さかんになる。さかんにする。③奮い立つ。④おもしろみ、またはおもしろさを感じる。	①興行。興亡。②興国。興隆。③興奮。④興味。	①新しい産業が興る。②学芸が興隆する。③興奮して眠れない。④テレビゲームに興じる。	(名)おき	2229
築	5	／ ⺮ ⺮ ⺮ ⺮ 筑 筑 筑 築 築	たけかんむり	16	チク	きず・く		築く。建物や庭や港などをきずきあげる。	建築。築造。築山。	ダムを築造する。理論を構築する。		3559
燃	5	⺍ ナ 炉 炉 炒 炒 炒 烊 燃 燃 燃	ひへん(火)	16	ネン	も・える、も・やす、も・す		燃える。燃やす。	燃料。燃焼。	希望に燃える。彼の死の原因は、石油ストーブの不完全燃焼によるガス中毒である。		3919
輸	5	一 ㅌ 亘 車 車 軒 軟 軡 輸 輸 輸	くるまへん	16	ユ	—		送る。運ぶ。	輸血。運輸。	海上輸送。		4502
講	5	ㆍ 言 ⾔ 計 計 計 誌 誌 誌 講 講 講	ごんべん	17	コウ	—		①はかる。方法を考える。かなおりする。②わかるように話をする。③習う。けいこする。	①講和。②講義。講演。講話。③講習。	①手段を講じる。②日本文学について講じる。③夏期講習。		2554
謝	5	ㆍ 言 言 訂 討 討 誹 諮 謝 謝 謝	ごんべん	17	シャ	◆あやま・る		①ありがとうと、お礼を言う。お礼。②謝る。わびる。わび。③ことわる。	①謝礼。感謝。②謝罪。③謝絶。	①親切を心から謝する。②僕が面会謝絶。		2853
績	5	ㆍ 糹 糸 糸 糸 結 結 結 績 績	いとへん	17	セキ	—		①つむぐ。綿や繭から糸をくる。②てがら。仕事。	①紡績。②成績。実績。	①紡績機械。②成績が上がる。		3251
額	5	⺍ 安 客 客 客 額 額 額	おおがい	18	ガク	ひたい		①額(ひたい)。顔の眉の上。②お金や品物の数量。③額(がく)。絵などがかけるもの。	①額際。額面。額縁。②金額。	①額にしわをよせる。②うわさは額面通りには受け取れない。③絵を額に入れて壁にかける。		1959
織	5	ㆍ 糹 糸 糸 糸 紳 綳 綳 綳 織 織 織	いとへん	18	★ショク、シキ	お・る		①はたを織る。布を織る。②織った布。③組み立てる。	①織機。織女。②織物。③組織。	①金糸を織り込む。②絹織物。③神経組織。		3105
職	5	一 T T 耳 耳 臣 暗 暗 暗 職 職 職	みみへん	18	ショク	—		①つとめ。仕事。役目。②身につけたわざ。手仕事。	①職務。官職。②職人。	①職責を果たす。②手に職をつける。		3106

98

3 教育漢字

漢字	配当学年	筆順	部首	総画	音(常用漢字表)	訓(常用漢字表)	表外の音訓	意味	熟語	用例	備考(名)は人名	JISコード
識	5	言言言言訶訶識識識	ごんべん	19	シキ	―		①しる。見分ける。②考え。物事に対する意見。③知り合い。④しるす。しるし。目印。	①識別。②常識。③面識、旧識。④標識。	①識別するのが難しい。②識見ゆたかな人。③面識がある。④道路標識。		2817
護	5	言言言言許許許護護護	ごんべん	20	ゴ	―		まもる。たすける。かばう。まもり。	護衛。保護。	犯人を護送する。病人を看護する。	(名)まもる、もり	2478
干	6	一二干	かん	3	カン	ほ・す ◆ひ・る		①おかす。かかわる。②矢をふせぐもの。たて。③干す。乾かす。乾く。④潮が引く。⑤てすり。⑥いくらか、すこし。⑦十干、むかし、もとになる順番などを表すときに使った十の言葉。十二支と組み合わせで、暦の年月日を表す。	①干渉。②干戈。③干害、干物。④干潮。⑤欄干。⑥若干。⑦十干、十干十二支。	①内政干渉。②干戈をまじえる。③洗濯物を干す。④干潮の砂浜であさりをとる。⑤橋の欄干に飾りをつける。⑥指定席に若干余裕がある。⑦十干十二支。		2019
己	6	ラコ己	おのれ	3	コ、キ ◆	おのれ		①おのれ(おのれ)。自分。②つちのと。十千の六番目。	①自己、利己。②己申。	①自己紹介をする。②碑文に己申と書かれている。		2442
寸	6	一二寸	すん	3	スン	―		①長さの単位。一尺の十分の一。一寸は約三．〇三センチメートル。②長さ。③少し。わずか。	①三寸。②寸法。③寸志。	①寸足らずのロープで役に立たない。②寸法。③ゴール寸前でぬかれる。		3203
亡	6	′ 一亡	なべぶた	3	ボウ、(モウ) ★	★な・い		①亡くなる。滅びる。②亡びる、死ぬ。③逃げる。	①亡国。②亡者。③亡命。	①亡国の民。②彼は金の亡者だ。③国外へ亡命する。		4320
尺	6	⁓コア尺	しかばね	4	シャク	―		①長さの単位。一寸の十倍。一尺は約三〇．三センチメートル。②ものさし。③みじかい。しばる。	①尺八。②鯨尺。③尺寸、尺度。	①六尺の大男。②巻き尺ではかる。③尺寸の兵。		2860
収	6	丨丩収	また	4	シュウ	おさ・める、おさ・まる		①収める、入れる。取り入れる。②お金が入る。③乱れた物を整えまとめる。④ちぢむ。しぼむ。	①収穫。収納。②収支、収入、年収。③収拾。④収縮。	①切手の収集が彼の趣味だ。②収支報告を出す。③混乱が収まる。④筋肉が収縮する。	(名)おさむ	2893
仁	6	′ イイ仁	にんべん	4	ジン、(ニ) ◆	―		①思いやりの心、情け深いこと。②ひと。	①仁愛、仁政。②御仁。	①仁義をきる。②物わかりのいい御仁だ。	(名)ひとし	3146

本編　常用漢字

漢字	配当学年	筆順	部首	総画	音(常用漢字表)	訓(常用漢字表)	表外の音訓	意味	熟語	用例	備考(名)は人名	JISコード
片	6	ノ厂广片	かたへん	4	◆ヘン	かた		①片。片方。▼両。②きれ。きれはし。③わずか。④平たくてうすいものを数える言葉。	①片腕。②紙片。③片時。④一片。	①方や横綱、方や大関。②木片に火をともす。③あなたのことは片時も忘れない。④一片の花びらが風に舞った。		4250
穴	6	゛宀穴	あなかんむり	5	◆ケツ	あな		穴。はら穴。穴ぐら。くぼみ。	洞穴。穴場。	穴に落ちる。		2374
冊	6	丨冂冂冊冊	どうがまえ	5	サツ ★サク	―		①書きつけ。本。手紙。②書物を数える言葉。	①冊子。短冊。②五冊。	①短冊に願い事を書く。②三冊まで借りることが出来る。		2693
処	6	ノク処処処	つくえ	5	ショ	―		①行かないでそこにいる。住んでいる。②ところ。場所。③きまりをする。事情に応じてうまくさばく。	①処女。②出処。居処。③処理。処置。	①処世術にたけている。②居処を定める。③集計はコンピュータで処理する。		2972
庁	6	广庁	まだれ	5	チョウ	―		役所。	県庁。庁舎。	名古屋市は愛知県の県庁所在都市である。		3603
幼	6	幺幼幼	いとがしら	5	ヨウ	おさな・い		①幼い。年がいかない。②幼子(おさなご)。子ども。③考え方などが幼く、大人らしくない。	①幼少。幼児。幼年。②幼心。幼友達。③幼稚。	①幼年時代。②幼い頃の思い出にふける。③考えが幼い。		4536
宇	6	宀宇	うかんむり	6	ウ	―		①屋根。建物。②大きな空の下。天地四方。③心の大きさ。	①殿宇。堂宇。②宇宙。③気宇。	①木立の向うに殿宇があらわれた。②宇宙空間を移動する。③彼は壮大な気宇の持ち主だ。		1707
灰	6	一厂灰灰	ひへん(火)	6	◆カイ	はい		①灰。もえがら。②活気のなくなったもの。	①火山灰。石灰。灰皿。灰燼(かいじん)。②死灰。	①火山灰。②彼は灰燼に帰す。③灰色の人生を送る。		1905
危	6	ノケヤ危危	ふしづくり	6	キ	あぶ・ない、あや・うい、あや・ぶむ	あや・ぶむ	①危ない。②危ぶむ。不安に思う。③そこなう。傷つける。	①危険。危急。②危惧。③危害。	①今は危急存亡のときだ。②立場が危うい。③危害を加える。		2077
机	6	一十オ札机机	きへん	6	◆キ	つくえ		机。	机下。机上。	机上の空論。		2089
吸	6	口口口吸吸	くちへん	6	キュウ	す・う		吸う。届く。息を吸い込む。	吸入。呼吸。	広く外国の文化を吸収する。		2159
后	6	一厂厂后后	くちへん	6	コウ	―	(きさき)	①后。天皇の妻。	后妃。皇后(こうごう)。	天皇皇后両陛下が開会式にご出席になった。		2501
至	6	一丆至至至	いたる	6	シ	いた・る		①至る。届く。ゆきつく。②きわめて。だいそう。③時候の名。一年のうちで日の出から日の入りまでが一番短い日と長い日。	①至芸。②至急。至便。③冬至。夏至。	①山頂に至る。②至上の喜び。③冬至南瓜。		2774
舌	6	一二千千舌舌	した	6	◆ゼツ	した		①舌。②言葉。	①舌鼓。弁舌。②舌戦。	①舌鼓を打つ。②舌禍を招く。		3269

3 教育漢字

漢字	配当学年	筆順	部首	総画	音(常用漢字表)	訓(常用漢字表)	表外の音訓	意味	熟語	用例	備考(名)は人名	JISコード
存	6	一ナオ存存存	こへん	6	ソン、ゾン	―		①ある。いる。目の前にある。生きている。▼亡。②保つ。持ちこたえる。持っている。③考える。思う。知っている。	①存在。生存。②存続。存命。③存外。存分。	①月に生物が存在するか。②十三球団を存続させる。③お元気でご活躍のことと存じます。		3424
宅	6	丶宀宁宅	うかんむり	6	タク	―		①住まい。家。②自分の家。また、妻が自分の夫をさして言う言葉。③「お宅の家」をさしては相手の家をさして言う言葉。	①帰宅。住宅。	①旅先から土産物を宅配便で送る。②宅は出張しております。③お宅へ伺います。		3480
我	6	ノ一二手我我我	ほこがまえ	7	ガ◆	われ、わ◆		自分をさす言葉。わたくし。自分が勝手な考え。	我流。我欲。自我。	我を忘れて勉強する。我欲の強い人。		1870
系	6	ノへ至至至系系	いとへん	7	ケイ	―		①つながり。一続きのもの。②つながりをもとにした分け方。	①系図。系譜。②理科系。銀河系。	①系統立てて説明する。②太陽を中心とした星の集団を太陽系と言う。		2347
孝	6	一十土耂考孝	こ	7	コウ	―		父母を大切にし、よく仕えること。	孝行。孝養。不孝者。	親に孝行する。彼は出孝両全の人であった。	(名)たか、たかし	2507
困	6	丨冂円円困困	くにがまえ	7	コン	こま・る		困めむ。苦しむ。どうしようもない。	困窮。貧困。	その問題の解決は極めて困難だ。		2604
私	6	丿二千禾禾私	のぎへん	7	シ	わたくし、わたし		①私。自分。自分だけのこと。公でない。②公の利益に反すること。よくないこと。よこしま。③こっそりと。ひそかに。④私。一人称の代名詞。	①私有財産。私財。②私欲。私心。私腹。③私語。私用。	①私有財産。②私利私欲にはしる。③私語を慎むように注意する。④私が鈴木です。		2768
否	6	一ア不不不否否	くち	7	ヒ	★いな		①認めない。打ち消す。諾・肯・是。②上にくる言葉について、いやそうでないと打ち消す意味を表す。	①否定。否認。②安否。真否。存否。	①そのようなことは、日本のため、世界のためにならない。②遭難者の安否が気づかわれる。		4061
批	6	一十扌扌批批批	てへん	7	ヒ	―		良い悪いを決める。	批評。	作品を批評する。		4067
忘	6	一亠亡忘忘忘	こころ	7	ボウ◆	わす・れる		忘れる。	忘却。	恩を忘れる。忘却の彼方に消え去る。		4326
乱	6	一二千千舌舌乱	おつにょう	7	ラン	みだ・れる、みだ・す	みだ・る	①乱れる。乱れがない。まとまりがない。②世の乱れがが続いた。③みだりに。むやみに。戦争、もめごとに。	①乱雑。乱暴。②戦乱。③乱造。	①机の上が乱雑だ。②中世は戦乱が続いた。③野鳥の乱獲を禁止する。		4580

101

本編　常用漢字

漢字	配当学年	筆順	部首	総画	音（常用漢字表）	訓（常用漢字表）	表外の音訓	意味	熟語	用例	備考（名）は人名	JISコード
卵	6	｀ ｒ ｒ′ ｒ″ 卵 卵	ふしづくり	7	◆ラン	たまご		卵（たまご）。	卵黄。産卵。	卵焼き。		4581
延	6	｀ ｒ 圧 ㄒ 正 延 延 延	えんにょう	8	エン	の・びる、の・べる、の・ばす	の・べ	①延びる。長く引き延ばす。広がる。②時間が長引く。先へ延ばす遅れる。③延べ。全部寄せ合せた数。合計。	①延長。延焼。②延期。延納。	①寿命が延びる。②雨のため、遠足は来週に延期された。③小屋が出来るまで延べ二十日間かかった。	（名）のぶ	1768
沿	6	氵 氵 汽 氿 沿 沿 沿	さんずい	8	エン	そ・う		沿う。流れや道筋に従う。	沿線。沿岸。	川に沿って歩く。この学校の沿革を紹介する。		1772
拡	6	扌 扌 払 払 拡	てへん	8	カク	—		ひろげる。ひろがる。ひろめる。	拡大。拡散。拡張。	拡張工事が始まる。		1940
供	6	｜ 亻 仁 什 仕 供 供 供	にんべん	8	キョウ、（ク）★	そな・える、とも		①神や仏に供える。②すすめる。役立つようにさしだす。③訳を述べる。④ごちそうをする。⑤供。お供をする。⑥とも。多数を表す言葉	①供物。②提供。③供述。④供応。⑤供奉。⑥子供。	①先祖の供養をする。②ガスを供給する。③証人として出廷し、供述する。④供応を受ける。⑤代議士の遊説のお供をして各地をまわった。⑥畑を荒らしたのは猿供にちがいない。		2201
券	6	´ ｀ ¨ ¥ 半 半 券 券	かたな	8	ケン	—		①証拠とするためにもっている切符。②切符。	①証券。株券。②乗車券。	①債券を発行する。②券売機で入場券を買う。		2384
呼	6	｜ 口 口 吖 吁 呼 呼 呼	くちへん	8	コ	よ・ぶ		①口から吐く息。②呼びかける。名づける。	①呼気。呼吸。②呼応。呼称。	①呼吸を合わせる。②友達を家に呼ぶ。		2438
刻	6	｀ ¨ ナ 亥 亥 亥 刻 刻	りっとう	8	コク	きざ・む	きざ・み	①切って細かくする。ほりつける。②むごい、厳しい。③とき。時間。	①彫刻。刻印。②刻苦。深刻。③刻限。運刻。	①キャベツを刻む。②刻苦勉励。③試験時間が刻一刻と迫る。		2579
若	6	一 十 サ サ ナ 芋 若 若	くさかんむり	8	◆ジャク、★ニャク	わか・い、★も・しくは		①若い。年齢が少ない。②いくらか。少し。③もし。もしくは。	①若者。若輩。②若干。	①若い人。若輩の身。②若干名。③AもしくはB。	（名）わか	2867
宗	6	｀ ¨ 宀 宁 宇 宗 宗 宗	うかんむり	8	シュウ、◆ソウ	—		①祖先。本家。②その分野で尊ばれる人。③神や仏の教え。	①宗家。宗匠。②宗派。宗教。③宗旨。宗門。	①観世流宗家の公演が近近ある。②宗匠について俳句を習う。③宗派を異にする。	（名）むね	2901
承	6	｀ ア マ マ 手 手 承 承	て	8	ショウ	◆うけたまわ・る		①人の言うことを聞き入れる。②受け継ぐ。	①承知。承認。②承継。伝承。	①事実として承認する。②伝統芸能を継承する。		3021

3 教育漢字

漢字	配当学年	部首	総画	筆順	音(常用漢字表)	訓(常用漢字表)	表外の音訓	意味	熟語	用例	備考(名)は人名	JISコード
垂	6	つちへん	8	一二三丢丢垂垂垂	スイ	た・れる、た・らす		垂れる。垂れ下がる。上から下へおろす。	垂直。下垂。	川に糸を垂れる。三角形の頂点から底辺に垂線を引く。		3166
担	6	てへん	8	一十才扣扣扣担担	タン	★か・つぐ、★にな・う		①担(にな)う。担(かつ)ぐ。背負う。②仕事を引き受ける。受け持つ。	①担架。②担当。分担、担任。	①神輿(しんよ)を担ぐ。②担任の先生。		3520
宙	6	うかんむり	8	′宀宀宁宁审宙宙	チュウ	―		①大空。天。空間。②そらんじる。暗記する。	①宇宙。	①バレリーナは宙に舞った。②詩を宙でそらすら言う。		3572
忠	6	こころ	8	′ロロ中中忠忠忠	チュウ	―		①まこと。まごころ。いつわりがない。②主君にまごころをつくして仕える。	①忠実。忠告。②忠義。忠誠。	①職務に忠実する。②主君に忠誠をちかう。	(名)ただ、ただし	3573
届	6	しかばね	8	′コア尸尸居居届	―	とど・ける、とど・く	とど・け	①届く。届ける。	①不届き。②欠席届。	①母から手紙が届く。②届け物を届ける。		3847
乳	6	おつにょう	8	′′″″乎乎乎乳	ニュウ	ちち、◆ち		①乳(ちち)。②乳のように白く濁った液。③乳を飲ませる。養う。④乳房。	①乳牛。乳業。②乳液。③乳母。④乳首。	①乳臭い。乳飲み子。乳牛を飼う。②乳液を塗る。③乳児をあずかる。		3893
拝	6	てへん	8	一十才扌扌拝拝拝	ハイ	おが・む		①拝む。おじぎをする。祈る。②相手をうやまう気持ちを表す言葉。へりくだる意味。	①参拝。②拝啓。拝読。	①神前に拝礼する。②お手紙拝見しました。		3950
並	6	いち	8	′＂″立す並並並	◆ヘイ	なみ、なら・べる、なら・ぶ、なら・びに	なら・び	①並ぶ。並べる。②それとともに。および。③普通。並(なみ)。	①並行。並列。②並。③逆。	①並木道を散歩した。②生徒並びに父兄のみなさん。③人並みに勉強する。		4234
宝	6	うかんむり	8	′宀宀宁宁宝宝宝	ホウ	たから		①宝。金・銀・王のような、珍しく尊いもの。②尊ぶ。貴重な。	①宝物。財宝。②宝典。	①蔵の中は宝の山であった。②この寺は、仏教の宝典を所蔵している。		4285
枚	6	きへん	8	一十才木木枚枚枚	マイ	―		①薄く平たいものを数える言葉。②一つ一つ数える。	①枚挙。枚数。②一枚。	①枚挙にいとまがない。②一枚の紙。		4371
胃	6	にくづき	9	′ロ日日田冑冑胃	イ	―		胃。消化器官の一つ。胃袋。食道と小腸の間にある。	胃液。胃腸。胃腸。	胃腸薬を飲む。		1663
映	6	ひへん	9	′日日日町映映映	エイ	うつ・る、うつ・す、は・える	うつ・り	①映る。映す。②てりかがやく。映える。	①映写。映画。②照映。	①水面に姿が映る。②もみじが夕日に映える。		1739
革	6	つくりがわ	9	一十廿廿廿苦苦革革	カク	かわ	(あらた・める)	①革。なめし革。②改める。改める。	①皮革。②革命。改革。	①人工皮革。②技術革新。		1955

本編　常用漢字

漢字	配当学年	筆順	部首	総画	音(常用漢字表)	訓(常用漢字表)	表外の音訓	意味	熟語	用例	備考(名)は人名	JISコード
巻	6	丷 半 半 米 巻 巻	おのれ	9	カン	ま・く、まき		①巻く。くるくると丸める。巻いた物。②書物。③書物や巻いた糸などを数える言葉。	①巻紙。葉巻。②巻末。巻頭。③全二十巻。米二巻。	①指に包帯を巻く。朝顔の蔓が棒に巻きつく。②巻頭言を読む。③この本は二巻からなる。		2012
看	6	一 二 三 手 寿 看 看 看	め〜ん	9	カン	―	(み・る)	見る。のぞみ見る。見守る。	看過。看護。看守。看板。看病。	看護師。看過すことができない。		2039
皇	6	′ ⌒ ⌒ 白 白 白 皇 皇	しろ	9	コウ、オウ	―		天子。天皇。みかど。	皇子。皇帝。	秦の始皇帝。		2536
紅	6	✗ ✗ ✗ 糸 糸 糸 紅 紅	いとへん	9	コウ、(ク)◆	べに、くれない		①紅(くれない)。鮮やかな濃い赤。②紅(べに)。化粧品の一つ。	①紅白。紅葉。②口紅。	①紅に染まる東の空。②紅をさす。		2540
砂	6	一 ✗ ✗ 石 石′ 石ノ 砂 砂	いしへん	9	サ、シャ◆	すな		砂。細かい石の粒。砂のように細かい粒になったもの。	砂浜。砂糖。	ゴビ砂漠。自動車が砂煙をあげて走る。		2629
姿	6	ヽ ゙ 冫 次 次 姿 姿 姿	おんなへん	9	シ	すがた		姿。形。なり。ありさま。	姿態。姿勢。	姿を消す。本を読むときの姿勢が悪い。		2749
宣	6	′ 一 宀 宀 宁 宁 宣 宣 宣	うかんむり	9	セン	―		①世に広く知らせる。②人の前でははっきり言う。	①宣伝。宣教師。②宣誓。宣言。	①この会社は巧みな宣伝で、商品の売り上げをのばした。②独立を宣言する。	(名)のぶ、のり	3275
専	6	一 ⌒ 一 亩 亩 車 車 専 専	すん	9	セン	もっぱ・ら		①独り占め。勝手にする。②ひとすじに。ただそのことだけを行う。	①専有。専念。②専門。専念。	①権力を専らとする。②専業農家がだんだん減っていく。		3276
泉	6	′ 一 ′ 白 白 白 身 泉 泉	みず	9	セン	いずみ		①泉。地中からわき出る水。また、水がわき出てくるところ。②みなもと。	①泉水。温泉。②源泉。	①泉の水で顔を洗う。②知識の泉。		3284
洗	6	・ ′ ♡ 氵 氵 汁 汁 洗 洗	さんずい	9	セン	あら・う		①(水で)洗う。すすぐ。きよめる。②さっぱりする。あたらしい。	①洗濯。洗礼。②洗練。	①胃を洗浄する。②洗練された文章を書く。		3286
染	6	ン ア 冫 氿 氿 沙 沙 染 染	き〜ん	9	セン◆	そ・める、そ・まる、し・みる★、し・み★		①染める。染まる。色がつく。②うつる。感まる。よごれる。	①染色。染汚。②感染。汚染。	①染料。②感染症。	(名)そめ	3287
奏	6	一 二 三 夫 夫 表 奏 奏 奏	だい	9	ソウ	かな・でる★		①天子に申し上げる。②成し遂げる。③音楽を奏でる。	①奏上。奏聞。②奏功。奏効。③奏楽。演奏。	①天皇に奏する。②作戦が奏功する。③ギターを奏でる。		3353
退	6	㇇ ⺄ ㇄ 月 艮 艮 退 退 退	しんにょう	9	タイ	しりぞ・く、しりぞ・ける		①退く。後ろへさがる。▼進。②退ける。遠ざける。③衰える。すたれる。	①後退。撃退。②退治。退散。③退化。衰退。	①あわてて退散した。②桃太郎は鬼退治に出かけた。③使えない機能は退化する。		3464

3 教育漢字

漢字	配当学年	筆順	部首	総画	音(常用漢字表)	訓(常用漢字表)	表外の音訓	意味	熟語	用例	備考(名)は人名	JISコード
段	6	丨 冂 丨 冃 冃 段 段	るまた	9	ダン	—		①区切り。切れ目。②武道や碁・将棋などの等級。③階段。段々。④手だて、やり方。⑤織物を数える名前。	①階段。②末段三段。段位。③石段。段差。	①仕事が一段落した。②剣道の段位をとる。③住居の段差をなくす。④手だてを考える。⑤絹一段を買い求め、着物にした。		3542
派	6	氵 氵 氵 氵 派 派 派 派	さんずい	9	ハ	—		①わかれる。②わかれ出た系統・仲間。③つかわす、命令して行かせる。	①派生。②流派。派閥。③派出。派遣。	①新たな問題が派生する。②派閥あらそい。③海外へ派遣する。		3941
背	6	丿 ㇏ ㇏ ㇏ 背 背 背	にくづき	9	ハイ	せ、せい、そむく、そむける◆◆		①背、背中。うしろ。②背く、さからう。③背（せい）。背丈、身長。	①背景。背任。②背信。③背丈。上背。	①豊かな資源を背景に発展した町。②背任罪に問われる。③背比べをする。		3956
肺	6	丿 月 月 肺 肺 肺 肺 肺	にくづき	9	ハイ	—		①肺、五臓の一つ。呼吸をするところ。②まごころ、心の奥底。	①肺臓。肺炎。②肺腑（はいふ）。	①肺活量をはかる。②肺腑をつく言葉。		3957
律	6	彳 彳 彳 律 律 律 律 律 律	ぎょうにんべん	9	リツ、（リチ）★	—		①おきて、決まり。また、決まりに従って行うこと。②音楽の調子。	①法律。規律。②旋律。音律。	①規律を守る。②悠々から清らかな旋律が流れてきた。		4607
恩	6	丨 冂 冃 因 因 恩 恩 恩 恩 恩	こころ	10	オン	—		めぐみ。人から情けを受けける。	恩恵。恩人。	恩を仇で返す。一生恩に着る。恩情をこうむる。		1824
株	6	一 十 木 木 朴 朴 株 株 株 株	きへん	10	—	かぶ		①切り株。②植物の根の部分。③根のついた植物を数える言葉など。④特別に持っている営業権などなど。⑤株式会社の出資者が会社に対して持つ権利。⑥持ち前、身分。地位。	③五株。④株式。株券。⑤株主。古株。⑥頭株。	①木の株に腰を下ろす。②菊の株を分ける。③海五株。④出店の株式。⑤株式会社。⑥古株の社員。		1984
胸	6	丿 月 月 胸 胸 胸 胸 胸 胸 胸	にくづき	10	キョウ	むね、（むな）◆		①胸。首の下で、腹の上の部分。②心の中。	①胸囲。胸像。胸用。②胸中。胸中。	①胸をはって行進する。②友人の胸中を察する。		2227
降	6	丨 阝 阝 阝 降 降 降 降 降 降	こざとへん	10	コウ	おりる、おろす、ふる		①くだる、降りる。高い所から低い所にうつる。▼昇。②天から降る。③敵に負けて従う。④ある時からあと。のち。	①降下。降雨。降臨。②降雨。降状。③降参。④以降。	①飛行機が降下する。②霜が降りる。③この夏の暑さには降参だ。④面会は午後三時以降にお願いします。		2563
骨	6	丨 冂 冃 門 骨 骨 骨 骨 骨 骨	ほねへん	10	コツ	ほね		①骨。②からだ。③人に負けない気性。④ものごとの骨組み。	①骨格。老骨。②気骨。③反骨。④骨子。鉄骨。	①足の骨。②老骨に鞭打つ。③骨のある人。④仕事の骨を覚える。		2592

105

本編　常用漢字

漢字	配当学年	筆順	部首	総画	音(常用漢字表)	訓(常用漢字表)	表外の音訓	意味	熟語	用例	備考(名)は人名	JISコード
座	6	广广庐座座	まだれ	10	ザ	◆すわ・る		①座る。座る所。②人が集まっている所。③江戸時代、金銭などを作った公の機関。④劇場や劇団。⑤星の集まり。	①座席。座敷。②座興。座長。③銀座。金座。④歌舞伎座。御園座。⑤星座。オリオン座。	①宴会の座につらなる。②座がしらける。③銀座は地名として現在に残っている。④江戸時代、顔見世が行われた。⑤北斗七星は大熊座にある七つの星だ。		2634
蚕	6	一二天天吞吞蚕蚕	むしへん	10	サン	かいこ		蚕。繭から生糸をとる。	蚕糸。蚕食。	蚕を飼って絹糸を生産する。山間では養蚕がさかんであった。		2729
射	6	丿 f 白 白 身 身 射 射	すん	10	シャ	い・る		①弓を射る。鉄砲や大砲をうつ。②ねらいをつける。当てる。③光線や液体や気体などがいきおいよく出る。	①射程。射撃。②射幸心。③噴射。照射。	①射程に入る。②的を射る。③強い光が眼を射た。		2845
従	6	彳 彳 彴 徉 徉 従	ぎょうにんべん	10	ジュウ、(ショウ)、★(ジュ)	したが・う、したが・える	したがって	①あとについて行く。従う。▶主。②つき従う人。お供。家来。③言うことをきく。さからわない。④仕事に就く。携わる。⑤落ち着いているようす。⑥・・・から。・・・より。	①従軍。従属。②従者。③従順。服従。④従業。従事。⑤従容(しょうよう)。	①先生の後について行く。②主従あわせて五人になった。③友人の忠告に従う。④その町工場の従業人は四人である。⑤従容として死につく。⑥従来のやり方を見直す時が来た。		2930
純	6	幺 糸 糸 糸 糽 紌 純	いとへん	10	ジュン	—		まじりけや汚れがないこと。ありのままで。今までそうであること。	純粋。純真。純金。純度。単純。	物事を純粋に考える。彼は純真な心を持っている。純度が高い。	(名)すみ	2967
除	6	阝 阝 阝 除 除 除	こざとへん	10	ジョ、◆ジ	のぞ・く		①除く。とりはらう。②わる。わり算。▶乗。	①除外。除去。除草。②除数。除法。	①草取りのあとで除草剤をまく。②十二を三で除すると四である。		2992
将	6	丨 爿 爿 护 护 将 将	すん	10	ショウ	—		①率いる。従える。率いて指揮する人。②まさに。これから・・・しようとする。	①大将。将棋。②将来。	①将棋をさす。②将来有望な人物。	(名)すすむ、まさ	3013
針	6	丿 宀 쇠 今 全 全 金 釒 針	かねへん	10	シン	はり		針。針のように先のとがったもの。	針葉樹。針金。	母は針仕事が上手であった。南南西に針路をとる。		3143
値	6	亻 们 佔 佔 佰 値 値	にんべん	10	チ	ね、◆あたい		①値。値打ち。値段。②数の大きさ。	①価値。値幅。②数値。絶対値。	①商品に高い値をつける。②ほどるに値する式を行い、Xの値を求めなさい。		3545

3 教育漢字

漢字	配当学年	筆順	部首	総画	音(常用漢字表)	訓(常用漢字表)	表外の音訓	意味	熟語	用例	備考(名)は人名	JISコード
展	6	一ニア尸尸尸尸 尸犀展展	しかばね	10	テン	—		①ひろげる。のべひらく。②並べる。連ねる。③のびのび、盛んになる。	①展開。②展示。③発展。	①議論を展開する。②クラスの絵を展示する。③経済の発展。	(名)のぶ、ひろ	3724
討	6	一ニ言言言計計討	ごんべん	10	トウ	◆う・つ		①うつ。攻める。②たずねる。問いただす。	①討伐。征討。②検討。討論。	①賊を討つ。②検討を加える。		3804
党	6	'''小小小严严党党	ひとあし	10	トウ	—		①仲間。組。②政党。政治家などの集まり。	①悪党。残党。②党員。党首。	①党を組む。②新しい党の方針を聞く。		3762
納	6	' 糸糸糸納納	いとへん	10	ノウ、(ナッ)、★(ナ)、★(ナン)、◆(トウ)	おさ・める、おさ・まる		①納める。役所などにさしだす。②入れる。受け入れる。③中にしまう。終わりにする。	①納品。出納。納得。③納会。納骨。	①会費を納入する。②旅行の荷物が鞄に全部納まる。③タンスに納める。		3928
俳	6	' 亻亻伫伫伫俳俳俳	にんべん	10	ハイ	—		①芸をする人。役者。②戯れ。③俳句の略。	①俳優。②俳諧。③俳句。俳人。	①俳優として活躍する。②俳句に季語を詠み込む。③正岡子規の子規は俳号である。		3948
班	6	一T f f f f f f f f	おうへん	10	ハン	—		①分ける。分配する。②全体をいくつかに分けた組。グループ。	①班田。②作業班。班長。	①班田収授の法が行われた。②班をつくる。		4041
秘	6	二千 千禾禾禾秒秒秘	のぎへん	10	ヒ	◆ひ・める		①秘める。かくす。人に隠して知らせない。②人の知恵でははかりしれないこと。	①秘密。秘法。②神秘。秘奥。	①秘密を守る。②自然の神秘。		4075
俵	6	' 亻亻仨仨伴俵俵	にんべん	10	ヒョウ	たわら		①俵。米などを入れる。わらなどで編んだ袋。②俵に入れた物を数える言葉。	①米俵。炭俵。②米百俵。	①主俵にあがる。②米一俵を運び出す。		4122
陛	6	一阝阝肛陘陛陛	こざとへん	10	ヘイ	—		①天皇の住んでいる建物にのぼる階段。②天皇・皇后・皇太后の呼称。敬って言う呼名。	①陛見。②天皇陛下。	①天子に陛見する。②天皇皇后両陛下は式典に出席になった。		4237
朗	6	' ｨ ｨ 白 良 郎 朗 朗	つきへん	10	ロウ	◆ほが・らか		①明らか。気持ちが明るい様子。②声がきれいでよくとおる。	①明朗。朗報。朗読。②朗詠。朗朗。	①朗らかな気持ち。②朗朗と読み上げる。	(名)あきら	4715

本編　常用漢字

漢字	配当学年	筆順	部首	総画	音(常用漢字表)	訓(常用漢字表)	表外の音訓	意味	熟語	用例	備考(名)は人名	JISコード
異	6	一ロ日田田田里里異異異	た・へん	11	イ	こと	こと・なる	①異なる。違う。別の。②めずらしい。不思議な。ふつうと違う。優れした。③正しくない。	①異状。異性。②異様。驚異。③異端。	①異議をとなえる。②異彩を放つ。③画壇の異端児とみなされる。		1659
域	6	一十十±+坪坪城城域域	つちへん	11	イキ	—		①区切られた土地。ある限られた範囲。②ある地方。	①域外。区域。②異域。西域。	①名人の域にせまる。②異域で一生を送る。		1672
郷	6	乡乡乡乡乡乡乡乡郊郷郷	おおざと	11	キョウ、◆ゴウ	—		①村里。地方。②ふるさと。③ところ。場所。	①近郷。②郷愁。③温泉郷、他郷。	①郷に入っては郷に従え。②郷愁にかられる。③山間の温泉郷へ湯治に出かけた。		2231
済	6	氵氵氵氵氵氵清清済済済	さんずい	11	サイ	す・む、す・ます		①済む。済ます。まわる。②わたす。川をわたす。③すくう。たすける。④多くさかんなようす。	①決済。②救済。③済世。④済済。	①借金を返済する。②難民を救済する。③この職場は多士済済である。		2649
視	6	ラ ネ ネ 祁 祁 祁 視 視 視	みる	11	シ	—		①見る。よく見る。気をつけて見る。②・・・・・と見る。と考える。	①視察。視点。視力。②疑問視。敵視。	①視点を変えて見る。②互いに相手を敵視する。		2775
捨	6	扌扌扌扌扐捈捨捨捨	てへん	11	シャ	す・てる		①捨てる。▶取。②ほどこす。神社や寺などにお金や物を寄付する。	①取捨。②喜捨。	①武器を捨てる。②応分の喜捨を行う。		2846
推	6	一扌扌扌护护捶推推推	てへん	11	スイ	お・す		①推す。前の方に推しすすめる。人におすすめる。②推しはかる。考える。	①推移。推進。②推挙。推薦。③推定。推測。	①計画を推し進める。②会長を推す。推薦状を書く。③推理小説を読む。		3168
盛	6	一厂戊成成成成盛盛盛	さら	11	◆セイ、(ジョウ)★	も・る、さか・る、さか・ん	さか・り	①盛る。盛る。いっぱいにする。②さかり。盛ん。さかん。	①山盛り。②全盛。盛大。	①かごに盛った果物。②盛んに声援をおくる。	(名)もり	3225
窓	6	丶丷宀穴空空空窓窓窓	あなかんむり	11	ソウ	まど		①窓。②窓のある部屋。	①窓口。②車窓。同窓。	①窓を開ける。電車に乗って窓外の新緑を楽しむ。②同窓会。		3375
探	6	一扌扌扌探探探探探	てへん	11	タン	さぐ・る、さが・す	さぐ・り	探る。探す。探し求める。	探索。探偵。探求。探究。	心当たりを探る。心理を探究する。事故の原因を探求する。		3521

3 教育漢字

漢字	配当学年	筆順	部首	総画	音(常用漢字表)	訓(常用漢字表)	表外の音訓	意味	熟語	用例	備考(名は人名)	JISコード
著	6	一十艹艹芏芏芙著著	くさかんむり	11	チョ	◆あらわす ◆いちじるしい	いちじるしさ	①著す。本に書き記す。また、その書かれた本。 ②著しい。明らかになる。目立つ。	①著作。著者。 ②著名。顕著。	①珍しい体験を本に著す。 ②上達が著しい。		3588
頂	6	一丁丁丁丁丁丁丁丁丁頂頂	おおがい	11	チョウ	いただ・く、いただき		①頂(いただき)。高いところ。てっぺん。 ②頭の上にのせる。頂く。物をもらう。	①頂点。山頂。 ②頂戴。	①人気が頂点に達する。 ②ごちそうを頂く。		3626
脳	6	丿月月厂厂厂脬脬脳脳脳	にくづき	11	ノウ	—		①脳。考えたり感じたり動いたりする神経の働き。 ②頭の働き。 ③大切なもの。主な人物。頭。	①脳波。大脳。 ②頭脳。脳天。 ③首脳。	①暑さで脳味噌が働かない。 ②幼い日の光景が脳裏に浮かぶ。 ③政府の首脳。		3930
閉	6	丨冂冂門門門門門閉閉閉	もんがまえ	11	ヘイ	と・じる、と・ざす、◆し・める、し・まる		①閉じる。門を閉める。閉じ込める。 ②やめる。終わる。終える。▼開	①閉店。閉門。 ②閉会。閉校。	①雨戸を閉める。 ②スキーシーズンも閉幕となった。		4236
訪	6	言言言言言訪訪	ごんべん	11	ホウ	おとず・れる、たず・ねる	おとず・れ	①訪れる。 ②さがしもとめる。	①訪問。 ②探訪。	①チャンスの訪れるのを待つ。 ②探訪記事。		4312
密	6	宀宀宀宓宓密密密	うかんむり	11	ミツ	—	(ひそ・か)	①ぎっしり詰まっている。こみあっている。▼疎 ②ぴったりとくっついている。隙間がない。親しい。▼疎 ③こっそりと。密(ひそ)かに。	①密生。密度。密林。 ②密接。密着。親密。 ③密告。密航。	①苔が密生した庭。 ②日本と中国の文化は密接な関係がある。 ③犯人を密告する。密航をくわだてる。		4409
訳	6	言言言言訂訳訳	ごんべん	11	ヤク	わけ		①ある国の言葉を別の国の言葉に直したり、昔の言葉をやさしく直したりして意味を伝えること。 ②訳(わけ)。理由。意味。	①通訳。訳者。 ②言い訳。	①英語を日本語に訳す。 ②これには深い訳がある。		4485
郵	6	一二千千手垂垂郵郵郵	おおざと	11	ユウ	—		郵便。手紙や小包などを送り届ける制度。	郵便。郵送。	郵便局で切手を買う。		4525
欲	6	𠆢𠆢𠆢𠆢谷谷谷谷欲欲	あくび	11	ヨク	★ほっ・する、◆ほ・しい		①欲しいと思う気持ち。欲。 ②欲する。欲しがる。	①食欲。欲望。欲目。 ②貪欲。欲求。	①親の欲目。 ②彼女のブランド品に対する欲求はますます強くなった。		4563
翌	6	丨冂冂羽羽羿翌翌翌翌	はね	11	ヨク	—		つぎの。明くる日の。	翌日。翌年。	閉会式は翌朝九時に行われる。		4566

本編　常用漢字

漢字	配当学年	筆順	部首	総画	音(常用漢字表)	訓(常用漢字表)	表外の音訓	意味	熟語	用例	備考(名)は人名	JISコード
割	6	宀宀宀宀害害害割	りっとう	12	◆カツ	わ・る、わり、わ・れる、さ・く	わり・に	①割る。割り当てかに分ける。②割引・割率。③十分の一。	①分割。割愛。②割引券。割安。③全商割引。	①すいか割り。②割引券。③全商品二割引。		1968
揮	6	扌扌扩押押押押揮揮	てへん	12	キ	―	(ふる・う)	①揮(ふる)う。ふりまわす。②さしずする。とびちる。③まきちらす。	①発揮。②指揮。③揮発。	①実力を発揮する。②歳末商戦で店長が自ら指揮を執る。③揮発油の近くでは火の扱いに注意する。		2088
貴	6	口中虫虫貴貴貴貴	かい・こがい	12	キ	◆たっと・い、とうと・い、◆たっと・ぶ、とうと・ぶ	―	①貴い。大切にする。②身分や地位が高い。③ものの値段が高い。④言葉の上につけて尊敬の意味を表す。	①貴重。②貴族。高貴。③騰貴。物価騰貴。④貴意。貴殿。貴兄。	①命を貴ぶ。②職業に貴賤はない。③物価騰貴。④貴意を得たく存じます。	(名)たかし	2114
勤	6	艹苔苔堇堇勤勤	ちから	12	キン、(ゴン)	つと・める、つと・まる	―	①勤める。一生懸命力をつくす。②働く。仕事をする。③仏に仕える。	①勤勉。精勤。②勤労。出勤。③勤行。	①彼は勤勉な社員である。②父は定年で勤めを辞めた。③祖父母は朝夕の勤行をする。	(名)つとむ	2248
筋	6	竹竹竹竹筋筋筋	たけかんむり	12	キン	すじ	―	①体の中の筋(すじ)。②ものの道理。あらまし。③血統。④縞長くとおったもの。	①筋骨。筋肉。②筋道。③血筋。④鉄筋。金筋入り。	①筋をちがえる。②筋道をたどって話す。③平家の筋にあたる。④筋金入りの男。		2258
敬	6	艹苟苟苟敬敬敬	のぶん	12	ケイ	うやま・う	―	①敬う。他人を尊び大切に扱う。	①敬老。敬服。尊敬。	日上の人を敬う。君の努力には敬服する。	(名)たかし	2341
裁	6	土丰圭非栽裁裁裁	ころも	12	サイ	◆た・つ、さば・く	さば・き	①裁つ。布地を切る。②裁縫の略。③裁(さば)く。ものごとをさばく。④裁判所の略。⑤ようす。かっこう。	①裁縫。和裁。②洋裁。③裁判。裁量。④高裁。地裁。⑤体裁。	①裁縫。②洋裁の腕は確かだ。③あなたの裁量に任せろ。④高裁の判決が出た。⑤体裁が悪い。		2659
策	6	竹竹竹竹笞策策	たけかんむり	12	サク	―	―	①はかりごと。たくらみ。②むち。つえ。	①策略。②対策。	①策を練る。②午後の散策を楽しむ。		2686
詞	6	言言司司訶詞詞	ごんべん	12	シ	―	(ことば)	詞(ことば)。	名詞。歌詞。	祝詞をあげる。		2776
就	6	古京京京就就就	だいの頁し	12	シュウ、(ジュ)	◆つ・く、つ・ける	―	①就く。役目や仕事に就く。②なる。なしとげる。	①去就。就職。②成就。	①先生に就いてピアノを習う。②大願成就。		2902

110

3 教育漢字

漢字	配当学年	筆順	部首	音(常用漢字表)	訓(常用漢字表)	表外の音訓	意味	熟語	用例	備考(名)は人名	JISコード
衆	6	亠亠血血卆卆衆衆衆	ち	12	シュウ、★シュ	ー		多い。大勢の人。もろもろ。	群衆。大衆。	衆知を集めて計画を練る。衆目の一致するところ。		2916
善	6	丷ᅶ羊美羊善善善	くちへん	12	ゼン	よ・い		①善い。正しい。▼悪。②うまく。じゅうぶん。③仲良くする。	①善意。善良。②善処。善戦。③善隣。親善。	①人の善意を素直に受ける。②学級会で善処する。③親善試合を行う。	(名)よし	3317
創	6	ノ人么全侖倉倉倉創創	りっとう	12	ソウ	つく・る		①きず。切りきず。きずつける。②始める。初めてつくる。はじめ。	①創傷。刀創。②創意。創業。創造。	①創意創痍。②創意工夫にあふれた作品。	(名)はじめ	3347
装	6	丬壮壮壮壮装装装装	ころも	12	ソウ、ショウ	★よそお・う	よそお・い	①装う。服を着て身支度をする。②そなえつける。飾り付ける。③本のつくり。	①軽装。服装。②装備。装置。③装丁。	①旅の装い。②装備を点検する。③装丁を考える。		3385
尊	6	丷丷酋酋酋尊尊尊	すん	12	ソン	たっと・い、とうと・い、たっと・ぶ、とうと・ぶ		①尊い。尊ぶ。②他人を敬って言う言葉。	①尊敬。尊重。②尊顔。尊父。	①私の尊敬する人は父です。②ご尊名はかねがね承っております。	(名)たか、たかし	3426
痛	6	广疒疒疒疒痛痛痛	やまいだれ	12	ツウ	いた・い、いた・む、いた・める		①体が痛む。痛み。悩む。悲しむ。②心が痛い。③ひどく。非常に。	①頭痛。腹痛。②悲痛。心痛。③痛感。痛切。	①ひざを痛める。②ニュースを聞いて心が痛む。③時間の大切さを痛切に感じる。		3643
晩	6	日日' 日' 旷晩晩晩	ひへん	12	バン	ー	(おそ・い)	①日暮れ。夕暮れ。②おそい。▼早。③すえ。おわり。	①晩鐘。晩方。②晩婚。晩成。③晩秋。晩年。	①晩のご飯。②大器晩成。③晩秋の山野の景色。		4053
補	6	衤衤衤衤衤補補補	ころもへん	12	ホ	おぎな・う		①補う。足りないところをうめる。たすける。②見習い。正式の地位につく前の立場。	①補給。補足。②候補。	①弱点を補う。②候補を立てる。		4268
棒	6	十才木杧枠棒棒棒	きへん	12	ボウ	ー		①棒。杖。②棒のようにまっすぐなこと。まっすぐな線。③同じ調子で変化のないこと。	①金棒。鉄棒。②棒立ち。棒線。③棒暗記。	①鬼に金棒。②驚きのあまり棒立ちになった。③原稿を棒暗記したようなスピーチだった。		4332
絹	6	幺糸糸糸糸絹絹絹	いとへん	13	★ケン	きぬ		絹。蚕の繭からとった糸。	正絹。	絹のハンカチ。絹張りのこうもり傘。		2408
源	6	氵汀沪沪沥源源源	さんずい	13	ゲン	みなもと		①源。水の流れ始める所。②物事のはじめ。はじめ。	①水源。源泉。②起源。震源。	①水源を目指して川をさかのぼる。②日本語の源流をたどる。		2427

111

本編　常用漢字

漢字	配当学年	筆順	部首	総画	音(常用漢字表)	訓(常用漢字表)	表外の音訓	意味	熟語	用例	備考(名)は人名	JISコード
署	6	罒罒罒署署署	あみがしら	13	ショ	—		①役割。②役所。③書き記す。	①部署。②警察署。③署長。連署。	①部署につく。②消防署長の訓辞。③文書に署名する。		2980
傷	6	亻仁仁佢佢侮傷傷傷	にんべん	13	ショウ	きず、いた･む、いた･める	きず･つく	①傷。けが。傷み。②傷つく。傷つける。③心が傷み悲しむ。	①傷跡。傷病。傷口。②傷害。損傷。③傷心。感傷。	①傷跡が残る。②梅雨時で食べ物が傷む。③心ない言葉に傷つく。		2993
蒸	6	⺾艹芓茅茅蒸蒸蒸	くさかんむり	13	ジョウ	む･す、む･れる、む･らす		①蒸す。ふかす。湯気を当てて熱を通す。②ゆげのような気体になったりになったりする。	①蒸しパン。茶碗蒸し。②蒸気。蒸発。	①タオルを蒸す。②蒸気機関車に乗る。		3088
聖	6	下下耳耵耶耶聖聖聖	みみへん	13	セイ	—	(ひじり)	①聖(ひじり)。えらい人。ちえや徳のすぐれた人。②その道で一番優れている人。③天子やキリストに関係することがらにつける言葉。④けがれのない。きよらかな。	①聖賢。聖人。詩聖。俳聖。②楽聖。聖母。③聖歌。④聖火。聖域。	①聖人に夢心し。②松尾芭蕉は俳聖と呼ばれる。③聖職につく。④聖地を巡礼する。	(名)さとし、さとる	3227
誠	6	訁訁訆訋詋誠誠誠	ごんべん	13	セイ	まこと		誠(まこと)。いつわりがないこと。まごころ。	誠意。誠実。	誠実な人柄が信頼につながっている。社のために誠心誠意を尽くす。	(名)まこと	3231
暖	6	日旷旷旷晔晔暖暖暖	ひへん	13	ダン	あたた･か、あたた･かい、あたた･まる、あたた･める		①暖かい。②暖まる。暖める。	①暖流。暖色。②暖房。暖炉。	①暖冬異変。②身体が暖まる。		3540
腸	6	月月月'月胆胆胆腸腸	にくづき	13	チョウ	—	(はらわた)	①腸(はらわた)。胃から肛門につながる細長い管で、食物を消化する器官。	①大腸。②断腸。愁腸。	①腸の具合が悪い。②断腸の思い。		3618
賃	6	亻任任任侟侟賃賃	かいへん	13	チン	—		①雇った人に払うお金。働き。②代金として払うお金。	①賃金。手間賃。②運賃。賃貸。	①賃金水準。②賃貸住宅。		3634
腹	6	月月月'月胩胶腹腹腹	にくづき	13	フク	はら		①腹。②心の中。考え。③ものの中ほどにあたる部分。	①腹痛。②腹案。腹心。③中腹。空腹。船腹。	①腹式呼吸をする。②腹が立つ。③山の中腹に小屋がある。		4202
幕	6	艹艹苩苩苜苜莫幕幕	はばへん	13	マク、バク	—		①幕。たれぎぬ。②将軍が政治をとる所。③芝居の一区切り。④相撲の位。	①天幕。幕府。②幕府。③一幕。序幕。④幕内。大幕。	①幕を張る。②鎌倉幕府。③幕間に休憩する。④十両の力士が昇進して入幕した。		4375

112

3 教育漢字

漢字	配当学年	筆順	部首	総画	音(常用漢字表)	訓(常用漢字表)	表外の音訓	意味	熟語	用例	備考(名)は名	JISコード
盟	6	日 日 明 明 明 明 盟 盟 盟	さら	13	メイ	—		ちかい。ちかう。かたい約束。	同盟。盟約。	盟約を結ぶ。		4433
預	6	マ 予 予 預 預 預 預 預 預	おおがい	13	ヨ	あず・ける、あず・かる	あず・かり	お金や物などを人に預ける。	預金。	お金を銀行に預ける。		4534
裏	6	一 亠 宀 宁 甫 重 車 裏 裏 裏	ころも	13	◆リ	うら		①裏▼表。うしろ。②内側。中。③・・・のうらに。	①裏口。②脳裏。③秘密裏。	①紙の裏に書く。②選挙の裏の話し合い。③懇親会は盛会裏に終った。		4602
閣	6	丨 冂 冂 冂 門 門 門 閂 閇 閣 閣 閣	もんがまえ	14	カク	—		①ごうか(立派)な高い建物。②内閣の略。	①閣下。楼閣。②閣議。入閣。	①天守閣。②閣僚会議。		1953
疑	6	ヒ ヒ 产 岁 岁 岁 岁 岁 疑 疑 疑 疑 疑	ひき	14	ギ	うたが・う	うたが・い、うたが・わしい	疑う。疑わしい。	疑心。疑念。疑問。容疑。	人に疑いをかける。疑念をはらす。		2131
誤	6	言 言 言 言 言 訁 評 誤 誤 誤	ごんべん	14	ゴ	あやま・る	あやま・り	誤る。間違える。誤り。間違い。	誤解。誤算。	方針を誤ると大変なことになる。誤字・脱字に注意すること。		2477
穀	6	土 吉 吉 壱 壱 壱 穀 穀 穀 穀 穀 穀	のぎへん	14	コク	—		もみ。もみがら。穀物。稲・麦など。	①脱穀。②穀倉。穀類。	①脱穀機。②穀倉地帯。		2582
誌	6	言 言 言 言 言 訁 訁 訁 訁 誌 誌 誌	ごんべん	14	シ	—		①しるす。書き記す。書き記したもの。②事実を記したもの。③雑誌の略。	①日誌。②地誌。③誌上。誌面。	①学級日誌。②郷土誌。③有名人が誌面を飾る雑誌。		2779
磁	6	一 厂 石 石 石 石 矿 破 破 磁 磁 磁 磁	いしへん	14	ジ	—		①磁石。②かたくて水分を吸わない焼き物。	①磁気。磁力。②磁器。白磁。	①磁針が南北をさす。②有田は磁器の産地である。		2807
障	6	阝 阝 阝 阝 阝 阝 阝 阝 障 障 障 障 障 障	こざとへん	14	ショウ	★さわ・る		①障る。妨げる。じゃまになる。②防ぐ。まもる。③〜だて。しきり。	①障害。②保障。③障子。	①あまり無理をすると体に障る。②老後の生活を保障する。③障子を貼りかえる。		3067
銭	6	丿 人 仁 牟 金 金 金 金 金 銭 銭 銭	かねへん	14	セン	◆ぜに		①お金。②お金の単位。一円の百分の一。	①金銭。②一銭。	①悪銭身に付かず。②一銭も残らない。		3312

113

本編　常用漢字

漢字	配当学年	筆順	部首	総画	音(常用漢字表)	訓(常用漢字表)	表外の音訓	意味	熟語	用例	備考(名は人名)	JISコード
層	6	一 コ 尸 尸 层 层 层 層 層	しかばね	14	ソウ	―		①重なり。重なり。②二階以上の高い建物。たかどの。③世の中で、地位や年齢などが同じような人人の集まり。	①地層。②高層。③読者層。	①その塔は五重の層からなっている。②高層ビルが建ち並ぶ。③選手の層が厚がつい。		3356
認	6	言 言 言 訒 訒 認 認 認	ごんべん	14	◆ニン	みと・める		①認める。許す。承知する。②はっきりと見分ける。	①認証。認可。②認識。	①自分の欠点を認める。資格認定試験を受ける。②暗闇に人影を認める。野鳥保護の認識を深める。		3907
暮	6	一 艹 䒑 莫 莫 莫 暮 暮	ひへん	14	◆ボ	く・れる、く・らす		①日が暮れる。②年が暮れる。年の暮れ。③季節の終わり。④年をとる。⑤暮らす。暮らし。	①暮色。薄暮。②歳暮。暮春。暮秋。④暮年。	①日暮れ。②年の大売り出し。③秋が暮れる。④一生が暮れる。⑤年らして食べる。		4275
模	6	一 十 木 杧 杧 楟 楟 模 模	きへん	14	モ、ボ	―		①手本。②かざり。かたち。③似せる。かたどる。まねる。そっくりつくる。④手探りする。	①模範。②模型。模様。模倣。③模造。模擬。④模索。	①模範解答を配る。②今日の天気は雨模様だ。③模造品をつくる。④暗中模索。		4447
遺	6	口 中 串 貴 貴 貴 遺 遺 遺	しんにょう	15	イ、◆(ユイ)	―		①なくす。忘れる。②捨てる。③あとに残す。残る。④ぬけ落ちる。抜け落ちたもの。	①遺失物。②遺棄。③遺物。遺作。遺言。④遺漏。補遺。	①車中に忘れ物をして遺失物係をたずねた。②ここが死体遺棄の現場だ。③モーツァルトの遺作が発見された。④遺漏のないようにお願いします。		1668
劇	6	一 ト 卢 卢 店 虎 虏 豦 豦 劇	りっとう	15	ゲキ	―		①はげしい。ひどい。②劇。芝居。	①劇薬。②演劇。劇作家。劇場。	①世の中が劇的に変する。②若手の劇作家。		2364
権	6	一 十 木 杧 杧 栌 栌 栓 権 権	きへん	15	ケン、◆(ゴン)	―		①いきおい。他の人や物事を自由に出来る力。②かり。かりの。	①権限。権利。権力。②権化。	①権力をふるう。②山王権現にお参りした。		2402
熟	6	一 十 亨 享 郭 孰 孰 孰 熟 熟	れっか	15	ジュク	う・れる		①火にかけてよくにる。②果物が熟(う)む。ぶんに育つ。③じゅうぶんに。よくなれる。くわしくなる。くわしくつくづく。	①半熟。②早熟。成熟。③熟睡。	①半熟の卵を食べる。②びわがよく熟れてきた。③つかれて熟睡する。		2947
諸	6	言 言 諊 諸 諸 諸	ごんべん	15	ショ	―		もろもろ。いろいろな。多くの。たくさんの。	諸国。諸事。諸般。	諸般の事情を考える。		2984
蔵	6	一 艹 芦 芦 芦 芦 芦 蔵 蔵 蔵	くさかんむり	15	ゾウ	くら		①蔵(くら)。建物。②おさめる。たくわえる。③隠す。隠れる。仕舞い込む。	①土蔵。蔵書。②蔵本。秘蔵。③埋蔵。	①蔵におさめる。②これは、薬師寺蔵の仏像である。③それは秘蔵の美術品である。	(名)おさむ	3402

3 教育漢字

漢字	配当学年	筆順	部首	総画	音(常用漢字表)	訓(常用漢字表)	表外の音訓	意味	熟語	用例	備考(名)は人名	JISコード
誕	6	言言言言証証誕誕	ごんべん	15	タン	—		生まれる。	誕生。降誕。	誕生日のパーティー。		3534
潮	6	氵氵汁汁沽淖淖潮潮	さんずい	15	チョウ	しお		①海水の潮、うしお。②海が満ちたり引いたりする現象。③ながれ、世の中の様子や考え方の動き。	①潮風。潮流。②干潮。潮騒。③思潮。風潮。	①台風の影響で潮位が上がる。②潮時を見て舟を出す。③明治時代の文芸の思潮について研究する。		3612
敵	6	亠啇啇商商商敵敵	のぶん	15	テキ	◆かたき		①戦いや試合などの相手。②かたき、うらみのある相手。③相手になる、つりあう。	①敵対。強敵。②仇敵。敵意。敵視。③匹敵。	①かつての友と敵対する。②敵意を抱く。③彼の実力は先輩に匹敵する。		3708
論	6	言言言論論論論	ごんべん	15	ロン	—		①筋道を立てて述べる。その筋の立った考え、意見。②言い争う。	①議論。論文。②口論。激論。	①論理に無理がある。②論争をきそおこす。		4732
激	6	氵氵泸泸湃激激	さんずい	16	ゲキ	はげ・しい	はげ・しと	①激しい、いきおいが強い、はなはだしい。急ではげしい。②はげます、ふるい立たせる。	①激流。激動。②激励。感激。	①都会の人口が激増する。②激励会を開く。		2367
憲	6	亠宀宀宀害害害憲憲	こころ	16	ケン	—		①おきて、きまり、一番もとになる法。②憲法の略。③役人。	①家憲。憲法。②立憲。合憲。③官憲。	①憲法を守る。②日本は立憲君主国である。③憲兵に監視される。	(名)のり	2391
鋼	6	金釒釒鋼鋼鋼鋼	かねへん	16	コウ	◆はがね		鋼(はがね)、鍛えて強くした鉄。	鋼材。鋼鉄。	彼の体は鋼のように強い。鉄鋼業。		2561
樹	6	木村材柑樹樹樹樹	きへん	16	ジュ	—	(き)	①樹(き)。立木。②打ち立てる。	①樹液。樹木。②樹立。	①樹液を吸う昆虫は多い。②日本新記録を樹立する。		2889
縦	6	糹糸糸紣紣絆絆縦縦	いとへん	16	ジュウ	たて	(ほしいまま)	①縦(ほしいまま)、自由にする。②縦。▼横。上下、南北の方向。③従う。	①操縦。縦覧。②縦断。縦走。	①資料を縦覧にたらぶ。②一列縦隊になる。		2936
操	6	扌扌护护捎操操	てへん	16	ソウ	★みさお ◆あやつ・る		①思うとおりに動かす。あやつる。②自分の心をかたく守ること。操(みさお)。	①操作。操業。②節操。貞操。	①資金を操作する。②操を立てる。		3364
糖	6	米米米糖糖糖	こめへん	16	トウ	—		①さとうきび等から作った甘みの強い食品、さとう。②炭水化物のうち、水に溶ける甘みのあるもの。	①糖衣。製糖。②糖分。	①コーヒーに角砂糖を入れて飲む。②健康診断で血糖値をはかる。		3792

本編　常用漢字

漢字	配当学年	筆順	部首	総画	音(常用漢字表)	訓(常用漢字表)	表外の音訓	意味	熟語	用例	備考(名は人名)	JISコード
奮	6	大ナ杏杏春春奞奮奮	だい	16	フン	ふる・う		奮う。奮い立つ。勇み立つ。元気を出す。	奮発。興奮。	勇気を奮って立ち向かう。孤軍奮闘する。		4219
厳	6	″″″产产产产产严严严严厳厳	つかんむり	17	ゲン、(ゴン) ★	おごそ・か、きび・しい	きび・しさ、(いか・めしい)	①厳しい。激しい。許さない。▶寛。②厳か。いかめしい。	①厳罰。厳寒。厳重。②厳粛。厳然。	①守りを厳重にかためる。②式典は厳粛に進められた。		2423
縮	6	纟纟纟紒紒紵紵紵紵紵紵紵紵紵紵縮縮	いとへん	17	シュク	ちぢ・む、ちぢ・まる、ちぢ・める、ちぢ・れる、ちぢ・らす		縮む。縮まる。縮める。短く縮める。する。	縮小。縮尺。縮図。	蛇を見て身の縮む思いをした。縮尺五万分の一の地図。		2944
優	6	亻亻亻亻亻严严严严严优优優優優優優	にんべん	17	ユウ	やさ・しい、すぐ・れる	やさ・しさ、(まさ・る)	①優しい。しとやか。上品。②優れる。優る。▶劣。③ゆたか。ゆるやか。④ぐずぐずしている。⑤役者。	①優美。優雅。②優秀。優勝。③優待。④優柔不断。声優。	①気だての優しい子。②あの人は絵の才能に優れている。③優待券を配る。④彼は優柔不断で他人に任せてしまう。⑤舞台俳優を目指して勉強している。	(名)ゆたか	4505
覧	6	″″″产产产产臣臣臤臤臤臨覧覧覧	みる	17	ラン			①みる。ながめる。②ものごとが一目で分かるようにまとめたもの。	①閲覧。遊覧。②一覧。便覧。	①展覧会を開く。②一覧表を作る。		4587
簡	6	″″″产产产产产产简简简简簡簡簡	たけかんむり	18	カン			①てがる。はぶく。②書物。手紙。	①簡素。簡単。②書簡。断簡。	①文章を簡素にまとめる。②書簡を送る。		2042
難	6	″″产产产产苴苴荁荁蓳蓳蓳蓳蓳蓳難難	ふるとり	18	ナン	かた・い、むずか・しい ★		①難しい。▶易。②苦しみ。災い。③なじる。欠点を責める。④欠点。	①難題。難解。②苦難。災難。③非難。七難。	①難解な文章。難問が山積する。②どうにか難をのがれる。③難癖をつける。		3881
臨	6	″″⺁⺁⺁⺁⺁⺁⺁⺁⺁⺁⺁⺁⺁⺁⺁⺁⺁	しん	18	リン	のぞ・む ◆		①臨む(のぞ)む。高いところから見おろす。面している。②その場に臨む。その時にあたる。	①臨海。臨床。②臨機。臨時。	①海に臨むホテル。②十分練習をして試合に臨む。		4655
警	6	″″″产产产产产产产敬敬敬敬警警警警	ごんべん	19	ケイ			①いましめる。注意する。用心する。②まもる。そなえる。③はっと注意をおこすほど。気が利いている。かしこい。④警察や警察官の略。	①警告。警報。②警備。警戒。③警句。④婦警。	①火災警報。②厳重な警戒。③警句を吐く。④愛知県警。		2357
臓	6	月月月月肝肝胖胖胖胖胖胖膣膣臓臓臓臓臓	にくづき	19	ゾウ			はらわた。	臓物。内臓。	臓器の提供をうける。		3401

116

第4学年配当の都道府県名の漢字

漢字	配当学年	筆順	部首	総画	音(常用漢字表)	訓(常用漢字表)	表外の音訓	意味	熟語	用例	備考(名は人名、地は地名)	JISコード
井	4	二 于 井	に	4	★セイ、(ショウ)	い		①いど。水などをくむところ。②いげた。いげたのように整っているさま。③まち。	井戸。油井。井筒。井然。	①井戸を掘る。②天井が高い。③市井の人となる。	(地)福井県	1670
茨	4	艹 茨 茨	くさかんむり	9	―	(いばら)	(シ)	①とげのある低木。②野生のばら。	茨の道。②花茨。	①茨の道。②野茨が咲いている。③からたちの茨。	(地)茨城県	1681
岡	4	冂 岡 岡	やまへん	8	―	(おか)		小高くなった土地。	片岡。高岡。	高岡にのぼる。	(地)岡山県、静岡県、福岡県	1812
沖	4	氵 沖 沖	さんずい	7	★チュウ	おき	(コウ)	①岸から遠く離れた水の上。②勢いよく高く飛び上がる。	沖合。沖積。沖天。	①沖に舟を出す。②沖天の勢い。	(地)沖縄県	1813
潟	4	氵 潟 潟	さんずい	15	―	かた	(セキ)	①ひがた。潮の干満によって隠れたり現れたりするところ。②海の一部分が砂州などでできた湖や沼。	干潟。潟湖。	①ムツゴロウは干潟をはって歩く。②サロマ湖は潟湖である。	(地)新潟県	1967
岐	4	山 岐 岐	やまへん	7	キ	―		ふたまたに分かれる。	岐路。分岐。	多岐にわたる。	(地)岐阜県	2084
熊	4	育 能 熊	れっか	14	―	くま	(ユウ)	動物の名。くま。	熊胆。熊手。	熊手で落ち葉を集める。	(名)かの(地)熊本県	2307
香	4	一 禾 香	かおり	9	コウ、(キョウ)	か、かおり、かお・る		①かおり。におい。②よいかおりを出すもの。	芳香。香気。香料。	①香気がただよう。②香料が添加されている。	(地)香川県	2565
佐	4	亻 仁 佐	にんべん	7	サ	―		①助ける。人の手助けをする。②昔の軍隊の階級を表す名前の一つ。	①補佐。佐幕。②大佐。中佐。	①会長を補佐する。②陸軍大佐。	(名)たすく、すけ(地)佐賀県	2620
阪	4	阝 阪 阪	こざとへん	7	ハン	―	(さか)	①さか。傾斜した道。②大阪の略。	①阪路。②京阪。阪神。	①阪路をのぼる。②京阪国道は国道1号の一部である。	(地)大阪府	2669
崎	4	山 岾 崎	やまへん	11	―	さき	(キ)	みさき。海中に突き出た陸地。	洲崎。御前崎。	天橋立の洲崎が延びた。	(地)長崎県	2674
埼	4	扌 垮 埼	つちへん	11	―	(さい)	(キ)、さき	山や陸地の突き出た部分。		地名の「埼玉」以外は一般に「崎」を用いる。	(地)埼玉県	2675
滋	4	氵 滋 滋	さんずい	12	ジ	―	(シ)	①しげる。草木がしげる。②うるおす。養分を与える。③おいしい。	①滋蔓。②滋養。滋雨。③滋味。	①滋蔓して清池をめぐる。②滋養に富む。③骨と肉の間に潜る滋味はもう味わわれなくなる。	(名)しげ、しげる(地)滋賀県	2802
鹿	4	广 戸 鹿	しか	11	―	しか、(か)	(ロク)	①動物の名。しか。②人が手に入れようとして争う地位。	①鹿角。鹿苑。②逐鹿。	①秋に鹿の角切りが行われる。②中原に鹿をおう。	(地)鹿児島県	2815

3 教育漢字

本編　常用漢字

漢字	配当学年	筆順	部首	総画	音(常用漢字表)	訓(常用漢字表)	表外の音訓	意味	熟語	用例	備考 (名)は人名、(地)は地名	JISコード
栃	4	木 オ 材 栃	きへん	9	ー	(とち)		落葉高木の名。とち。		栃の実をひろう。	(地)栃木県	3842
奈	4	大 云 奈	だい	8	ナ	ー	ナイ、(ダイ)、(なん-ぞ)、(いか-ん)、(いかん-ぞ)	①木の名。からなし。②どうしようか。どうしたらよいか。	②奈何。	②奈何せん、時間がない。	(名)なに (地)神奈川県、奈良県	3864
縄	4	糸 紀 縄 縄	いとへん	15	ジョウ	なわ		わら・糸などをより合わせたもの。	縄文。縄目。	縄目をそろえる。	(地)沖縄県	3876
媛	4	女 妒 媛 媛	おんなへん	12	エン	ー	(ひめ)	若く美しい女性。	才媛。	彼女は才媛である。	(地)愛媛県	4118
阜	4	' 阝 戸 自 阜	おか	8	(フ)	ー	(おか)	平地より少し盛り上がった土地。			(地)岐阜県	4176
梨	4	利 梨 梨	きへん	11	ー	なし	(リ)	果樹の名。なし。	梨花。梨園。	梨花一枝、春の雨を帯ぶ。	(地)山梨県	4592

4　教育漢字以外の常用漢字

漢字	部首	総画	音 （常用漢字表）	訓 （常用漢字表）	表外の 音訓	備考 （名）は人名	JIS コード
亜	に	7	ア	－		（名）つぎ	1601
哀	くちへん	9	アイ	あわ・れ、 あわ・れむ			1605
•挨	てへん	10	アイ	－	（お・す）		1607
•曖	ひへん（日）	17	アイ	－	（くら・い）、 （かげ・る）		5903
握	てへん	12	アク	にぎ・る	にぎ・り		1614
扱	てへん	6	－	あつか・う	あつか・い		1623
•宛	うかんむり	8	－	あ・てる	（エン）、 あて		1624
•嵐	やまへん	12	－	あらし	（ラン）		4582
依	にんべん	8	イ、 ★（エ）	－	（よ・る）		1645
威	おんなへん	9	イ	－		（名）たけ、たけし	1650
為	れっか	9	イ	－		（名）ため	1657
•畏	たへん	9	イ	おそ・れる	（かしこ・い）、 （かしこ・まる）		1658
尉	すん	11	イ	－			1651
•萎	くさかんむり	11	イ	な・える	（しぼ・む）、 （しお・れる）		1664
偉	にんべん	12	イ	えら・い	えら・ぶる		1646
•椅	きへん	12	イ	－			1656
•彙	けいがしら	13	イ	－	（はりねずみ）		5535
違	しんにょう	13	イ	ちが・う、 ちが・える	ちが・い		1667
維	いとへん	14	イ	－		（名）これ	1661
慰	こころ	15	イ	なぐさ・める、 なぐさ・む	なぐさ・め、 なぐさ・み		1654
緯	いとへん	16	イ	－			1662
壱	さむらい	7	イチ	－		（名）かず	1677
逸	しんにょう	11	イツ	－		（名）はや	1679
芋	くさかんむり	6	－	いも			1682
•咽	くちへん	9	イン	－	（エツ）、 （エン）、 （のど）、 （むせ・ぶ）、 （の・む）		1686
姻	おんなへん	9	イン	－			1689
•淫	さんずい	11	イン	★みだ・ら	みだ・りに		1692
陰	こざとへん	11	イン	かげ、 かげ・る	かげ・り		1702
隠	こざとへん	14	イン	かく・す、 かく・れる			1703
韻	おとへん	19	イン	－			1704
•唄	くちへん	10	－	（うた）	（バイ）、 うた・う		1720
•鬱	ちょう	29	ウツ	－			6121
畝	たへん	10	－	うね	（せ）		3206
浦	さんずい	10	－	うら	（ホ）		1726
詠	ごんべん	12	エイ	★よ・む			1751
影	さんづくり	15	エイ	かげ			1738

本編　常用漢字

漢字	部首	総画	音 （常用漢字表）	訓 （常用漢字表）	表外の 音訓	備考 （名）は人名	JIS コード
鋭	かねへん	15	エイ	するど・い		（名）とし	1752
疫	やまいだれ	9	エキ、 ★（ヤク）	－			1754
悦	りっしんべん	10	エツ	－		（名）のぶ、よし	1757
越	そうにょう	12	エツ	こ・す、 こ・える			1759
謁	ごんべん	15	エツ	－			1758
閲	もんがまえ	15	エツ	－			1760
炎	ひへん（火）	8	エン	ほのお			1774
•怨	こころ	9	★エン、 オン	－	（うら・む）、 （うら・み）		1769
宴	うかんむり	10	エン	－	（うたげ）		1767
援	てへん	12	エン	－			1771
煙	ひへん（火）	13	エン	けむ・る、 けむり、 けむ・い	けむ・たい、 けむ・たがる		1776
猿	けものへん	13	エン	さる			1778
鉛	かねへん	13	エン	なまり			1784
縁	いとへん	15	エン	ふち	（へり）		1779
•艶	いろ	19	★エン	つや	（なまめ・く）、 （なまめ・かしい）、 （あで・やか）	（名）よし	1780
汚	さんずい	6	オ	★けが・す、 ★けが・れる、 ★けが・らわしい、 よご・す、 よご・れる、 きたな・い			1788
凹	うけばこ	5	オウ	－			1790
押	てへん	8	★オウ	お・す、 お・さえる	お・さえ		1801
•旺	ひへん	8	オウ	－	（さか・ん）	（名）あき、あきら	1802
欧	あくび	8	オウ	－			1804
殴	るまた	8	★オウ	なぐ・る			1805
翁	はね	10	オウ	－			1807
奥	だい	12	★オウ	おく			1792
憶	りっしんべん	16	オク	－			1817
•臆	にくづき	17	オク	－	（おしはか・る）		1818
虞	とらかんむり	13	－	おそれ			2283
乙	おつにょう	1	オツ	－	（きのと）	（名）お	1821
•俺	にんべん	10	－	おれ	（エン）、 （われ）		1822
卸	ふしづくり	9	－	おろ・す、 おろし			1823
穏	のぎへん	16	オン	おだ・やか			1826
佳	にんべん	8	カ	－		（名）よし	1834
•苛	くさかんむり	8	カ	－	（から・い）、 （さいな・む）、 （いらだ・つ）		1855
架	きへん	9	カ	か・ける、 か・かる			1845

4 教育漢字以外の常用漢字

漢字	部首	総画	音 (常用漢字表)	訓 (常用漢字表)	表外の 音訓	備考 (名)は人名	JIS コード
華	くさかんむり	10	カ、 ★(ケ)	はな			1858
菓	くさかんむり	11	カ	—			1859
渦	さんずい	12	★カ	うず			1718
嫁	おんなへん	13	★カ	よめ、 とつ・ぐ			1839
暇	ひへん(日)	13	カ	ひま	(いとま)		1843
禍	しめすへん	13	カ	—			1850
靴	つくりがわ	13	★カ	くつ			2304
寡	うかんむり	14	カ	—			1841
箇	たけかんむり	14	カ	—			1853
稼	のぎへん	15	★カ	かせ・ぐ			1852
蚊	むしへん	10	—	か			1867
•牙	きば	4	★ガ、 (ゲ)	きば			1871
•瓦	かわら	5	★ガ	かわら			2004
雅	ふるとり	13	ガ	—		(名)まさ	1877
餓	しょくへん	15	ガ	—			1878
介	ひとやね	4	カイ	—		(名)すけ	1880
戒	ほこがまえ	7	カイ	いまし・める	いまし・め		1892
怪	りっしんべん	8	カイ	あや・しい、 あや・しむ			1888
拐	てへん	8	カイ	—			1893
悔	りっしんべん	9	カイ	く・いる、 く・やむ、 くや・しい	く・い		1889
皆	しろ	9	カイ	みな			1907
塊	つちへん	13	カイ	かたまり			1884
•楷	きへん	13	カイ	—			6020
•潰	さんずい	15	カイ	つぶ・す、 つぶ・れる	つぶ・し、 (つい・える)		3657
壊	つちへん	16	カイ	こわ・す、 こわ・れる			1885
懐	りっしんべん	16	カイ	★ふところ、 ★なつ・かしい、 ★なつ・かしむ、 ★なつ・く、 ★なつ・ける		(名)かね	1891
•諧	ごんべん	16	カイ	—	(かな・う)、 (やわ・らぐ)		7563
劾	ちから	8	ガイ	—			1915
•崖	やまへん	11	ガイ	がけ			1919
涯	さんずい	11	ガイ	—	(はて)		1922
慨	りっしんべん	13	ガイ	—			1920
•蓋	くさかんむり	13	ガイ	ふた	(コウ)、 (かさ)、 (けだ・し)、 (おお・う)、 (おお・い)		1924
該	ごんべん	13	ガイ	—			1926
概	きへん	14	ガイ	—			1921

本　編　　常用漢字

漢字	部首	総画	音 (常用漢字表)	訓 (常用漢字表)	表外の 音訓	備考 (名)は人名	JIS コード
•骸	ほねへん	16	ガイ	ー	カイ、 (むくろ)、 (ほね)		1928
垣	つちへん	9	ー	かき			1932
•柿	きへん	9	ー	かき	(シ)		1933
核	きへん	10	カク	ー			1943
殻	るまた	11	カク	から			1944
郭	おおざと	11	カク	ー			1952
較	くるまへん	13	カク	ー	(くら・べる)		1951
隔	こざとへん	13	カク	へだ・てる、 へだ・たる	へだ・て、 へだ・たり		1954
獲	けものへん	16	カク	え・る			1945
嚇	くちへん	17	カク	ー			1937
穫	のぎへん	18	カク	ー			1947
岳	やまへん	8	ガク	たけ		(名) たかし	1957
•顎	おおがい	18	ガク	あご			1960
掛	てへん	11	ー	か・ける、 か・かる、 かかり			1961
括	てへん	9	カツ	ー	(くく・る)		1971
喝	くちへん	11	カツ	ー			1969
渇	さんずい	11	★カツ	かわ・く	かわ・き		1973
•葛	くさかんむり	12	カツ	★くず	(かずら)、 (つづら)		1975
滑	さんずい	13	カツ、 コツ	すべ・る、 なめ・らか	すべ・り		1974
褐	ころもへん	13	カツ	ー			1976
轄	くるまへん	17	カツ	ー			1977
且	いち	5	ー	か・つ			1978
•釜	かねへん	10	ー	かま	(フ)		1988
•鎌	かねへん	18	ー	かま	(レン)		1989
刈	りっとう	4	ー	か・る			2002
甘	あまい	5	カン	あま・い、 あま・える、 あま・やかす	あま・み		2037
汗	さんずい	6	カン	あせ	あせ・ばむ		2032
缶	ほとぎ	6	カン	ー			2044
肝	にくづき	7	カン	きも			2046
冠	わかんむり	9	カン	かんむり			2007
陥	こざとへん	10	カン	おちい・る、 ★おとしい・れる			2057
乾	おつにょう	11	カン	かわ・く、 かわ・かす	(いぬい)		2005
勘	ちから	11	カン	ー			2010
患	こころ	11	カン	★わずら・う			2021
貫	かいへん	11	カン	つらぬ・く		(名) つら	2051
喚	くちへん	12	カン	ー			2013
堪	つちへん	12	★カン	た・える	(タン)		2014
換	てへん	12	カン	か・える、 か・わる			2025
敢	のぶん	12	カン	ー		(名) いさむ	2026
棺	きへん	12	カン	ー			2029

4 教育漢字以外の常用漢字

漢字	部首	総画	音 (常用漢字表)	訓 (常用漢字表)	表外の 音訓	備考 (名)は人名	JIS コード
款	あくび	12	カン	―			2030
閑	もんがまえ	12	カン	―	(ひま)	(名)しず	2055
勧	ちから	13	カン	すす・める	すす・め		2011
寛	うかんむり	13	カン	―		(名)ひろ、ひろし	2018
歓	あくび	15	カン	―			2031
監	さら	15	カン	―			2038
緩	いとへん	15	カン	ゆる・い、 ゆる・やか、 ゆる・む、 ゆる・める	ゆる・み		2043
憾	りっしんべん	16	カン	―			2024
還	しんにょう	16	カン	―			2052
環	おうへん	17	カン	―		(名)たまき	2036
•韓	なめしがわ	17	カン	―	(から)		2058
艦	ふねへん	21	カン	―			2047
鑑	かねへん	23	カン	★かんが・みる			2053
含	くちへん	7	ガン	ふく・む、 ふく・める	ふく・み		2062
•玩	おうへん	8	ガン	―	(もてあそ・ぶ)		2065
頑	おおがい	13	ガン	―	(かたくな)		2072
企	ひとやね	6	キ	くわだ・てる	くわだ・て		2075
•伎	にんべん	6	キ	―	ギ、 (わざ)、 (たくみ)	(名)くれ、し	2076
忌	こころ	7	キ	★い・む、 ★い・まわしい			2087
奇	だい	8	キ	―			2081
祈	しめすへん	8	キ	いの・る	いの・り		2107
軌	くるまへん	9	キ	―			2116
既	むにょう	10	キ	すで・に			2091
飢	しょくへん	10	キ	う・える	う・え		2118
鬼	きにょう	10	キ	おに			2120
•亀	かめ	11	キ	かめ	(キュウ)、 (キン)	(名)すすむ、ひさ、 ひさし	2121
幾	いとがしら	12	キ	いく		(名)ちか、ちかし	2086
棋	きへん	12	キ	―			2093
棄	きへん	13	キ	―	(す・てる)		2094
•毀	るまた	13	キ	―	(こぼ・つ)、 (こわ・す)、 (やぶ・る)、 (やぶ・れる)、 (そし・る)		5244
•畿	たへん	15	キ	―	(みやこ)	(名)ちか	2106
輝	くるまへん	15	キ	かがや・く	かが・やき、 かがや・かしい	(名)てる	2117
騎	うまへん	18	キ	―			2119
宜	うかんむり	8	ギ	―		(名)のり、よし	2125
偽	にんべん	11	ギ	いつわ・る、 ★にせ	いつわ・り		2122
欺	あくび	12	ギ	あざむ・く			2129
儀	にんべん	15	ギ	―			2123
戯	ほこがまえ	15	ギ	★たわむ・れる	たわむ・れ		2126

本　編　　常用漢字

漢字	部首	総画	音 （常用漢字表）	訓 （常用漢字表）	表外の 音訓	備考 （名）は人名	JIS コード
擬	てへん	17	ギ	－			2128
犠	うしへん	17	ギ	－			2130
菊	くさかんむり	11	キク	－			2138
吉	くちへん	6	キチ、 キツ	－		（名）よし	2140
喫	くちへん	12	キツ	－			2142
詰	ごんべん	13	★キツ	つ・める、 つ・まる、 つ・む			2145
却	ふしづくり	7	キャク	－			2149
脚	にくづき	11	キャク、 ★（キャ）	あし			2151
虐	とらかんむり	9	ギャク	★しいた・げる			2152
及	また	3	キュウ	およ・ぶ、 およ・び、 およ・ぼす		（名）いたる	2158
丘	いち	5	キュウ	おか			2154
朽	きへん	6	キュウ	く・ちる			2164
•臼	うす	6	キュウ	うす			1717
糾	いとへん	9	キュウ	－		（名）ただ、ただす	2174
•嗅	くちへん	13	キュウ	か・ぐ			5144
窮	あなかんむり	15	キュウ	★きわ・める、 ★きわ・まる			2171
巨	たくみへん	5	キョ	－			2180
拒	てへん	8	キョ	こば・む			2181
拠	てへん	8	キョ、 コ	－	よ・る		2182
虚	とらかんむり	11	キョ、 ★（コ）	－	むな・しい		2185
距	あしへん	12	キョ	－			2187
御	ぎょうにんべん	12	ギョ、 ゴ	おん			2470
凶	うけばこ	4	キョウ	－			2207
叫	くちへん	6	キョウ	さけ・ぶ	さけ・び		2211
狂	けものへん	7	キョウ	くる・う、 くる・おしい			2224
享	なべぶた	8	キョウ	－			2193
況	さんずい	8	キョウ	－			2223
峡	やまへん	9	キョウ	－			2214
挟	てへん	9	★キョウ	はさ・む、 はさ・まる			2220
狭	けものへん	9	★キョウ	せま・い、 せば・める、 せば・まる			2225
恐	こころ	10	キョウ	おそ・れる、 おそ・ろしい	おそ・れ		2218
恭	したごころ	10	キョウ	★うやうや・しい		（名）やす、やすし	2219
脅	にくづき	10	キョウ	★おびや・かす、 おど・す、 おど・かす	おど・し		2228
矯	やへん	17	キョウ	★た・める			2226
響	おとへん	20	キョウ	ひび・く	ひび・き		2233

4 教育漢字以外の常用漢字

漢字	部首	総画	音 (常用漢字表)	訓 (常用漢字表)	表外の 音訓	備考 (名)は人名	JIS コード
驚	うまへん	22	キョウ	おどろ・く、 おどろ・かす	おどろ・き		2235
仰	にんべん	6	ギョウ、 (コウ)	あお・ぐ、 ★おお・せ			2236
暁	ひへん(日)	12	★ギョウ	あかつき		(名)あき、あきら	2239
凝	にすい	16	ギョウ	こ・る、 こ・らす			2237
•巾	はばへん	3	キン	ー	(きれ)、 (はば)		2250
斤	おのづくり	4	キン	ー			2252
菌	くさかんむり	11	キン	ー			2261
琴	おうへん	12	キン	こと			2255
•僅	にんべん	13	キン	わず・か			2247
緊	いとへん	15	キン	ー			2259
•錦	かねへん	16	キン	にしき			2251
謹	ごんべん	17	キン	つつし・む			2264
襟	ころもへん	18	★キン	えり			2263
吟	くちへん	7	ギン	ー			2267
駆	うまへん	14	ク	か・ける、 か・る			2278
•惧	りっしんべん	11	グ	ー	ク、 (おそ・れる)		5592
愚	こころ	13	グ	おろ・か	おろ・かしい		2282
偶	にんべん	11	グウ	ー			2286
遇	しんにょう	12	グウ	ー	(あ・う)		2288
隅	こざとへん	12	グウ	すみ			2289
•串	たてぼう	7	ー	くし	(カン)、 (セン)、 (つらぬ・く)		2290
屈	しかばね	8	クツ	ー	(かが・む)		2294
掘	てへん	11	クツ	ほ・る			2301
•窟	あなかんむり	13	クツ	ー	(いわや)、 (ほらあな)		2302
繰	いとへん	19	ー	く・る			2311
勲	ちから	15	クン	ー		(名)いさお	2314
薫	くさかんむり	16	★クン	かお・る	かお・り		2316
刑	りっとう	6	ケイ	ー			2326
茎	くさかんむり	8	ケイ	くき			2352
契	だい	9	ケイ	★ちぎ・る	ちぎ・り		2332
恵	こころ	10	ケイ、 エ	めぐ・む	めぐ・み		2335
啓	くちへん	11	ケイ	ー		(名)ひろ、ひろし	2328
掲	てへん	11	ケイ	かか・げる			2339
渓	さんずい	11	ケイ	ー			2344
蛍	むしへん	11	ケイ	ほたる			2354
傾	にんべん	13	ケイ	かたむ・く、 かたむ・ける	かたむ・き		2325
携	てへん	13	ケイ	たずさ・える、 たずさ・わる			2340
継	いとへん	13	ケイ	つ・ぐ	つ・ぎ		2349
•詣	ごんべん	13	★ケイ	もう・でる			2356
慶	こころ	15	ケイ	ー		(名)よし	2336

本編　常用漢字

漢字	部首	総画	音 (常用漢字表)	訓 (常用漢字表)	表外の 音訓	備考 (名)は人名	JIS コード
•憬	りっしんべん	15	ケイ	—	(あこが・れる)		5661
•稽	のぎへん	15	ケイ	—	(とど・める)、 (かんが・える)	(名)おさむ、かず	2346
憩	こころ	16	ケイ	いこ・い、 ★いこ・う			2338
鶏	とり	19	ケイ	にわとり			2360
迎	しんにょう	7	ゲイ	むか・える			2362
鯨	うおへん	19	ゲイ	くじら			2363
•隙	こざとへん	13	★ゲキ	すき	ケキ、 (ひま)		2368
撃	て	15	ゲキ	う・つ			2366
•桁	きへん	10	—	けた	(コウ)		2369
傑	にんべん	13	ケツ	—		(名)たけし	2370
肩	にくづき	8	★ケン	かた			2410
倹	にんべん	10	ケン	—			2380
兼	はちがしら	10	ケン	か・ねる		(名)かぬ	2383
剣	りっとう	10	ケン	つるぎ			2385
•拳	てへん	10	ケン	こぶし	ゲン		2393
軒	くるまへん	10	ケン	のき			2414
圏	くにがまえ	12	ケン	—			2387
堅	つちへん	12	ケン	かた・い			2388
嫌	おんなへん	13	ケン、 (ゲン)	きら・う、 いや			2389
献	いぬ	13	ケン、 (コン)	—		(名)たけ	2405
遣	しんにょう	13	ケン	つか・う、 つか・わす			2415
賢	かいへん	16	ケン	かしこ・い		(名)かた、さとる	2413
謙	ごんべん	17	ケン	—		(名)ゆずる	2412
•鍵	かねへん	17	ケン	かぎ			2416
繭	いとへん	18	★ケン	まゆ			4390
顕	おおがい	18	ケン	—		(名)あき、あきら	2418
懸	こころ	20	ケン、 ★(ケ)	か・ける、 か・かる			2392
幻	いとがしら	4	ゲン	まぼろし			2424
玄	げん	5	ゲン	—			2428
弦	ゆみへん	8	ゲン	★つる			2425
•舷	ふねへん	11	ゲン	—	(ふなばた)、 (ふなべり)		2431
•股	にくづき	8	コ	また	(もも)		2452
•虎	とらかんむり	8	コ	とら			2455
孤	こへん	9	コ	—			2441
弧	ゆみへん	9	コ	—			2444
枯	きへん	9	コ	か・れる、 か・らす			2447
雇	ふるとり	12	コ	やと・う			2459
誇	ごんべん	13	コ	ほこ・る	ほこ・り、 ほこ・らしい		2456
鼓	つづみ	13	コ	★つづみ			2461
•鋼	かねへん	16	コ	—	(ふさ・ぐ)、 (かた・い)		7894
顧	おおがい	21	コ	かえり・みる			2460

4 教育漢字以外の常用漢字

漢字	部首	総画	音 （常用漢字表）	訓 （常用漢字表）	表外の 音訓	備考 (名)は人名	JIS コード
互	に	4	ゴ	たが・い	たが・いに		2463
呉	くちへん	7	ゴ	―	（くれ）		2466
娯	おんなへん	10	ゴ	―			2468
悟	りっしんべん	10	ゴ	さと・る	さと・り	(名) さとし	2471
碁	いしへん	13	ゴ	―			2475
•勾	つつみがまえ	4	コウ	―	（ま・がる）、 （とら・える）、 （かぎ）	(名) あたる、く	2491
孔	こへん	4	コウ	―			2506
巧	たくみへん	5	コウ	たく・み			2510
甲	たへん	5	コウ、 カン	―	（きのえ）		2535
江	さんずい	6	コウ	え			2530
坑	つちへん	7	コウ	―			2503
抗	てへん	7	コウ	―			2519
攻	のぶん	7	コウ	せ・める		(名) おさむ	2522
更	ひらび	7	コウ	さら、 ★ふ・ける、 ★ふ・かす			2525
拘	てへん	8	コウ	―			2520
肯	にくづき	8	コウ	―			2546
侯	にんべん	9	コウ	―			2484
恒	りっしんべん	9	コウ	―		(名) つね、ひさし	2517
洪	さんずい	9	コウ	―			2531
荒	くさかんむり	9	コウ	あら・い、 あ・れる、 あ・らす			2551
郊	おおざと	9	コウ	―			2557
貢	かいへん	10	コウ、 ★（ク）	★みつ・ぐ			2555
控	てへん	11	★コウ	ひか・える	ひか・え		2521
•梗	きへん	11	コウ	―	（キョウ）		2528
•喉	くちへん	12	コウ	のど			2502
慌	りっしんべん	12	★コウ	あわ・てる、 あわ・ただしい			2518
硬	いしへん	12	コウ	かた・い			2537
絞	いとへん	12	★コウ	しぼ・る、 し・める、 し・まる	しぼ・り		2542
項	おおがい	12	コウ	―			2564
溝	さんずい	13	コウ	みぞ			2534
綱	いとへん	14	コウ	つな			2543
酵	ひよみのとり	14	コウ	―			2558
稿	のぎへん	15	コウ	―			2538
衡	ぎょうがまえ	16	コウ	―		(名) ひら	2553
購	かいへん	17	コウ	―			2556
•乞	おつにょう	3	―	こ・う	（キツ）、 （コツ）		2480
拷	てへん	9	ゴウ	―			2573
剛	りっとう	10	ゴウ	―		(名) たけし、つよし	2568

本編　常用漢字

漢字	部首	総画	音 (常用漢字表)	訓 (常用漢字表)	表外の 音訓	備考 (名)は人名	JIS コード
•傲	にんべん	13	ゴウ	ー	(おご・る)、 (あなど・る)、 (あそ・ぶ)		4894
豪	いのこへん	14	ゴウ	ー		(名) たけ、たけし	2575
克	ひとあし	7	コク	ー		(名) かつ、よし、まさる	2578
酷	ひよみのとり	14	コク	ー			2583
獄	けものへん	14	ゴク	ー			2586
•駒	うまへん	15	ー	こま	(ク)		2280
込	しんにょう	5	ー	こ・む、 こ・める			2594
•頃	おおがい	11	ー	ころ	(ケイ)、 (キョウ)		2602
昆	ひへん（日）	8	コン	ー			2611
恨	りっしんべん	9	コン	うら・む、 うら・めしい	うら・み		2608
婚	おんなへん	11	コン	ー			2607
•痕	やまいだれ	11	コン	あと			2615
紺	いとへん	11	コン	ー			2616
魂	きにょう	14	コン	たましい			2618
墾	つちへん	16	コン	ー			2606
懇	こころ	17	コン	★ねんご・ろ			2609
•沙	さんずい	7	サ	ー	(シャ)、 (すな)	(名) いさ、す	2627
唆	くちへん	10	サ	★そそのか・す			2622
詐	ごんべん	12	サ	ー			2630
鎖	かねへん	18	サ	くさり			2631
•挫	てへん	10	ザ	ー	(くじ・く)、 (くじ・ける)		2635
•采	つめかんむり	8	サイ	ー	(と・る)、 (いろどり)	(名) あや、うね、こと	2651
砕	いしへん	9	サイ	くだ・く、 くだ・ける			2653
宰	うかんむり	10	サイ	ー			2643
栽	きへん	10	サイ	ー			2647
彩	さんづくり	11	サイ	★いろど・る	いろど・り	(名) あや	2644
斎	せい	11	サイ	ー		(名) ひとし	2656
債	にんべん	13	サイ	ー			2636
催	にんべん	13	サイ	もよお・す	もよお・し		2637
•塞	つちへん	13	サイ、 ソク	ふさ・ぐ、 ふさ・がる	(とりで)		2641
歳	とめへん	13	サイ、 (セイ)	ー	(とし)		2648
載	くるまへん	13	サイ	の・せる、 の・る			2660
剤	りっとう	10	ザイ	ー			2662
削	りっとう	9	サク	けず・る			2679
•柵	きへん	9	サク	ー	(とりで)、 (しがらみ)		2684
索	いとへん	10	サク	ー			2687
酢	ひよみのとり	12	サク	す			3161
搾	てへん	13	★サク	しぼ・る			2681

4 教育漢字以外の常用漢字

漢字	部首	総画	音 (常用漢字表)	訓 (常用漢字表)	表外の 音訓	備考 (名)は人名	JIS コード
錯	かねへん	16	サク	―			2688
咲	くちへん	9	―	さ・く			2673
•刹	りっとう	8	★サツ、 セツ	―	(てら)		4975
•拶	てへん	9	サツ	―	(せま・る)		2702
撮	てへん	15	サツ	と・る			2703
擦	てへん	17	サツ	す・る、 す・れる			2704
桟	きへん	10	サン	―			2723
惨	りっしんべん	11	サン、 ★ザン	★みじ・め			2720
傘	ひとやね	12	★サン	かさ			2717
•斬	おのづくり	11	ザン	き・る	サン		2734
暫	ひへん(日)	15	ザン	―			2735
旨	ひへん(日)	6	シ	★むね	(うま・い)		2761
伺	にんべん	7	★シ	うかが・う			2739
刺	りっとう	8	シ	さ・す、 さ・さる	(とげ)		2741
祉	しめすへん	8	シ	―			2767
肢	にくづき	8	シ	―			2772
施	ほうへん	9	シ、 ★セ	ほどこ・す	ほどこ・し		2760
•恣	こころ	10	シ	―	(ほしいまま)		5583
脂	にくづき	10	シ	あぶら			2773
紫	いとへん	12	シ	むらさき			2771
嗣	くちへん	13	シ	―	(つ・ぐ)		2744
雌	ふるとり	14	シ	め、 めす			2783
•摯	てへん	15	シ	―	(と・る)、 (つか・む)		5785
賜	かいへん	15	★シ	たまわ・る			2782
諮	ごんべん	16	シ	はか・る			2780
侍	にんべん	8	ジ	さむらい			2788
慈	こころ	13	ジ	★いつく・しむ	いつく・しみ		2792
•餌	しょくへん	15	★ジ	えさ、 え			1734
璽	たま	19	ジ	―			2805
軸	くるまへん	12	ジク	―			2820
•叱	くちへん	5	シツ	しか・る	シチ		2824
疾	やまいだれ	10	シツ	―			2832
執	つちへん	11	シツ、 シュウ	と・る			2825
湿	さんずい	12	シツ	しめ・る、 しめ・す	しめ・り		2830
•嫉	おんなへん	13	シツ	―	(ねた・む)、 (そね・む)、 (にく・む)		2827
漆	さんずい	14	シツ	うるし			2831
芝	くさかんむり	6	―	しば			2839
赦	あか	11	シャ	―			2847
斜	とます	11	シャ	なな・め			2848

本編　常用漢字

漢字	部首	総画	音 （常用漢字表）	訓 （常用漢字表）	表外の 音訓	備考 （名）は人名	JIS コード
煮	れっか	12	★シャ	に・る、 に・える、 に・やす			2849
遮	しんにょう	14	シャ	さえぎ・る			2855
邪	おおざと	8	ジャ	—	（よこしま）		2857
蛇	むしへん	11	ジャ、 ダ	へび			2856
酌	ひよみのとり	10	シャク	★く・む			2864
釈	のごめへん	11	シャク	—			2865
爵	つめかんむり	17	シャク	—			2863
寂	うかんむり	11	ジャク、 ★（セキ）	さび、 さび・しい、 さび・れる			2868
朱	きへん	6	シュ	—			2875
狩	けものへん	9	シュ	か・る、 か・り			2877
殊	がつへん	10	シュ	こと			2876
珠	おうへん	10	シュ	—		（名）たま	2878
•腫	にくづき	13	シュ	は・れる、 は・らす	（ショウ）、 はれもの		2880
趣	そうにょう	15	シュ	おもむき			2881
寿	すん	7	ジュ	ことぶき		（名）とし、ひさ、ひ さし	2887
•呪	くちへん	8	ジュ	のろ・う	シュウ、 （まじな・い）		2886
需	あめかんむり	14	ジュ	—		（名）もと、もとむ	2891
儒	にんべん	16	ジュ	—			2884
囚	くにがまえ	5	シュウ	—			2892
舟	ふねへん	6	シュウ	ふね、 （ふな）			2914
秀	のぎへん	7	シュウ	★ひい・でる		（名）ひで	2908
臭	みずから	9	シュウ	くさ・い、 にお・う			2913
•袖	ころもへん	10	★シュウ	そで			3421
•羞	ひつじ	11	シュウ	—	（すす・める）、 （は・じる）、 （はずかし・める）、 （はじ）		7023
愁	こころ	13	シュウ	★うれ・える、 ★うれ・い			2905
酬	ひよみのとり	13	シュウ	—		（名）あつ	2923
醜	ひよみのとり	17	シュウ	みにく・い			2925
•蹴	あしへん	19	シュウ	け・る	シュク		2919
襲	ころも	22	シュウ	おそ・う			2917
汁	さんずい	5	ジュウ	しる			2933
充	ひとあし	6	ジュウ	★あ・てる	（み・ちる）	（名）みつ、みつる	2928
柔	きへん	9	ジュウ、 ニュウ	やわ・らか、 やわ・らかい			2932
渋	さんずい	11	ジュウ	しぶ、 しぶ・い、 しぶ・る	しぶ・さ		2934
銃	かねへん	14	ジュウ	—			2938

4 教育漢字以外の常用漢字

漢字	部首	総画	音 （常用漢字表）	訓 （常用漢字表）	表外の 音訓	備考 （名）は人名	JIS コード
獣	いぬ	16	ジュウ	けもの	（けだもの）		2935
叔	また	8	シュク	－		（名）よし	2939
淑	さんずい	11	シュク	－		（名）きよし、よし	2942
粛	ふでづくり	11	シュク	－			2945
塾	つちへん	14	ジュク	－			2946
俊	にんべん	9	シュン	－		（名）とし	2951
瞬	めへん	18	シュン	★またた・く	またた・き		2954
旬	ひへん（日）	6	ジュン、 （シュン）	－			2960
巡	かわ	6	ジュン	めぐ・る			2968
盾	めへん	9	ジュン	たて			2966
准	にすい	10	ジュン	－			2958
殉	がつへん	10	ジュン	－			2962
循	ぎょうにんべん	12	ジュン	－			2959
潤	さんずい	15	ジュン	うるお・う、 うるお・す、 うる・む	うるお・い		2965
遵	しんにょう	15	ジュン	－			2969
庶	まだれ	11	ショ	－		（名）ちか	2978
緒	いとへん	14	ショ、 （チョ）	お			2979
如	おんなへん	6	ジョ、 ★ニョ	－	（ごと・し）	（名）ゆき	3901
叙	また	9	ジョ	－		（名）のぶ	2986
徐	ぎょうにんべん	10	ジョ	－	（おもむろ・に）		2989
升	じゅう	4	ショウ	ます			3003
召	くちへん	5	ショウ	め・す			3004
匠	はこがまえ	6	ショウ	－	（たくみ）		3002
床	まだれ	7	ショウ	とこ、 ゆか			3018
抄	てへん	7	ショウ	－			3022
肖	にくづき	7	ショウ	－			3051
尚	しょう	8	ショウ	－		（名）たか、たかし、 ひさ、ひさし	3016
昇	ひへん（日）	8	ショウ	のぼ・る			3026
沼	さんずい	8	★ショウ	ぬま			3034
宵	うかんむり	10	★ショウ	よい			3012
症	やまいだれ	10	ショウ	－			3041
祥	しめすへん	10	ショウ	－		（名）さち、よし	3045
称	のぎへん	10	ショウ	－	（とな・える）		3046
渉	さんずい	11	ショウ	－	（わた・る）		3036
紹	いとへん	11	ショウ	－		（名）つぎ	3050
訟	ごんべん	11	ショウ	－			3057
掌	て	12	ショウ	－	（たなごころ）		3024
晶	ひへん（日）	12	ショウ	－		（名）あき、あきら	3029
焦	れっか	12	ショウ	こ・げる、 こ・がす、 こ・がれる、 ★あせ・る	あせ・り		3039
硝	いしへん	12	ショウ	－			3043
粧	こめへん	12	ショウ	－			3049
詔	ごんべん	12	ショウ	★みことのり			3059

本編　常用漢字

漢字	部首	総画	音 (常用漢字表)	訓 (常用漢字表)	表外の 音訓	備考 (名)は人名	JIS コード
奨	だい	13	ショウ	—		(名)すすむ	3009
詳	ごんべん	13	ショウ	くわ・しい			3060
彰	さんづくり	14	ショウ	—		(名)あき、あきら	3020
•憧	りっしんべん	15	ショウ	あこが・れる	(ドウ)		3820
衝	ぎょうがまえ	15	ショウ	—			3055
償	にんべん	17	ショウ	つぐな・う	つぐな・い		2994
礁	いしへん	17	ショウ	—			3044
鐘	かねへん	20	ショウ	かね			3066
丈	いち	3	ジョウ	たけ			3070
冗	わかんむり	4	ジョウ	—			3073
浄	さんずい	9	ジョウ	—	(きよ・い)		3084
剰	りっとう	11	ジョウ	—			3074
畳	たへん	12	ジョウ	たた・む、 たたみ			3086
壌	つちへん	16	ジョウ	—			3077
嬢	おんなへん	16	ジョウ	—			3078
錠	かねへん	16	ジョウ	—			3091
譲	ごんべん	20	ジョウ	ゆず・る			3089
醸	ひよみのとり	20	ジョウ	★かも・す			3090
•拭	てへん	9	★ショク	ふ・く、 ぬぐ・う	シキ		3101
殖	がつへん	12	ショク	ふ・える、 ふ・やす		(名)しげる	3103
飾	しょくへん	13	ショク	かざ・る			3094
触	つのへん	13	ショク	ふ・れる、 さわ・る			3108
嘱	くちへん	15	ショク	—			3092
辱	しんのたつ	10	ジョク	★はずかし・める	はずかし・め		3111
•尻	しかばね	5	—	しり	(コウ)		3112
伸	にんべん	7	シン	の・びる、 の・ばす、 の・べる		(名)のぶ	3113
•芯	くさかんむり	7	シン	—			3136
辛	からい	7	シン	から・い	から・み		3141
侵	にんべん	9	シン	おか・す			3115
津	さんずい	9	★シン	つ			3637
唇	くちへん	10	★シン	くちびる			3116
娠	おんなへん	10	シン	—			3117
振	てへん	10	シン	ふ・る、 ふる・う、 ふ・れる	ふ・り		3122
浸	さんずい	10	シン	ひた・す、 ひた・る			3127
紳	いとへん	11	シン	—			3134
診	ごんべん	12	シン	み・る			3139
寝	うかんむり	13	シン	ね・る、 ね・かす			3118
慎	りっしんべん	13	シン	つつし・む	つつし・み		3121
審	うかんむり	15	シン	—			(名)あきら	3119
震	あめかんむり	15	シン	ふる・う、 ふる・える	ふる・え		3144
薪	くさかんむり	16	シン	たきぎ			3137

4 教育漢字以外の常用漢字

漢字	部首	総画	音 (常用漢字表)	訓 (常用漢字表)	表外の 音訓	備考 (名)は人名	JIS コード
刃	かたな	3	★ジン	は	(ニン)、 (やいば)		3147
尽	しかばね	6	ジン	つ・くす、 つ・きる、 つ・かす			3152
迅	しんにょう	6	ジン	－			3155
甚	あまい	9	★ジン	はなは・だ、 はなは・だしい			3151
陣	こざとへん	10	ジン	－			3156
尋	すん	12	ジン	たず・ねる		(名) ひろ、ひろし	3150
•腎	にくづき	13	ジン	－	シン、 (かなめ)		3153
•須	おおがい	12	ス	－	シュ、 (もち・いる)、 (しばら・く)、 (すべか・らく)	(名) もち	3160
吹	くちへん	7	スイ	ふ・く			3165
炊	ひへん（火）	8	スイ	た・く			3170
帥	はばへん	9	スイ	－			3167
粋	こめへん	10	スイ	いき			3172
衰	ころも	10	スイ	おとろ・える	おとろ・え		3174
酔	ひよみのとり	11	スイ	よ・う			3176
遂	しんにょう	12	スイ	とげ・る	(つい・に)		3175
睡	めへん	13	スイ	－			3171
穂	のぎへん	15	★スイ	ほ			4270
随	こざとへん	12	ズイ	－			3179
髄	ほねへん	19	ズイ	－			3181
枢	きへん	8	スウ	－			3185
崇	やまへん	11	スウ	－		(名) たか、たかし	3182
据	てへん	11	－	す・える、 す・わる			3188
杉	きへん	7	－	すぎ			3189
•裾	ころもへん	13	－	すそ	(キョ)		3194
瀬	さんずい	19	－	せ			3205
是	ひへん（日）	9	ゼ	－	(こ・れ)		3207
姓	おんなへん	8	セイ、 ショウ	－			3211
征	ぎょうにんべん	8	セイ	－		(名) ゆき	3212
斉	せい	8	セイ	－			3238
牲	うしへん	9	セイ	－			3223
•凄	にすい	10	セイ	－	(すご・い)、 (すご・む)、 (すさ・まじい)		3208
逝	しんにょう	10	セイ	★ゆ・く、 ★い・く			3234
婿	おんなへん	12	★セイ	むこ			4427
誓	ごんべん	14	セイ	ちか・う			3232
請	ごんべん	15	セイ、 ★(シン)	★こ・う、 う・ける			3233
•醒	ひよみのとり	16	セイ	－	(さ・める)、 (さ・ます)		3235
斥	おのづくり	5	セキ	－			3245

本編　常用漢字

漢字	部首	総画	音 (常用漢字表)	訓 (常用漢字表)	表外の 音訓	備考 (名)は人名	JIS コード
析	きへん	8	セキ	―			3247
•脊	にくづき	10	セキ	―	(せ)、 (せい)		3252
隻	ふるとり	10	セキ	―			3241
惜	りっしんべん	11	セキ	お・しい、 お・しむ			3243
•戚	ほこがまえ	11	セキ	―	(いた・む)、 (うれ・える)	(名)ちか	3244
跡	あしへん	13	セキ	あと			3255
籍	たけかんむり	20	セキ	―			3250
拙	てへん	8	セツ	つたな・い			3259
窃	あなかんむり	9	セツ	―			3264
摂	てへん	13	セツ	―		(名)おさむ、かね	3261
仙	にんべん	5	セン	―			3271
占	ぼく	5	セン	し・める、 うらな・う	うらな・い		3274
扇	とかんむり	10	セン	おうぎ			3280
栓	きへん	10	セン	―			3282
旋	ほうへん	11	セン	―			3291
•煎	れっか	13	セン	い・る			3289
•羨	ひつじ	13	★セン	うらや・む、 うらや・ましい	ゼン、 (エン)	(名)なが、のぶ、よし	3302
•腺	にくづき	13	セン	―			3303
•詮	ごんべん	13	セン	―	(そな・わる)	(名)あき、さとし、のり	3307
践	あしへん	13	セン	―			3309
•箋	たけかんむり	14	セン	―			6821
潜	さんずい	15	セン	ひそ・む、 もぐ・る			3288
遷	しんにょう	15	セン	―	(うつ・す)		3311
薦	くさかんむり	16	セン	すす・める			3306
繊	いとへん	17	セン	―			3301
鮮	うおへん	17	セン	あざ・やか			3315
禅	しめすへん	13	ゼン	―			3321
漸	さんずい	14	ゼン	―			3318
•膳	にくづき	16	ゼン	―	セン、 (そな・える)、 (かしわ)		3323
繕	いとへん	18	ゼン	つくろ・う	つくろ・い		3322
•狙	けものへん	8	ソ	ねら・う	(さる)		3332
阻	こざとへん	8	ソ	★はば・む			3343
租	のぎへん	10	ソ	―			3337
措	てへん	11	ソ	―			3328
粗	こめへん	11	ソ	あら・い			3338
疎	ひき	12	ソ	★うと・い、 ★うと・む	うと・ましい		3334
訴	ごんべん	12	ソ	うった・える	うった・え		3342
塑	つちへん	13	ソ	―			3326
•遡	しんにょう	14	★ソ	さかのぼ・る			3344
礎	いしへん	18	ソ	★いしずえ			3335
双	また	4	ソウ	ふた			3348
壮	さむらい	6	ソウ	―		(名)たけ、たけし	3352

4 教育漢字以外の常用漢字

漢字	部首	総画	音 （常用漢字表）	訓 （常用漢字表）	表外の 音訓	備考 （名）は人名	JIS コード
荘	くさかんむり	9	ソウ	−	(ショウ)		3381
捜	てへん	10	ソウ	さが・す			3360
挿	てへん	10	ソウ	さ・す			3362
桑	きへん	10	★ソウ	くわ			2312
掃	てへん	11	ソウ	は・く			3361
曹	ひらび	11	ソウ	−			3366
•曽	ひらび	11	ソウ、 (ゾ)	−	ソ、 ゾウ、 (かつ・て)、 (すなわ・ち)	(名) つね、なり、ます	3330
•爽	だい	11	ソウ	さわ・やか	(あき・らか)、 (たが・う)	(名) さ、さや	3354
喪	くちへん	12	ソウ	も			3351
•痩	やまいだれ	12	★ソウ	や・せる	(シュウ)		3373
葬	くさかんむり	12	ソウ	★ほうむ・る			3382
僧	にんべん	13	ソウ	−			3346
遭	しんにょう	14	ソウ	あ・う			3388
槽	きへん	15	ソウ	−			3369
•踪	あしへん	15	ソウ	−	(シュウ)、 (あと)		7709
燥	ひへん（火）	17	ソウ	−			3371
霜	あめかんむり	17	★ソウ	しも			3390
騒	うまへん	18	ソウ	さわ・ぐ	さわ・ぎ、 さわ・がしい		3391
藻	くさかんむり	19	ソウ	も			3384
憎	りっしんべん	14	ゾウ	にく・む、 にく・い、 にく・らしい、 にく・しみ	にく・さ		3394
贈	かいへん	18	ゾウ、 (ソウ)	おく・る			3403
即	ふしづくり	7	ソク	−	(すなわ・ち)		3408
促	にんべん	9	ソク	うなが・す			3405
•捉	てへん	10	ソク	とら・える	(と・る)、 (つか・まえる)		3410
俗	にんべん	9	ゾク	−			3415
賊	かいへん	13	ゾク	−			3417
•遜	しんにょう	14	ソン	−	(へりくだ・る)、 (ゆず・る)	(名) やす	3429
•汰	さんずい	7	タ	−	タイ、 (おご・る)		3433
妥	おんなへん	7	ダ	−		(名) やす	3437
•唾	くちへん	11	ダ	つば	タ、 つばき		3435
堕	つちへん	12	ダ	−			3436
惰	りっしんべん	12	ダ	−			3438
駄	うまへん	14	ダ	−			3444
耐	しこうして	9	タイ	た・える			3449
怠	こころ	9	タイ	おこた・る、 なま・ける			3453
胎	にくづき	9	タイ	−			3459
泰	したみず	10	タイ	−		(名) やす、やすし	3457

本　編　　常用漢字

漢字	部首	総画	音 （常用漢字表）	訓 （常用漢字表）	表外の 音訓	備考 （名）は人名	JIS コード
•堆	つちへん	11	タイ	−	（ツイ）、 （うずたか・い）		3447
袋	ころも	11	★タイ	ふくろ			3462
逮	しんにょう	11	タイ	−			3465
替	ひらび	12	タイ	か・える、 か・わる			3456
滞	さんずい	13	タイ	とどこお・る			3458
•戴	ほこがまえ	17	タイ	−	（いただ・く）		3455
滝	さんずい	13	−	たき			3476
択	てへん	7	タク	−	（えら・ぶ）		3482
沢	さんずい	7	タク	さわ			3484
卓	じゅう	8	タク	−		（名）たか、たかし	3478
拓	てへん	8	タク	−			3483
託	ごんべん	10	タク	−			3487
濯	さんずい	17	タク	−			3485
諾	ごんべん	15	ダク	−			3490
濁	さんずい	16	ダク	にご・る、 にご・す	にご・り		3489
但	にんべん	7	−	ただ・し			3502
脱	にくづき	11	ダツ	ぬ・ぐ、 ぬ・げる			3506
奪	だい	14	ダツ	うば・う			3505
棚	きへん	12	−	たな			3510
•誰	ごんべん	15	−	だれ	（スイ）、 たれ、 た		3515
丹	てん	4	タン	−		（名）あきら	3516
•旦	ひへん（日）	5	タン、 ダン	−	（あした）		3522
胆	にくづき	9	タン	−	（きも）		3532
淡	さんずい	11	タン	あわ・い			3524
嘆	くちへん	13	タン	なげ・く、 なげ・かわしい	なげ・き		3518
端	たつへん	14	タン	はし、 ★は、 はた		（名）ただし	3528
•綻	いとへん	14	タン	ほころ・びる	ほころ・ぶ		3530
鍛	かねへん	17	タン	きた・える			3535
弾	ゆみへん	12	ダン	ひ・く、 はず・む、 たま	はず・み、 （はじ・く）		3538
壇	つちへん	16	ダン、 ★（タン）	−			3537
恥	こころ	10	チ	は・じる、 はじ、 は・じらう、 は・ずかしい	は・じらい		3549
致	いたる	10	チ	いた・す		（名）とも	3555
遅	しんにょう	12	チ	おく・れる、 おく・らす、 おそ・い	おく・れ		3557
痴	やまいだれ	13	チ	−			3552

4 教育漢字以外の常用漢字

漢字	部首	総画	音 (常用漢字表)	訓 (常用漢字表)	表外の 音訓	備考 (名)は人名	JIS コード
稚	のぎへん	13	チ	－		(名) わか	3553
•緻	いとへん	16	チ	－	(こま・かい)		6944
畜	たへん	10	チク	－			3560
逐	しんにょう	10	チク	－			3564
蓄	くさかんむり	13	チク	たくわ・える	たくわ・え		3563
秩	のぎへん	10	チツ	－			3565
窒	あなかんむり	11	チツ	－			3566
嫡	おんなへん	14	チャク	－			3568
抽	てへん	8	チュウ	－			3574
衷	ころも	10	チュウ	－			3579
•酎	ひよみのとり	10	チュウ	－			3581
鋳	かねへん	15	チュウ	い・る			3582
駐	うまへん	15	チュウ	－			3583
弔	ゆみへん	4	チョウ	とむら・う	とむら・い		3604
挑	てへん	9	チョウ	いど・む			3609
彫	さんづくり	11	チョウ	ほ・る			3606
眺	めへん	11	チョウ	なが・める	なが・め		3615
釣	かねへん	11	★チョウ	つ・る			3664
•貼	かいへん	12	チョウ	は・る	(テン)		3729
超	そうにょう	12	チョウ	こ・える、 こ・す			3622
跳	あしへん	13	チョウ	は・ねる、 と・ぶ			3623
徴	ぎょうにんべん	14	チョウ	－	(きざし)		3607
•嘲	くちへん	15	チョウ	あざけ・る	(トウ)、 (からか・う)		5162
澄	さんずい	15	★チョウ	す・む、 す・ます			3201
聴	みみへん	17	チョウ	き・く			3616
懲	こころ	18	チョウ	こ・りる、 こ・らす、 こ・らしめる			3608
勅	ちから	9	チョク	－			3628
•捗	てへん	10	チョク	－	(はかど・る)		3629
沈	さんずい	7	チン	しず・む、 しず・める			3632
珍	おうへん	9	チン	めずら・しい	めずら・しさ、 めずら・しがる		3633
朕	つきへん	10	チン	－			3631
陳	こざとへん	11	チン	－		(名) のぶ	3636
鎮	かねへん	18	チン	★しず・める、 ★しず・まる		(名) しげ	3635
•椎	きへん	12	ツイ	－	(スイ)、 (しい)、 (つち)		3639
墜	つちへん	15	ツイ	－	(お・ちる)		3638
塚	つちへん	12	－	つか			3645
漬	さんずい	14	－	つ・ける、 つ・かる			3650
坪	つちへん	8	－	つぼ			3658
•爪	つめかんむり	4	－	つめ、 (つま)	(ソウ)		3662

本　編　　常用漢字

漢字	部首	総画	音 (常用漢字表)	訓 (常用漢字表)	表外の 音訓	備考 (名)は人名	JIS コード
•鶴	とり	21	－	つる	(カク)、 (しろ・い)	(名)ず、たず	3665
呈	くちへん	7	テイ	－			3672
廷	えんにょう	7	テイ	－			3678
抵	てへん	8	テイ	－			3681
邸	おおざと	8	テイ	－	(やしき)		3701
亭	なべぶた	9	テイ	－			3666
貞	かいへん	9	テイ	－		(名)さだ	3671
帝	はばへん	9	テイ	－			3675
訂	ごんべん	9	テイ	－			3691
逓	しんにょう	10	テイ	－			3694
偵	にんべん	11	テイ	－			3669
堤	つちへん	12	テイ	つつみ			3673
艇	ふねへん	13	テイ	－			3690
締	いとへん	15	テイ	し・まる、 し・める	し・まり		3689
•諦	ごんべん	16	テイ	あきら・める	(タイ)、 (つまび・らか)、 (まこと)		3692
泥	さんずい	8	★デイ	どろ			3705
摘	てへん	14	テキ	つ・む			3706
滴	さんずい	14	テキ	しずく、 ★したた・る	したた・り		3709
•溺	さんずい	13	デキ	おぼ・れる	(ニョウ)、 (ジョウ)		3714
迭	しんにょう	8	テツ	－			3719
哲	くちへん	10	テツ	－		(名)あきら、さとし	3715
徹	ぎょうにんべん	15	テツ	－		(名)とおる	3716
撤	てへん	15	テツ	－			3717
添	さんずい	11	テン	そ・える、 そ・う			3726
•填	つちへん	13	テン	－	(ふさ・ぐ)、 (ふさ・がる)、 (うず・める)、 (うず・まる)、 (は・める)、 (は・まる)	(名)さだ、ます、み つ、やす	3722
殿	るまた	13	デン、 テン	との、 どの			3734
斗	とます	4	ト	－			3745
吐	くちへん	6	ト	は・く			3739
•妬	おんなへん	8	ト	ねた・む	(そね・む)、 (や・く)		3742
途	しんにょう	10	ト	－	(ズ)、 (みち)		3751
渡	さんずい	12	ト	わた・る、 わた・す	わた・り、 わた・し		3747
塗	つちへん	13	ト	ぬ・る	ぬ・り、 (まみ・れる)		3741
•賭	かいへん	16	★ト	か・ける	かけ		3750
奴	おんなへん	5	ド	－			3759

4 教育漢字以外の常用漢字

漢字	部首	総画	音 (常用漢字表)	訓 (常用漢字表)	表外の 音訓	備考 (名)は人名	JIS コード
怒	こころ	9	ド	いか・る、 おこ・る	(ヌ)、 いか・り		3760
到	りっとう	8	トウ	－	(いた・る)		3794
逃	しんにょう	9	トウ	に・げる、 に・がす、 のが・す、 のが・れる			3808
倒	にんべん	10	トウ	たお・れる、 たお・す			3761
凍	にすい	10	トウ	こお・る、 こご・える			3764
唐	くちへん	10	トウ	から			3766
桃	きへん	10	トウ	もも			3777
透	しんにょう	10	トウ	す・く、 す・かす、 す・ける	す・かし	(名)とおる	3809
悼	りっしんべん	11	トウ	★いた・む			3773
盗	さら	11	トウ	ぬす・む			3780
陶	こざとへん	11	トウ	－			3811
塔	つちへん	12	トウ	－			3767
搭	てへん	12	トウ	－			3775
棟	きへん	12	トウ	むね、 ★(むな)			3779
痘	やまいだれ	12	トウ	－			3787
筒	たけかんむり	12	トウ	つつ			3791
稲	のぎへん	14	トウ	いね、 (いな)			1680
踏	あしへん	15	トウ	ふ・む、 ふ・まえる			3807
謄	ごんべん	17	トウ	－			3805
•藤	くさかんむり	18	トウ	ふじ			3803
闘	もんがまえ	18	トウ	たたか・う	たたか・い		3814
騰	うまへん	20	トウ	－			3813
洞	さんずい	9	ドウ	ほら			3822
胴	にくづき	10	ドウ	－			3825
•瞳	めへん	17	ドウ	ひとみ	トウ	(名)あきら	3823
峠	やまへん	9	－	とうげ			3829
匿	はこがまえ	10	トク	－	(かく・す)		3831
督	めへん	13	トク	－			3836
篤	たけかんむり	16	トク	－		(名)あつ、あつし	3838
凸	うけばこ	5	トツ	－			3844
突	あなかんむり	8	トツ	つ・く			3845
屯	てつ	4	トン	－			3854
豚	いのこへん	11	トン	ぶた			3858
•頓	おおがい	13	トン	－	トツ、 (ぬか・ずく)、 (とど・まる)、 (とみ・に)		3860
•貪	かいへん	11	ドン	むさぼ・る	(タン)		7637
鈍	かねへん	12	ドン	にぶ・い、 にぶ・る			3863
曇	ひへん(日)	16	ドン	くも・る	くも・り		3862

本　編　　常用漢字

漢字	部首	総画	音 （常用漢字表）	訓 （常用漢字表）	表外の 音訓	備考 （名）は人名	JIS コード
•丼	に	5	－	どんぶり、 （どん）	（タン）、 （トン）		4807
•那	おおざと	7	ナ	－	（ダ）、 （なん・ぞ）	（名）とも	3865
•謎	ごんべん	17	－	なぞ	（ペイ）、 （メイ）		3870
•鍋	かねへん	17	－	なべ	（カ）		3873
軟	くるまへん	11	ナン	やわ・らか、 やわ・らかい			3880
尼	しかばね	5	★ニ	あま			3884
弐	しきがまえ	6	ニ	－			3885
•匂	つつみがまえ	4	－	にお・う	にお・い		3887
•虹	むしへん	9	－	にじ	（コウ）		3890
尿	しかばね	7	ニョウ	－			3902
妊	おんなへん	7	ニン	－			3905
忍	こころ	7	ニン	しの・ぶ、 しの・ばせる			3906
寧	うかんむり	14	ネイ	－		（名）やす	3911
•捻	てへん	11	ネン	－	（デン）、 （ひね・る）、 （ねじ・る）、 （よじ・る）		3917
粘	こめへん	11	ネン	ねば・る	ねば・り		3920
悩	りっしんべん	10	ノウ	なや・む、 なや・ます	なや・み、 なや・ましい		3926
濃	さんずい	16	ノウ	こ・い	こ・さ		3927
把	てへん	7	ハ	－			3936
覇	にし	19	ハ	－			3938
婆	おんなへん	11	バ	－			3944
•罵	あみがしら	15	バ	ののし・る			3945
杯	きへん	8	ハイ	さかずき			3953
排	てへん	11	ハイ	－			3951
廃	まだれ	12	ハイ	すた・れる、 すた・る			3949
輩	くるまへん	15	ハイ	－			3958
培	つちへん	11	バイ	★つちか・う			3961
陪	こざとへん	11	バイ	－			3970
媒	おんなへん	12	バイ	－			3962
賠	かいへん	15	バイ	－			3969
伯	にんべん	7	ハク	－			3976
拍	てへん	8	ハク、 （ヒョウ）	－			3979
泊	さんずい	8	ハク	と・まる、 と・める	と・まり		3981
迫	しんにょう	8	ハク	せま・る			3987
•剥	りっとう	10	ハク	は・がす、 は・ぐ、 は・がれる、 は・げる	（ホク）、 （む・く）、 （と・る）		3977
舶	ふねへん	11	ハク	－			3985

4 教育漢字以外の常用漢字

漢字	部首	総画	音 （常用漢字表）	訓 （常用漢字表）	表外の 音訓	備考 （名）は人名	JIS コード
薄	くさかんむり	16	ハク	うす・い、 うす・める、 うす・まる、 うす・らぐ、 うす・れる			3986
漠	さんずい	13	バク	ー			3989
縛	いとへん	16	バク	しば・る			3991
爆	ひへん（火）	19	バク	ー			3990
•箸	たけかんむり	15	ー	はし	（チョ）		4004
肌	にくづき	6	ー	はだ			4009
鉢	かねへん	13	ハチ、 ★（ハツ）	ー			4013
髪	かみがしら	14	ハツ	かみ			4017
伐	にんべん	6	バツ	ー			4018
抜	てへん	7	バツ	ぬ・く、 ぬ・ける、 ぬ・かす、 ぬ・かる	ぬ・かり		4020
罰	あみがしら	14	バツ、 バチ	ー			4019
閥	もんがまえ	14	バツ	ー			4022
•氾	さんずい	5	ハン	ー	（あふ・れる）		4037
帆	はばへん	6	ハン	ほ			4033
•汎	さんずい	6	ハン	ー	（フウ）、 （ホウ）、 （ひろ・い）、 （う・かぶ）	（名）なみ、ひろ、ひ ろし	4038
伴	にんべん	7	ハン、 バン	ともな・う			4028
畔	たへん	10	ハン	ー			4042
般	ふねへん	10	ハン	ー			4044
販	かいへん	11	ハン	ー			4046
•斑	ぶんにょう	12	ハン	ー	（まだら）、 （ふ）、 （ぶち）		4035
搬	てへん	13	ハン	ー			4034
煩	ひへん（火）	13	ハン、 ★（ボン）	わずら・う、 わずら・わす	わずら・い、 わずら・わしい		4049
頒	おおがい	13	ハン	ー			4050
範	たけかんむり	15	ハン	ー		（名）のり	4047
繁	いとへん	16	ハン	ー	（しげ・る）		4043
藩	くさかんむり	18	ハン	ー			4045
蛮	むしへん	12	バン	ー			4058
盤	さら	15	バン	ー			4055
妃	おんなへん	6	ヒ	ー	（きさき）		4062
彼	ぎょうにんべん	8	ヒ	かれ、 （かの）			4064
披	てへん	8	ヒ	ー			4068
卑	じゅう	9	ヒ	★いや・しい、 ★いや・しむ、 ★いや・しめる	いや・しさ		4060
疲	やまいだれ	10	ヒ	つか・れる	つか・れ		4072

本　編　　常用漢字

漢字	部首	総画	音 （常用漢字表）	訓 （常用漢字表）	表外の 音訓	備考 （名）は人名	JIS コード
被	ころもへん	10	ヒ	こうむ・る			4079
扉	とかんむり	12	★ヒ	とびら			4066
碑	いしへん	14	ヒ	－			4074
罷	あみがしら	15	ヒ	－			4077
避	しんにょう	16	ヒ	さ・ける			4082
尾	しかばね	7	ビ	お			4088
•眉	めへん	9	★ビ、 （ミ）	まゆ			4093
微	ぎょうにんべん	13	ビ	－	（かす・か）		4089
•膝	にくづき	15	－	ひざ	（シツ）		4108
•肘	にくづき	7	－	ひじ	（チュウ）		4110
匹	はこがまえ	4	ヒツ	ひき			4104
泌	さんずい	8	ヒツ、 ★ヒ	－			4071
姫	おんなへん	10	－	ひめ			4117
漂	さんずい	14	ヒョウ	ただよ・う			4126
苗	くさかんむり	8	★ビョウ	なえ、 （なわ）			4136
描	てへん	11	ビョウ	えが・く、 か・く			4133
猫	けものへん	11	★ビョウ	ねこ			3913
浜	さんずい	10	ヒン	はま			4145
賓	かいへん	15	ヒン	－			4148
頻	おおがい	17	ヒン	－			4149
敏	のぶん	10	ビン	－		（名）とし	4150
瓶	かわら	11	ビン	－			4151
扶	てへん	7	フ	－	（たす・ける）	（名）すけ	4162
怖	りっしんべん	8	フ	こわ・い	こわ・がる、 （おそ・れる）		4161
附	こざとへん	8	フ	－	（つ・く）		4177
•訃	ごんべん	9	フ	－	（つ・げる）、 （し・らせ）		7530
赴	そうにょう	9	フ	おもむ・く			4175
浮	さんずい	10	フ	う・く、 う・かれる、 う・かぶ、 う・かべる			4166
符	たけかんむり	11	フ	－			4168
普	ひへん（日）	12	フ	－		（名）ひろ、ひろし	4165
腐	にく	14	フ	くさ・る、 くさ・れる、 くさ・らす			4169
敷	のぶん	15	★フ	し・く			4163
膚	にくづき	15	フ	－	（はだ）		4170
賦	かいへん	15	フ	－			4174
譜	ごんべん	19	フ	－			4172
侮	にんべん	8	ブ	★あなど・る	あなど・り		4178
舞	まいあし	15	ブ	ま・う、 まい			4181
封	すん	9	フウ、 ホウ	－			4185

漢字	部首	総画	音（常用漢字表）	訓（常用漢字表）	表外の音訓	備考（名）は人名	JISコード
伏	にんべん	6	フク	ふ・せる、ふ・す			4190
幅	はばへん	12	フク	はば			4193
覆	にし	18	フク	おお・う、★くつがえ・す、★くつがえ・る	おお・い		4204
払	てへん	5	★フツ	はら・う	はら・い		4207
沸	さんずい	8	フツ	わ・く、わ・かす			4208
紛	いとへん	10	フン	まぎ・れる、まぎ・らす、まぎ・らわす、まぎ・らわしい			4222
雰	あめかんむり	12	フン	－			4223
噴	くちへん	15	フン	ふ・く			4214
墳	つちへん	15	フン	－			4215
憤	りっしんべん	15	フン	★いきどお・る	いきどお・り		4216
丙	いち	5	ヘイ	－			4226
併	にんべん	8	ヘイ	あわ・せる			4227
柄	きへん	9	★ヘイ	がら、え			4233
塀	つちへん	12	ヘイ	－			4229
幣	はばへん	15	ヘイ	－			4230
弊	にじゅうあし	15	ヘイ	－			4232
•蔽	くさかんむり	15	ヘイ	－	（おお・う）、（おお・い）		4235
•餅	しょくへん	15	ヘイ	もち			4463
壁	つちへん	16	ヘキ	かべ			4241
•璧	たま	18	ヘキ	－	（たま）		6490
癖	やまいだれ	18	ヘキ	くせ			4242
•蔑	くさかんむり	14	ベツ	さげす・む	（あなど・る）、（ないがし・ろにする）、（なみ・する）		4246
偏	にんべん	11	ヘン	かたよ・る	かたよ・り		4248
遍	しんにょう	12	ヘン	－	（あまね・く）		4255
•哺	くちへん	10	ホ	－	（ふく・む）		5114
捕	てへん	10	ホ	と・らえる、と・らわれる、と・る、つか・まえる、つか・まる			4265
舗	ひとやね	15	ホ	－			4262
募	ちから	12	ボ	つの・る			4271
慕	したごころ	14	ボ	した・う	した・わしい		4273
簿	たけかんむり	19	ボ	－			4277
芳	くさかんむり	7	ホウ	★かんば・しい	かんば・しさ	（名）よし、かおる	4307
邦	おおざと	7	ホウ	－		（名）くに	4314
奉	だい	8	ホウ、（ブ）	★たてまつ・る		（名）とも	4284
抱	てへん	8	ホウ	だ・く、いだ・く、かか・える			4290

本編　常用漢字

漢字	部首	総画	音 （常用漢字表）	訓 （常用漢字表）	表外の 音訓	備考 （名）は人名	JIS コード
泡	さんずい	8	ホウ	あわ			4302
胞	にくづき	9	ホウ	－			4306
俸	にんべん	10	ホウ	－			4280
倣	にんべん	10	ホウ	★なら・う			4279
峰	やまへん	10	ホウ	みね			4286
砲	いしへん	10	ホウ	－			4304
崩	やまへん	11	ホウ	くず・れる、 くず・す			4288
•蜂	むしへん	13	ホウ	はち			4310
飽	しょくへん	13	ホウ	あ・きる、 あ・かす	あ・き		4316
褒	ころも	15	★ホウ	ほ・める			4311
縫	いとへん	16	ホウ	ぬ・う			4305
乏	はらいぼう	4	ボウ	とぼ・しい	とぼ・しさ		4319
忙	りっしんべん	6	ボウ	いそが・しい	いそが・しさ		4327
坊	つちへん	7	ボウ、 （ボッ）	－			4323
妨	おんなへん	7	ボウ	さまた・げる	さまた・げ		4324
房	とかんむり	8	ボウ	ふさ			4328
肪	にくづき	8	ボウ	－			4335
某	きへん	9	ボウ	－	（なにがし）		4331
冒	めへん	9	ボウ	おか・す			4333
剖	りっとう	10	ボウ	－			4322
紡	いとへん	10	ボウ	★つむ・ぐ			4334
傍	にんべん	12	ボウ	★かたわ・ら			4321
帽	はばへん	12	ボウ	－			4325
•貌	むじなへん	14	ボウ	－	（かたち）、 （かお）		4338
膨	にくづき	16	ボウ	ふく・らむ、 ふく・れる	ふく・らみ		4336
謀	ごんべん	16	ボウ、 ★（ム）	★はか・る	（はかりごと）		4337
•頬	おおがい	15	－	ほお	（キョウ）、 ほほ		4343
朴	きへん	6	ボク	－			4349
•睦	めへん	13	ボク	－	（モク）、 （むつ・ぶ）、 （むつ・む）、 （むつ・まじい）	（名）あつし、ちか、 ちかし	4351
僕	にんべん	14	ボク	－	（しもべ）		4345
墨	つちへん	14	ボク	すみ			4347
撲	てへん	15	ボク	－			4348
没	さんずい	7	ボツ	－			4355
•勃	ちから	9	ボツ	－	ホツ、 （お・こる）、 （にわ・かに）	（名）おき、ひら、ひ ろ	4354
堀	つちへん	11	－	ほり			4357
奔	だい	8	ホン	－			4359
翻	はね	18	ホン	★ひるがえ・る、 ★ひるがえ・す			4361
凡	つくえ	3	ボン、 ★（ハン）	－	（およ・そ）	（名）つね	4362

4 教育漢字以外の常用漢字

漢字	部首	総画	音 (常用漢字表)	訓 (常用漢字表)	表外の 音訓	備考 (名)は人名	JIS コード
盆	さら	9	ボン	−			4363
麻	あさかんむり	11	マ	あさ			4367
摩	て	15	マ	−			4364
磨	いしへん	16	マ	みが・く			4365
魔	きにょう	21	マ	−			4366
•昧	ひへん（日）	9	マイ	−	(バイ)、 (くら・い)		4370
埋	つちへん	10	マイ	う・める、 う・まる、 う・もれる			4368
膜	にくづき	14	マク	−			4376
•枕	きへん	8	−	まくら	(チン)、 (シン)		4377
又	また	2	−	また			4384
抹	てへん	8	マツ	−			4385
慢	りっしんべん	14	マン	−			4393
漫	さんずい	14	マン	−			4401
魅	きにょう	15	ミ	−			4405
岬	やまへん	8	−	みさき			4408
•蜜	むしへん	14	ミツ	−	(ビツ)		4410
妙	おんなへん	7	ミョウ	−		(名)たえ	4415
眠	めへん	10	ミン	ねむ・る、 ねむ・い	ねむ・り、 ねむ・たい		4418
矛	ほこへん	5	ム	ほこ			4423
霧	あめかんむり	19	ム	きり			4424
娘	おんなへん	10	−	むすめ			4428
•冥	わかんむり	10	メイ、 ★ミョウ	−	(くら・い)	(名)うみ、そら	4429
銘	かねへん	14	メイ	−			4435
滅	さんずい	13	メツ	ほろ・びる、 ほろ・ぼす			4439
免	ひとあし	8	メン	★まぬか・れる			4440
•麺	むぎ	16	メン	−	(ベン)、 (むぎこ)		4445
茂	くさかんむり	8	モ	しげ・る	しげ・み	(名)もち	4448
妄	おんなへん	6	モウ、 ★ボウ	−	(みだ・り)		4449
盲	めへん	8	モウ	−			4453
耗	すきへん	10	モウ、 ★(コウ)	−			4455
猛	けものへん	11	モウ	−		(名)たけ、たけし	4452
網	いとへん	14	モウ	あみ			4454
黙	くろ	15	モク	だま・る			4459
紋	いとへん	10	モン	−			4470
•冶	にすい	7	ヤ	−	(い・る)、 (と・ける)	(名)じ、はる、よし	4474

本編　常用漢字

漢字	部首	総画	音 (常用漢字表)	訓 (常用漢字表)	表外の 音訓	備考 (名)は人名	JIS コード
•弥	ゆみへん	8	－	や	(ビ)、 (ミ)、 (いや)、 (いよいよ)、 (ひさ・しい)、 (わた・る)、 (あまね・し)		4479
厄	がんだれ	4	ヤク	－			4481
躍	あしへん	21	ヤク	おど・る			4486
•闇	もんがまえ	17	－	やみ	(アン)、 (くら・い)		1639
•喩	くちへん	12	ユ	－	(たと・え)、 (たと・える)、 (さと・す)		5140
愉	りっしんべん	12	ユ	－			4491
諭	ごんべん	16	ユ	さと・す	さと・し	(名)さとる	4501
癒	やまいだれ	18	ユ	い・える、 い・やす			4494
唯	くちへん	11	ユイ、 ★(イ)	－			4503
幽	いとがしら	9	ユウ	－			4509
悠	こころ	11	ユウ	－			4510
•湧	さんずい	12	ユウ	わ・く	(ヨウ)	(名)いさむ	4515
猶	けものへん	12	ユウ	－			4517
裕	ころもへん	12	ユウ	－		(名)ひろ、ひろし、 ゆたか	4521
雄	ふるとり	12	ユウ	お、 おす		(名)たけし	4526
誘	ごんべん	14	ユウ	さそ・う			4522
憂	こころ	15	ユウ	うれ・える、 うれ・い、 ★う・い	うれ・え		4511
融	むしへん	16	ユウ	－		(名)とおる	4527
与	いち	3	ヨ	あた・える			4531
誉	ごんべん	13	ヨ	ほま・れ		(名)たか	4532
•妖	おんなへん	7	ヨウ	あや・しい	(なまめ・かしい)		4537
庸	まだれ	11	ヨウ	－		(名)つね、やす	4539
揚	てへん	12	ヨウ	あ・げる、 あ・がる			4540
揺	てへん	12	ヨウ	ゆ・れる、 ゆ・る、 ゆ・らぐ、 ゆ・るぐ、 ゆ・する、 ゆ・さぶる、 ゆ・すぶる	ゆ・れ		4541
溶	さんずい	13	ヨウ	と・ける、 と・かす、 と・く			4547
腰	にくづき	13	★ヨウ	こし			2588
•瘍	やまいだれ	14	ヨウ	－			6571

4 教育漢字以外の常用漢字

漢字	部首	総画	音 (常用漢字表)	訓 (常用漢字表)	表外の 音訓	備考 (名)は人名	JIS コード
踊	あしへん	14	ヨウ	おど・る、 おど・り			4557
窯	あなかんむり	15	★ヨウ	かま			4550
擁	てへん	16	ヨウ	―			4542
謡	ごんべん	16	ヨウ	★うたい、 ★うた・う			4556
抑	てへん	7	ヨク	おさ・える	おさ・え		4562
•沃	さんずい	7	ヨク	―	(オク)、 (ヨウ)、 (い・る)、 (そそ・ぐ)		4564
翼	はね	17	ヨク	つばさ		(名)たすく	4567
•拉	てへん	8	ラ	―	(ラツ)、 (ロウ)、 (ひし・ぐ)、 (ひ・く)		5739
裸	ころもへん	13	ラ	はだか			4571
羅	あみがしら	19	ラ	―			4569
雷	あめかんむり	13	ライ	かみなり			4575
頼	おおがい	16	ライ	たの・む、 たの・もしい、 たよ・る	たの・み、 たよ・り	(名)より	4574
絡	いとへん	12	ラク	★から・む、 ★から・まる、 ★から・める			4577
酪	ひよみのとり	13	ラク	―			4579
•辣	からい	14	ラツ	―	(から・い)		7769
濫	さんずい	18	ラン	―			4584
•藍	くさかんむり	18	★ラン	あい			4585
欄	きへん	20	ラン	―			4583
吏	くちへん	6	リ	―			4589
痢	やまいだれ	12	リ	―			4601
履	しかばね	15	リ	は・く			4590
•璃	おうへん	15	リ	―			4594
離	ふるとり	19	リ	はな・れる、 はな・す			4605
•慄	りっしんべん	13	リツ	―	(おそ・れる)、 (おのの・く)		5643
柳	きへん	9	リュウ	やなぎ			4488
竜	りゅう	10	リュウ	たつ			4621
粒	こめへん	11	リュウ	つぶ			4619
隆	こざとへん	11	リュウ	―		(名)たか、たかし	4620
硫	いしへん	12	リュウ	―			4618
•侶	にんべん	9	リョ	―	(ロ)、 (とも)		4623
虜	とらかんむり	13	リョ	―	(とりこ)		4626
慮	こころ	15	リョ	―	(おもんぱか・る)		4624
了	はねぼう	2	リョウ	―		(名)さとる	4627
涼	さんずい	11	リョウ	すず・しい、 すず・む	すず・しさ		4635
猟	けものへん	11	リョウ	―			4636
陵	こざとへん	11	リョウ	★みささぎ			4645

本編　常用漢字

漢字	部首	総画	音 （常用漢字表）	訓 （常用漢字表）	表外の 音訓	備考 （名）は人名	JIS コード
僚	にんべん	14	リョウ	ー			4629
寮	うかんむり	15	リョウ	ー			4632
療	やまいだれ	17	リョウ				4637
•瞭	めへん	17	リョウ	ー	（あき・らか）		4638
糧	こめへん	18	リョウ、 ★（ロウ）	★かて			4640
厘	がんだれ	9	リン	ー			4650
倫	にんべん	10	リン	ー		（名）みち、とも	4649
隣	こざとへん	16	リン	とな・る、 となり			4657
•瑠	おうへん	14	ル	ー			4660
涙	さんずい	10	ルイ	なみだ			4662
累	いとへん	11	ルイ	ー			4663
塁	つちへん	12	ルイ	ー			4661
励	ちから	7	レイ	はげ・む、 はげ・ます	はげ・み、 はげ・まし	（名）つとむ	4669
戻	とかんむり	7	★レイ	もど・す、 もど・る			4465
鈴	かねへん	13	レイ、 リン	すず			4675
零	あめかんむり	13	レイ	ー			4677
霊	あめかんむり	15	レイ、 ★リョウ	★たま			4678
隷	れいづくり	16	レイ	ー			4676
齢	はへん	17	レイ	ー	（よわい）		4680
麗	しか	19	レイ	★うるわ・しい			4679
暦	ひへん（日）	14	レキ	こよみ			4681
劣	ちから	6	レツ	おと・る			4684
烈	れっか	10	レツ	ー	（はげ・しい）		4685
裂	ころも	12	レツ	さ・く、 さ・ける			4686
恋	こころ	10	レン	こ・う、 こい、 こい・しい	こい・する		4688
廉	まだれ	13	レン	ー		（名）きよ、きよし	4687
錬	かねへん	16	レン	ー			4703
•呂	くちへん	7	ロ	ー	（リョ）	（名）とも、なが	4704
炉	ひへん（火）	8	ロ	ー			4707
•賂	かいへん	13	ロ	ー	（まいな・う）、 （まいな・い）		4708
露	あめかんむり	21	ロ、 （ロウ）	つゆ			4710
•弄	にじゅうあし	7	ロウ	もてあそ・ぶ	（いじく・る）、 （いじ・る）		4714
郎	おおざと	9	ロウ	ー		（名）お	4726
浪	さんずい	10	ロウ	ー	（なみ）		4718
廊	まだれ	12	ロウ	ー			4713
楼	きへん	13	ロウ	ー			4716
漏	さんずい	14	ロウ	も・る、 も・れる、 も・らす			4719

漢字	部首	総画	音（常用漢字表）	訓（常用漢字表）	表外の音訓	備考（名）は人名	JISコード
•籠	たけかんむり	22	★ロウ	かご、こ・もる	（ル）、（こ・める）		6838
•麓	しか	19	ロク	ふもと			4728
賄	かいへん	13	ワイ	まかな・う	まかな・い		4737
•脇	にくづき	10	－	わき	（キョウ）、（かたわ・ら）		4738
惑	こころ	12	ワク	まど・う	まど・い		4739
枠	きへん	8	－	わく			4740
湾	さんずい	12	ワン	－			4749
腕	にくづき	12	ワン	うで			4751

改定「常用漢字表」で削られた漢字（部首　総画　音　訓）
　勺（つつみがまえ　3　シャク　－）
　錘（かねへん　16　スイ　つむ）
　銑（かねへん　14　セン　－）
　脹（にくづき　12　チョウ　－）
　匁（つつみがまえ　4　－　もんめ）

5　常用漢字表の付表

読み	漢字	読み	漢字	読み	漢字
あす	明日	ざこ	雑魚	ともだち	友達
あずき	小豆	さじき	桟敷	なこうど	仲人
あま	海女／海士	さしつかえる	差し支える	なごり	名残
いおう	硫黄	さつき	五月	なだれ	雪崩
いくじ	意気地	さなえ	早苗	にいさん	兄さん
いなか	田舎	さみだれ	五月雨	ねえさん	姉さん
いぶき	息吹	しぐれ	時雨	のら	野良
うなばら	海原	しっぽ	尻尾	のりと	祝詞
うば	乳母	しない	竹刀	はかせ	博士
うわき	浮気	しにせ	老舗	はたち	二十／二十歳
うわつく	浮つく	しばふ	芝生	はつか	二十日
えがお	笑顔	しみず	清水	はとば	波止場
おじ	叔父／伯父	しゃみせん	三味線	ひとり	一人
おとな	大人	じゃり	砂利	ひより	日和
おとめ	乙女	じゅず	数珠	ふたり	二人
おば	叔母／伯母	じょうず	上手	ふつか	二日
おまわりさん	お巡りさん	しらが	白髪	ふぶき	吹雪
おみき	お神酒	しろうと	素人	へた	下手
おもや	母屋／母家	しわす（「しはす」とも言う。）	師走	へや	部屋
かあさん	母さん	すきや	数寄屋／数奇屋	まいご	迷子
かぐら	神楽	すもう	相撲	まじめ	真面目
かし	河岸	ぞうり	草履	まっか	真っ赤
かじ	鍛冶	だし	山車	まっさお	真っ青
かぜ	風邪	たち	太刀	みやげ	土産
かたず	固唾	たちのく	立ち退く	むすこ	息子
かな	仮名	たなばた	七夕	めがね	眼鏡
かや	蚊帳	たび	足袋	もさ	猛者
かわせ	為替	ちご	稚児	もみじ	紅葉
かわら	河原／川原	ついたち	一日	もめん	木綿
きのう	昨日	つきやま	築山	もより	最寄り
きょう	今日	つゆ	梅雨	やおちょう	八百長
くだもの	果物	でこぼこ	凸凹	やおや	八百屋
くろうと	玄人	てつだう	手伝う	やまと	大和
けさ	今朝	てんません	伝馬船	やよい	弥生
けしき	景色	とあみ	投網	ゆかた	浴衣
ここち	心地	とうさん	父さん	ゆくえ	行方
こじ	居士	とえはたえ	十重二十重	よせ	寄席
ことし	今年	どきょう	読経	わこうど	若人
さおとめ	早乙女	とけい	時計		

6 人名用漢字

人名用として用いることができる漢字は、常用漢字2136字及び人名用漢字（別表第二　漢字の表の一が650字、二が212字）である。

　常用漢字表（昭和56年内閣告示）の実施後も、よく使用される表外の漢字が人名用に許容された。法務省令を受けて、人名用漢字別表は平成2年4月1日戸籍法施行規則により実施され、平成9年12月3日に1字加えられ285字になった。その後も追加があったが、平成16年9月27日に許容字体も含めての大幅な追加があり、983字になり、その後も追加があった。平成22年11月30日の改定「常用漢字表」の内閣告示に伴い、表の一は129字を削除し、5字を追加し、表の二は3字を追加した。平成27年1月7日、「巫」を追加した。

　漢字の人名としては読み方に特別の制限がない。これらの漢字について次の形態で掲載する。
　A表　平成9年までの人名用漢字表に掲げる285字に関して、特によく用いられる名前を示す。
　B表　平成27年の別表第二　漢字の表を掲げる。

A表　人名用漢字別表

漢字	部首	総画	音	訓	音訓以外の人名	JISコード	人名番号
丑	いち	4	チュウ	うし	ひろ	1715	1
丞	いち	6	ジョウ	たす・ける、すけ	すすむ、たすく、つぐ	3071	2
乃	はらいぼう	2	ダイ、ナイ	すなわ・ち、の	いまし、おさむ	3921	3
之	てん	3	シ	ゆ・く、の、これ	いたる、つな、のぶ、ひさ、ひで、ゆき、よし、より	3923	4
也	おつにょう	3	ヤ	なり	あり、ただ、また	4473	5
亘	に	6	コウ	わた・る	とおる、のぶ、もとむ、わたり	4743	6
亥	なべぶた	6	カイ、ガイ	い	いの、り	1671	7
亦	なべぶた	6	エキ、ヤク	また		4382	8
亨	なべぶた	7	コウ、キョウ	とお・る	あき、あきら、すすむ、ちか、とし、なお、なが、なり、みち、ゆき	2192	9
亮	なべぶた	9	リョウ	あき・らか、たす・ける、すけ	あき、あきら、かつ、きよし、とおる、ふさ、まこと、よし	4628	10
伊	にんべん	6	イ	これ	いさ、ただ、よし	1643	11
伍	にんべん	6	ゴ		あつむ、いつ、くみ、たすく、ひとし	2464	12
伎	にんべん	6	キ、ギ	わざ		2076	13
伶	にんべん	7	レイ			4666	14
伽	にんべん	7	カ、ガ、キャ、ギャ	とぎ		1832	15
佑	にんべん	7	ユウ	たす・ける	すけ、たすく	4504	16
侃	にんべん	8	カン		あきら、すなお、ただ、ただし、つよし、なお、やす	2006	17
侑	にんべん	8	ユウ		あつむ、すすむ、ゆき	4850	18
倖	にんべん	10	コウ	さいわい	さち	2486	19
倭	にんべん	10	ワ	やまと	かず、しず、まさ、やす	4733	20
偲	にんべん	11	サイ、シ	しの・ぶ		2837	21
允	ひとあし	4	イン	まこと、ゆる・す	おか、こと、じょう、すけ、ただ、ちか、まさ、みつ、よし	1684	22
冴	にすい	7	ゴ	さ・える	さえ	2667	23
冶	にすい	7	ヤ		ふき、よし	4474	24
凌	にすい	10	リョウ	しの・ぐ	しのぎ	4631	25
凜	にすい	15	リン		あき、いさむ	8405	26
凪	つくえ	6		なぎ、な・ぐ	しず、しずか、やす、やすし	3868	27
凱	つくえ	12	ガイ		たのし、とき、よし	1914	28
勁	ちから	9	ケイ	つよ・い	つよし	5006	29

参　考

漢字	部首	総画	音	訓	音訓以外の人名	JISコード	人名番号
匡	はこがまえ	6	キョウ	ただ・す	たすく、ただ、ただし、まさ、まさし	2209	30
卯	ふしづくり	5	ボウ	う	あきら、しげ、しげる	1712	31
叡	また	16	エイ	さと・い	あきら、さとし、ただ、とおる、とし、まさ、よし	1735	32
只	くちへん	5	シ	ただ	これ	3494	33
叶	くちへん	5	キョウ	かな・う	かない、かのう、やす	1980	34
吾	くちへん	7	ゴ	われ、わが	あ、みち	2467	35
呂	くちへん	7	リョ、ロ		おと、とも、なが、ふえ	4704	36
哉	くちへん	9	サイ	かな、や	えい、か、き、すけ、ちか、とし、はじめ	2640	37
唄	くちへん	10	バイ	うた		1720	38
啄	くちへん	10	タク	ついば・む		3479	39
喬	くちへん	12	キョウ	たか・い	すけ、たか、たかし、ただ、のぶ、もと	2212	40
嘉	くちへん	14	カ	よ・い	ひろ、よし、よしみ、よみし	1837	41
圭	つちへん	6	ケイ		か、かど、きよ、きよし、たま、よし	2329	42
尭	じゅう	8	ギョウ	たか・い	あき、たか、たかし、のり	2238	43
奈	だい	8	ナ		なに	3864	44
奎	だい	9	ケイ		ふみ	5287	45
媛	おんなへん	12	エン	ひめ		4118	46
嬉	おんなへん	15	キ	うれ・しい	よし	2082	47
孟	こへん	8	モウ	おさ、たけ、たけし	つとむ、とも、なが、はじむ、はじめ、はる、もと	4450	48
宏	うかんむり	7	コウ	ひろ・い	あつ、ひろ、ひろし	2508	49
宥	うかんむり	9	ユウ	ゆる・す	すけ、ひろ	4508	50
寅	うかんむり	11	イン	とら	つら、とも、のぶ、ふさ	3850	51
峻	やまへん	10	シュン		たか、たかし、ちか、とし、みち、みね	2952	52
崚	やまへん	11	リョウ		たか、たかし	5437	53
嵐	やまへん	12	ラン	あらし		4582	54
嵩	やまへん	13	スウ、シュウ	かさ、かさ・む	たか、たかし、たけ	3183	55
嵯	やまへん	13	サ			2623	56
嶺	やまへん	17	レイ、リョウ	ね、みね		4670	57
巌	やまへん	20	ガン	いわお	いわ、お、みち、みね、よし	2064	58
巳	おのれ	3	シ	み		4406	59
巴	おのれ	4	ハ	ともえ	とも	3935	60
巽	おのれ	12	ソン	たつみ	ゆく、よし	3507	61
庄	まだれ	6	ショウ		たいら、まさ	3017	62
弘	ゆみへん	5	コウ、グ	ひろ・い	お、ひろ、ひろし、ひろむ、みつ	2516	63
弥	ゆみへん	9	ビ、ミ	いよいよ	いや、いよ、ひさ、ひさし、ひろ、ます、まね、みつ、や、やす、よし、わたり、わたる	4479	64
彗	けいがしら	11	スイ		あきら、さとし	5534	65
彦	さんづくり	9	ゲン	ひこ	お、さと、ひろ、やす、よし	4107	66
彪	さんづくり	11	ヒョウ		あき、あきら、あや、たけ、たけし、つよし、とら、ひで、よし	4123	67
彬	さんづくり	11	ヒン		あき、あきら、あや、しげし、ひで、もり、よし	4143	68
怜	りっしんべん	8	レイ、リョウ	さと・い、あわ・れむ	さと、さとし、とき	4671	69
恕	こころ	10	ジョ、ショ		くに、しのぶ、ただし、のり、はかる、ひろ、ひろし、ひろむ、みち、もろ、ゆき、ゆるす、よし	2990	70
悌	りっしんべん	10	テイ、ダイ		とも、やす、やすし、よし	3680	71
惇	りっしんべん	11	トン、ジュン	あつ・い	あつ、あつし、すなお、とし、まこと	3855	72

6 人名用漢字

漢字	部首	総画	音	訓	音訓以外の人名	JISコード	人名番号
惟	りっしんべん	11	イ、ユイ	これ、ただ	たもつ、のぶ、よし	1652	73
惣	こころ	12	ソウ		おさむ、のぶ、ふさ	3358	74
慧	こころ	15	ケイ、エ		あきら、さと、さとし、さとる	2337	75
憧	りっしんべん	15	ドウ、ショウ	あこが・れる		3820	76
拳	て	10	ケン、ゲン	こぶし	かたし、つとむ	2393	77
捷	てへん	11	ショウ		かち、かつ、さとし、すぐる、とし、はや、まさる	3025	78
捺	てへん	11	ナツ、ナ	お・す	とし	3872	79
敦	ぼくづくり	12	トン	あつ・い	あつ、あつし、おさむ、たい、つとむ、つる、のぶ	3856	80
斐	ぶんにょう	12	ヒ		あきら、あや、あやる、い、なが、よし	4069	81
於	ほうへん	8	オ		うえ、お、おうい	1787	82
旦	ひへん	5	タン、ダン	あした	あき、あきら、あけ、あさ、ただし	3522	83
旭	ひへん	6	キョク	あさひ	あきら	1616	84
旺	ひへん	8	オウ	さか・ん	あきら	1802	85
昂	ひへん	8	コウ	たか・ぶる	あき、あきら、たか、たかし、のぼる	2523	86
昌	ひへん	8	ショウ	さか・ん	あき、あきら、あつ、さかえ、すけ、まさ、まさし、まさる、ます、よ、よし	3027	87
昴	ひへん	9	ボウ	すばる	あき、あきら	5869	88
晃	ひへん	10	コウ	あき・らか	あき、あきら、きら、てる、ひかる、みつ	2524	89
晋	ひへん	10	シン		あき、くに、すすむ、ゆき	3124	90
晏	ひへん	10	アン		おそ、さだ、はる、やす、やすし	5871	91
晟	ひへん	10	セイ		あきら、てる、まさ	5880	92
晨	ひへん	11	シン		あき、とき、とよ	5879	93
智	ひへん	12	チ		あきら、さかし、さと、さとし、さとる、とし、とみ、とも、のり、まさる、もと	3550	94
暉	ひへん	13	キ		あき、あきら、てらす、てる	5886	95
暢	ひへん	14	チョウ	の・びる	いたる、かど、とおる、なが、のぶ、のぶる、まさ、みつ、みつる	3610	96
曙	ひへん	17	ショ	あけぼの	あきら、あけ	2927	97
朋	つきへん	8	ホウ	とも		4294	98
朔	つきへん	10	サク		きた、はじめ、もと	2683	99
李	きへん	7	リ	すもも	もも	4591	100
杏	きへん	7	キョウ、アン	あんず		1641	101
杜	きへん	7	ト、ズ	もり	あかなし	3746	102
柊	きへん	9	シュウ	ひいらぎ		4102	103
柚	きへん	9	ユウ	ゆず		4514	104
柾	きへん	9		まさ	ただ	4379	105
栗	きへん	10	リツ	くり		2310	106
栞	きへん	10	カン	しおり	けん	5957	107
桂	きへん	10	ケイ	かつら	かつ、よし	2343	108
桐	きへん	10	トウ、ドウ	きり	ひさ	2245	109
梓	きへん	11	シ	あずさ		1620	110
梢	きへん	11	ショウ	こずえ	すえ、たか	3031	111
梧	きへん	11	ゴ			2472	112
梨	きへん	11	リ	なし		4592	113
椋	きへん	12	リョウ	むく	くら	4426	114
椎	きへん	12	ツイ、スイ	しい		3639	115
椰	きへん	13	ヤ		やし	6031	116
椿	きへん	13	チン、チュン	つばき		3656	117
楊	きへん	13	ヨウ		やす	4544	118
楓	きへん	13	フウ	かえで		4186	119

参　考

漢字	部首	総画	音	訓	音訓以外の人名	JISコード	人名番号
楠	きへん	13	ナン	くすのき	くす	3879	120
榛	きへん	14	シン		はり、はる	3126	121
槙	きへん	14	テン、シン	まき	こずえ	4374	122
槻	きへん	15	キ	つき	けや	3648	123
樺	きへん	14	カ	かば		1982	124
橘	きへん	16	キツ、キチ	たちばな		2144	125
檀	きへん	17	タン、ダン		せん、まゆみ	3541	126
欣	あくび	8	ゴン、キン	よろこ・ぶ	やすし、よし	2253	127
欽	あくび	12	キン	つつし・む	こく、ただ、ひとし、まこと、よし	2254	128
毅	るまた	15	キ	つよ・い	かた、こわし、さだむ、しのぶ、たか、たかし、たけ、たけし、つよ、つよき、つよし、とし、のり、はたす、み、よし	2103	129
毬	け	11	キュウ	まり、いが		6160	130
汀	さんずい	5	テイ	みぎわ	なぎさ	3685	131
汐	さんずい	6	セキ	しお	きよ	2814	132
汰	さんずい	7	タ、タイ			3433	133
沙	さんずい	7	サ、シャ	すな	いさ、す	2627	134
洲	さんずい	9	シュウ	す、しま	くに	2907	135
洵	さんずい	9	シュン、ジュン		のぶ、まこと	6213	136
洸	さんずい	9	コウ		たけし、ひろ、ひろし、ふかし	6211	137
浩	さんずい	10	コウ	ひろ・い	いさむ、おおい、きよし、はる、ひろ、ひろし、ゆたか	2532	138
淳	さんずい	11	ジュン	あつ・い	あき、あつ、あつし、きよ、きよし、すなお、ただし、とし、ぬ、まこと、よし	2963	139
渚	さんずい	11	ショ	なぎさ	お	2977	140
渥	さんずい	12	アク	あつ、あつ・い	あつし、ひく	1615	141
湧	さんずい	12	ヨウ、ユウ	わ・く	わか、わき	4515	142
滉	さんずい	13	コウ		あきら、ひろ、ひろし	6270	143
漱	さんずい	14	ソウ	すす・ぐ	そそぐ	6291	144
澪	さんずい	16	レイ	みお		6326	145
熈	れっか	15	キ		おき、さと、てる、のり、ひろ、ひろし、ひろむ、よし	8406	146
熊	れっか	14	ユウ	くま	かげ	2307	147
燎	ひへん	16	リョウ			6389	148
燦	ひへん	17	サン			2724	149
燿	ひへん	18	ヨウ	かがや・く	てる	6402	150
爽	こう	11	ソウ	さわ・やか	あきら、さ、さや、さやか、さわ	3354	151
爾	こう	14	ジ、ニ	なんじ、しか・り	ちか、ちかし、みつる	2804	152
猪	けものへん	11	チョ	いのしし	い、しし	3586	153
玖	おうへん	7	キュウ、ク		き、たま、ひさ	2274	154
玲	おうへん	9	レイ、リョウ		あきら、たま	4672	155
琢	おうへん	11	タク	みが・く	あや、たか	3486	156
琉	おうへん	11	リュウ、ル			4616	157
琳	おうへん	12	リン			4654	158
瑚	おうへん	13	コ、ゴ			2474	159
瑛	おうへん	12	エイ		あき、あきら、てる	1745	160
瑞	おうへん	13	スイ、ズイ	みず、しるし	たま	3180	161
瑠	おうへん	14	リュウ、ル			4660	162
瑶	おうへん	13	ヨウ	たま		6486	163
瑳	おうへん	14	サ		あきら、みがく	2628	164
璃	おうへん	15	リ		あき	4594	165

6 人名用漢字

漢字	部首	総画	音	訓	音訓以外の人名	JISコード	人名番号
甫	もちいる	7	ホ、フ		かみ、すけ、とし、なみ、のり、はじめ、まさ、み、もと、よし	4267	166
皐	しろ	11	コウ		さ、すすむ、たか、たかし	2709	167
皓	しろ	12	コウ	しろ・い	あき、あきら、つく、てる、ひかる、ひろ、ひろし	6611	168
眉	めへん	9	ビ、ミ	まゆ		4093	169
眸	めへん	11	ボウ	ひとみ		6640	170
睦	めへん	13	ボク、モク	むつ・ぶ、むつ・まじい	あつし、ちか、ちかし、とき、とも、のぶ、まこと、む、むつ、むつみ、よし	4351	171
瞭	めへん	17	リョウ	あき・らか	あき、あきら	4638	172
瞳	めへん	17	トウ、ドウ	ひとみ	あきら	3823	173
矩	やへん	10	ク	さしがね、のり	かど、かね、ただし、ただす、つね	2275	174
碧	いしへん	14	ヘキ	みどり、あお	きよし、たま	4243	175
碩	いしへん	14	セキ		おお、ひろ、みち、みつる、ゆたか	3257	176
磯	いしへん	17	キ	いそ	し	1675	177
祐	しめすへん	9	ユウ、ウ	たす・ける	さち、すけ、たすく、ち、まさ、ます、むら、よし	4520	178
禄	しめすへん	12	ロク	さいわい	さち、とし、とみ、よし	4729	179
禎	しめすへん	13	テイ	さいわい	さだ、さだむ、さち、ただ、ただし、つぐ、とも、よし	3687	180
秦	のぎへん	10	シン	はた		3133	181
稀	のぎへん	12	キ、ケ	まれ		2109	182
稔	のぎへん	13	ネン、ジン、ニン	みの・る	とし、なり、なる	4413	183
稜	のぎへん	13	リョウ	かど	いつ、たか、たる	4639	184
穣	のぎへん	18	ジョウ	みの・る	おさむ、しげ、みのり、ゆたか	3087	185
竣	たつへん	12	シュン		たかし	2955	186
笙	たけかんむり	11	ショウ			6789	187
笹	たけかんむり	11		ささ		2691	188
紗	いとへん	10	サ、シャ	うすぎぬ	すず、たえ	2851	189
紘	いとへん	10	コウ		ひろ、ひろし	2541	190
紬	いとへん	11	チュウ	つむぎ		3661	191
絃	いとへん	11	ゲン	いと	お、つる	2430	192
絢	いとへん	12	ケン	あや	じゅん、ひろ、ひろし	1628	193
綜	いとへん	14	ソウ		おさ	3378	194
綸	いとへん	14	リン		お、くみ	6937	195
綺	いとへん	14	キ		あや、かむはた	6926	196
綾	いとへん	14	リョウ	あや		1629	197
緋	いとへん	14	ヒ	あか	あけ	4076	198
翔	はね	12	ショウ	か・ける		7038	199
翠	はね	14	スイ	みどり	あきら	3173	200
耀	はね	20	ヨウ	かがや・く	あき、あきら、てる	4552	201
耶	みみへん	9	ヤ	や、か		4477	202
聡	みみへん	14	ソウ	さと・い	あき、あきら、さ、さと、さとし、さとる、と、とき、とし、とみ	3379	203
肇	ふでづくり	14	チョウ	はじ・める	こと、ただ、ただし、とし、はじむ、はじめ、はつ	4005	204
胡	にくづき	9	コ、ゴ、ウ		ひさ	2453	205
胤	にくづき	9	イン	たね	かず、つぎ、つぐ、つづき、み	1693	206
脩	にくづき	11	シュウ	おさ・める	おさ、おさむ、さね、すけ、なお、なが、のぶ、はる、もろ	7091	207
舜	まいあし	13	シュン		きよ、とし、ひとし、みつ、よし	2956	208
艶	いろ	19	エン	つや、なまめ・かしい	おお、もろ、よし	1780	209

参　考

漢字	部首	総画	音	訓	音訓以外の人名	JISコード	人名番号
芙	くさかんむり	7	フ		はす	4171	210
芹	くさかんむり	7	キン	せり		2260	211
苑	くさかんむり	8	エン、オン	その		1781	212
茉	くさかんむり	8	マツ、バツ	ま		7193	213
茄	くさかんむり	8	カ、ケ			1856	214
茅	くさかんむり	8	ボウ	かや	ち	1993	215
茜	くさかんむり	9	セン	あかね		1611	216
莉	くさかんむり	10	リ、レイ			7229	217
莞	くさかんむり	10	カン			2048	218
菖	くさかんむり	11	ショウ		あやめ	3052	219
菫	くさかんむり	11	キン	すみれ		7233	220
萌	くさかんむり	11	ホウ	きざ・す、も・える	きざし、め、めぐみ、めみ、もえ	4308	221
萩	くさかんむり	12	シュウ	はぎ		3975	222
葵	くさかんむり	12	キ	あおい	まもる	1610	223
蒔	くさかんむり	13	シ、ジ	ま・く	まき	2812	224
蒼	くさかんむり	13	ソウ	あお・い	しげる	3383	225
蓉	くさかんむり	13	ヨウ	はす		4554	226
蓮	くさかんむり	13	レン	はす		4701	227
蔦	くさかんむり	14	チョウ	つた		3653	228
蕉	くさかんむり	15	ショウ			3054	229
蕗	くさかんむり	16	ロ	ふき		4189	230
藍	くさかんむり	18	ラン	あい		4585	231
藤	くさかんむり	18	トウ、ドウ	ふじ	かつら、つ、ひさ	3803	232
蘭	くさかんむり	19	ラン		か	4586	233
虎	とらかんむり	8	コ	とら	たけ	2455	234
虹	むしへん	9	コウ	にじ		3890	235
蝶	むしへん	15	チョウ			3619	236
衿	ころもへん	9	キン	えり		2262	237
袈	ころもへん	11	カ、ケ		けさ	2322	238
裟	ころもへん	13	サ、シャ			2632	239
詢	ごんべん	13	ジュン	はか・る	まこと	7546	240
誼	ごんべん	15	ギ	よしみ	こと、よし	2135	241
諄	ごんべん	15	ジュン		あつ、いたる、さね、しげ、とも、のぶ、まこと	7557	242
諒	ごんべん	15	リョウ		あき、あさ、まこと、まさ	4642	243
赳	そうにょう	10	キュウ		たけ、たけし	7666	244
輔	くるまへん	14	ホ、フ	たす・ける	すけ、たすく、たすけ	4269	245
辰	しんのたつ	7	シン、ジン	たつ	とき、のぶ、のぶる、よし	3504	246
迪	しんにょう	8	テキ	みち	すすむ、ただ、ただす、ひら、ふみ	7776	247
遥	しんにょう	12	ヨウ	はる・か	すみ、とお、のぶ、のり、はる、みち	4558	248
遼	しんにょう	15	リョウ	はる・か	とお	4643	249
邑	むら	7	ユウ	むら	くに、さと、さとし、すみ	4524	250
那	おおざと	7	ダ、ナ		とも、ふゆ、やす	3865	251
郁	おおざと	9	イク		あや、か、かおる、たかし、ふみ	1674	252
酉	ひよみのとり	7	ユウ	とり	なが、みのる	3851	253
醇	ひよみのとり	15	ジュン		あつ、あつし	2970	254
釆	のごめへん	8	サイ	と・る	あや、うね、こと	2651	255
錦	かねへん	16	キン	にしき	かね	2251	256
鎌	かねへん	18	レン	かま	かた、かね	1989	257
阿	こざとへん	8	ア	おもね・る、くま		1604	258
隼	ふるとり	10	ジュン、シュン	はやぶさ	とし、はや、はやし、はやと	4027	259
雛	ふるとり	18	スウ、ス	ひな		3187	260

6 人名用漢字

漢字	部首	総画	音	訓	音訓以外の人名	JISコード	人名番号
霞	あめかんむり	17	カ	かすみ		1866	261
靖	あお	13	セイ、ジョウ	やすい、やすんじる	おさむ、きよし、しず、のぶ、やす、やすし	4487	262
鞠	つくりがわ	17	キク	まり	つぐ、みつ	2139	263
須	おおがい	12	シュ、ス	ま・つ、もち・いる	もち、もとむ	3160	264
頌	おおがい	13	ショウ		うた、おと、つぐ、のぶ、よむ	8083	265
颯	かぜ	14	サツ、ソウ			8105	266
馨	かおり	20	ケイ、キョウ	かお・る	か、かおり、きよ、よし	1930	267
駒	うまへん	15	ク	こま		2280	268
駿	うまへん	17	シュン		たかし、とし、はやお、はやし	2957	269
魁	きにょう	14	カイ		いさお、いさむ、つとむ	1901	270
鮎	うおへん	16	デン、ネン	あゆ、なまず		1630	271
鯉	うおへん	18	リ	こい		2481	272
鯛	うおへん	19	チョウ	たい		3468	273
鳩	とり	13	キュウ、ク	はと	やす	4023	274
鳳	とり	14	ホウ	おおとり	たか	4317	275
鴻	とり	17	コウ	おおとり	とき、ひろ、ひろし	2567	276
鵬	とり	19	ホウ	おおとり	とも、ゆき	4318	277
鶴	とり	21	カク	つる	ず、たず、つ	3665	278
鷹	とり	24	ヨウ	たか		3475	279
鹿	しか	11	ロク	しか	か、しし	2815	280
麟	しか	24	リン			4659	281
麿	あさかんむり	18		まろ		4391	282
黎	きび	15	レイ		たみ	8353	283
黛	くろ	16	タイ	まゆずみ		3467	284
亀	かめ	11	キ	かめ	あま、すすむ、ながし、ひさ、ひさし	2121	285

参考

B表　別表第二　漢字の表

1　丑　丞　乃　之　乎　也　云　亙−亘　些　亦　亥　亨　亮　仔　伊　伍　伽　佃　佑　伶　侃
　　侑　俄　俠　俣　俐　倭　倶　倦　倖　偲　傭　儲　允　兎　兜　其　冴　凌　凜−凛　凧　凪
　　凰　凱　函　劉　劫　勁　勺　勿　匁　匡　廿　卜　卯　卿　厨　厩　叉　叡　叢　叶　只　吾
　　呑　吻　哉　哨　啄　哩　喬　喧　喰　喋　嘩　嘉　嘗　噌　噂　圃　圭　坐　尭−堯　坦　埴
　　堰　堺　堵　塙　壕　壬　夷　奄　奎　套　娃　姪　姥　娩　嬉　孟　宏　宋　宕　宥　寅　寓
　　寵　尖　尤　屑　峨　峻　崚　嵯　嵩　嶺　巌−巖　巫　已　巳　巴　巷　巽　帖　幌　幡　庄
　　庇　庚　庵　廟　廻　弘　弛　彗　彦　彪　彬　徠　忽　怜　恢　恰　恕　悌　惟　惚　悉　惇
　　惹　惺　惣　慧　憐　戊　或　戟　托　按　挺　挽　掬　捲　捷　捺　捧　掠　揃　摑　摺　撒
　　撰　撞　播　撫　擢　孜　敦　斐　幹　斧　斯　於　旭　昂　昊　昏　昌　昴　晏　晃−晄　晒
　　晋　晟　晦　晨　智　暉　暢　曙　曝　曳　朋　朔　杏　杖　杜　李　杭　杵　杷　枇　柑　柴
　　柘　柊　柏　柾　柚　桧−檜　栞　桔　桂　栖　桐　栗　梧　梓　梢　梛　梯　桶　梶　椛　梁
　　棲　椋　椀　楯　楚　楕　椿　楠　楓　椰　楢　楊　榎　樺　榊　榛　槙−槇　槍　槌　樫　槻
　　樟　樋　橘　樽　橙　檎　檀　櫂　櫛　櫓　欣　欽　歎　此　殆　毅　毘　毯　汀　汝　汐　汲
　　沌　沓　沫　洸　洲　洵　洛　浩　浬　淵　淳　渚−渚　淀　淋　渥　湘　湊　湛　溢　滉　溜
　　漱　漕　漣　澪　濡　瀬　灘　灸　灼　烏　焔　焚　煌　煤　煉　熙　燕　燎　燦　燭　燿　爾
　　牒　牟　牡　牽　犀　狼　猪−猪　獅　玖　珂　珈　珊　珀　玲　琢−琢　琉　瑛　琥　琵　琶
　　琳　瑚　瑞　瑶　瑳　瓜　瓢　甥　甫　畠　畢　疋　疏　皐　皓　眸　瞥　矩　砦　砥　砧　硯
　　碓　碗　碩　碧　磐　磯　祇　祢−禰　祐−祐　祷−禱　禄−祿　禎−禎　禽　禾　秦　秤　稀
　　稔　稟　稜　穣−穰　穿　窄　窪　窺　竣　竪　竺　竿　笈　笹　筍　笠　筈　筑　箕　箔
　　篇　篠　簞　簾　籾　粥　粟　糊　紘　紗　紐　絃　紬　絆　絢　綺　綜　綴　緋　綾　綸　縞
　　徽　繁　繡　纂　纏　羚　翔　翠　耀　而　耶　耽　聡　肇　肋　肴　胤　胡　脩　腔　脹　膏
　　臥　舜　舵　芥　芹　芭　芙　芦　苑　茄　苔　苺　茅　茉　茸　茜　莞　荻　莫　莉　菅　菫
　　菖　萄　菩　萌−萠　莱　菱　葦　葵　萱　葺　萩　董　葡　蓑　蒔　蒐　蒼　蒲　蒙　蓉　蓮
　　蔭　蒋　蔦　蓬　蔓　蕎　蕨　蕉　蕃　燕　薙　蕾　蕗　藁　薩　蘭　蝦　蝶　螺　蝉　蟹
　　蠟　衿　袈　袴　裡　裟　裳　襖　訊　訣　註　詢　託　誼　諏　諄　諒　謂　諺　讃　豹　貰
　　賑　赳　跨　蹄　蹟　輔　輯　輿　轟　辰　辻　迂　迄　迪　迦　鋒　這　逞　逗　逢　遥−遙
　　遁　遼　邑　祁　郁　鄭　酉　醇　醐　醍　醬　釉　釘　釧　銚　鋒　鋸　錘　錐　錆　錫　鍬
　　鎧　閃　閏　閣　阿　陀　隈　隼　雀　雁　雛　雫　霞　靖　鞄　鞍　鞘　鞠　鞭　頁　頌　頗
　　顚　颯　饗　馨　馴　馳　駕　駿　驍　魁　魯　鮎　鯉　鯛　鰯　鱒　鱗　鳩　鳶　鳳　鴨　鴻
　　鵜　鵬　鷗　鷲　鷺　鷹　麒　麟　麿　黎　黛　鼎

注「−」は、相互の漢字が同一の字種であることを示している。

2 亞(亜)惡(悪)爲(為)逸(逸)榮(栄)衞(衛)謁(謁)圓(円)緣(縁)薗(園)應(応)櫻(桜)奧(奥)横(横)溫(温)價(価)
禍(禍)悔(悔)海(海)壞(壊)懷(懐)樂(楽)渴(渇)卷(巻)陷(陥)寬(寛)漢(漢)氣(気)祈(祈)器(器)僞(偽)戲(戯)
虛(虚)峽(峡)狹(狭)響(響)曉(暁)勤(勤)謹(謹)驅(駆)勳(勲)薰(薫)惠(恵)揭(掲)鷄(鶏)藝(芸)擊(撃)縣(県)
儉(倹)劍(剣)險(険)圈(圏)檢(検)顯(顕)驗(験)嚴(厳)廣(広)恆(恒)黃(黄)國(国)黑(黒)穀(穀)碎(砕)雜(雑)
社(社)視(視)兒(児)濕(湿)實(実)社(社)者(者)煮(煮)壽(寿)收(収)臭(臭)從(従)澁(渋)獸(獣)縱(縦)祝(祝)
暑(暑)署(署)緒(緒)諸(諸)敍(叙)將(将)祥(祥)涉(渉)燒(焼)奬(奨)條(条)狀(状)乘(乗)淨(浄)剩(剰)疊(畳)
孃(嬢)讓(譲)釀(醸)神(神)眞(真)寢(寝)愼(慎)盡(尽)粹(粋)醉(酔)穗(穂)瀨(瀬)齊(斉)靜(静)攝(摂)節(節)
專(専)戰(戦)纖(繊)禪(禅)祖(祖)壯(壮)爭(争)莊(荘)搜(捜)巢(巣)曾(曽)裝(装)僧(僧)層(層)瘦(痩)騷(騒)
增(増)憎(憎)藏(蔵)贈(贈)臟(臓)卽(即)帶(帯)滯(滞)瀧(滝)單(単)嘆(嘆)團(団)彈(弾)晝(昼)鑄(鋳)著(著)
廳(庁)徵(徴)聽(聴)懲(懲)鎭(鎮)轉(転)傳(伝)都(都)嶋(島)燈(灯)盜(盗)稻(稲)德(徳)突(突)難(難)拜(拝)
盃(杯)賣(売)梅(梅)髮(髪)拔(抜)繁(繁)晚(晩)卑(卑)祕(秘)碑(碑)賓(賓)敏(敏)冨(富)侮(侮)福(福)拂(払)
佛(仏)勉(勉)步(歩)峯(峰)墨(墨)飜(翻)每(毎)萬(万)默(黙)埜(野)彌(弥)藥(薬)與(与)搖(揺)樣(様)謠(謡)
來(来)賴(頼)覽(覧)欄(欄)龍(竜)虜(虜)涼(涼)綠(緑)淚(涙)壘(塁)類(類)禮(礼)曆(暦)歷(歴)練(練)鍊(錬)
郞(郎)朗(朗)廊(廊)錄(録)

注　括弧内の漢字は、戸籍法施行規則第60条第1号*に規定する漢字であり、当該括弧外の漢字とのつながりを示すため、参考までに掲げたものである。

＊戸籍法施行規則第60条第1号＝常用漢字表(平成22年内閣告示第2号)に掲げる漢字(括弧書きが添えられているものについては、括弧の外のものに限る。)

参　考

7　公用文における漢字使用等について

　この「公用文における漢字使用等について」は平成22年11月30日に内閣訓令第1号として実施されたものである。各行政機関が作成する公用文における漢字使用等のよりどころになっている。
　なお、昭和56年内閣訓令第1号は、廃止された。

1　漢字使用について
(1) 公用文における漢字使用は、「常用漢字表」（平成22年内閣告示第2号）の本表及び付表（表の見方及び使い方を含む。）によるものとする。
　　なお、字体については通用字体を用いるものとする。
(2) 「常用漢字表」の本表に掲げる音訓によって語を書き表すに当たっては、次の事項に留意する。
　ア　次のような代名詞は、原則として、漢字で書く。
　　　例）俺　彼　誰　何　僕　私　我々
　イ　次のような副詞及び連体詞は、原則として、漢字で書く。
　　　例）（副詞）
　　　　余り　至って　大いに　恐らく　概して　必ず　必ずしも
　　　　辛うじて　極めて　殊に　更に　実に　少なくとも　少し
　　　　既に　全て　切に　大して　絶えず　互いに　直ちに
　　　　例えば　次いで　努めて　常に　特に　突然　初めて
　　　　果たして　甚だ　再び　全く　無論　最も　専ら　僅か
　　　　割に
　　　　（連体詞）
　　　　明くる　大きな　来る　去る　小さな　我が（国）
　　　ただし、次のような副詞は、原則として、仮名で書く。
　　　例）かなり　ふと　やはり　よほど
　ウ　次の接頭語は、その接頭語が付く語を漢字で書く場合は、原則として、漢字で書き、その接頭語が付く語を仮名で書く場合は、原則として、仮名で書く。
　　　例）御案内（御＋案内）　御挨拶（御＋挨拶）
　　　　　ごもっとも（ご＋もっとも）
　エ　次のような接尾語は、原則として、仮名で書く。
　　　例）げ（惜しげもなく）　ども（私ども）　ぶる（偉ぶる）　み（弱み）　め（少なめ）
　オ　次のような接続詞は、原則として、仮名で書く。
　　　例）おって　かつ　したがって　ただし　ついては　ところが　ところで　また　ゆえに
　　　ただし、次の4語は、原則として、漢字で書く。
　　　及び　並びに　又は　若しくは
　カ　助動詞及び助詞は、仮名で書く。
　　　例）ない（現地には、行かない。）
　　　　　ようだ（それ以外に方法がないようだ。）
　　　　　ぐらい（二十歳ぐらいの人）
　　　　　だけ（調査しただけである。）
　　　　　ほど（三日ほど経過した。）
　キ　次のような語句を、（　）の中に示した例のように用いるときは、原則として、仮名で書く。
　　　例）ある（その点に問題がある。）
　　　　　いる（ここに関係者がいる。）
　　　　　こと（許可しないことがある。）
　　　　　できる（だれでも利用ができる。）
　　　　　とおり（次のとおりである。）
　　　　　とき（事故のときは連絡する。）
　　　　　ところ（現在のところ差し支えない。）
　　　　　とも（説明するとともに意見を聞く。）
　　　　　ない（欠点がない。）

　　　　　なる（合計すると1万円に<u>なる</u>。）
　　　　　ほか（その<u>ほか</u>…、特別の場合を除く<u>ほか</u>…）
　　　　　もの（正しい<u>もの</u>と認める。）
　　　　　ゆえ（一部の反対の<u>ゆえ</u>にはかどらない。）
　　　　　わけ（賛成する<u>わけ</u>にはいかない。）
　　　　　・・・かもしれない（間違い<u>かもしれない</u>。）
　　　　　・・・てあげる（図書を貸し<u>てあげる</u>。）
　　　　　・・・ていく（負担が増え<u>ていく</u>。）
　　　　　・・・ていただく（報告し<u>ていただく</u>。）
　　　　　・・・ておく（通知し<u>ておく</u>。）
　　　　　・・・てください（問題点を話し<u>てください</u>。）
　　　　　・・・てくる（寒くなっ<u>てくる</u>。）
　　　　　・・・てしまう（書い<u>てしまう</u>。）
　　　　　・・・てみる（見<u>てみる</u>。）
　　　　　・・・てよい（連絡し<u>てよい</u>。）
　　　　　・・・にすぎない（調査だけ<u>にすぎない</u>。）
　　　　　・・・について（これ<u>について</u>考慮する。）

2　送り仮名の付け方について
（1）公用文における送り仮名の付け方は、原則として、「送り仮名の付け方」（昭和48年内閣告示第2号）の本文の通則1から通則6までの「本則」・「例外」、通則7及び「付表の語」（1のなお書きを除く。）によるものとする。
　　ただし、複合の語（「送り仮名の付け方」の本文の通則7を適用する語を除く。）のうち、活用のない語であって読み間違えるおそれのない語については、「送り仮名の付け方」の本文の通則6の「許容」を適用して送り仮名を省くものとする。なお、これに該当する語は、次のとおりとする。
　　　　　明渡し　預り金　言渡し　入替え　植付け　魚釣用具
　　　　　受入れ　受皿　受持ち　受渡し　渦巻　打合せ　打合せ会
　　　　　打切り　内払　移替え　埋立て　売上げ　売惜しみ　売出し
　　　　　売場　売払い　売渡し　売行き　縁組　追越し　置場　贈物
　　　　　帯留　折詰　買上げ　買入れ　買受け　買換え　買占め
　　　　　買取り　買戻し　買物　書換え　格付　掛金　貸切り　貸金
　　　　　貸越し　貸倒れ　貸出し　貸付け　借入れ　借受け　借換え
　　　　　刈取り　缶切　期限付　切上げ　切替え　切下げ　切捨て
　　　　　切土　切取り　切離し　靴下留　組合せ　組入れ　組替え
　　　　　組立て　くみ取便所　繰上げ　繰入れ　繰替え　繰越し
　　　　　繰下げ　繰延べ　繰戻し　差押え　差止め　差引き　差戻し
　　　　　砂糖漬　下請　締切り　条件付　仕分　据置き　据付け
　　　　　捨場　座込み　栓抜　備置き　備付け　染物　田植　立会い
　　　　　立入り　立替え　立札　月掛　付添い　月払　積卸し
　　　　　積替え　積込み　積出し　積立て　積付け　釣合い　釣鐘
　　　　　釣銭　釣針　手続　問合せ　届出　取上げ　取扱い　取卸し
　　　　　取替え　取決め　取崩し　取消し　取壊し　取下げ　取締り
　　　　　取調べ　取立て　取次ぎ　取付け　取戻し　投売り　抜取り
　　　　　飲料　乗換え　乗組み　話合い　払込み　払下げ　払出し
　　　　　払戻し　払渡し　払渡済み　貼付け　引上げ　引揚げ
　　　　　引受け　引起し　引換え　引込み　引下げ　引締め　引継ぎ
　　　　　引取り　引渡し　日雇　歩留り　船着場　不払　賦払
　　　　　振出し　前払　巻付け　巻取り　見合せ　見積り　見習
　　　　　未払　申合せ　申合せ事項　申入れ　申込み　申立て　申出
　　　　　持家　持込み　持分　元請　戻入れ　催物　盛土　焼付け
　　　　　雇入れ　雇主　譲受け　譲渡し　呼出し　読替え　割当て

参　考

　　　　　割増し　割戻し
(2) (1)にかかわらず、必要と認める場合は、「送り仮名の付け方」の本文の通則2、通則4及び通則6（(1)のただし書の適用がある場合を除く。）の「許容」並びに「付表の語」の1のなお書きを適用して差し支えない。

3　その他
(1) 1及び2は、固有名詞を対象とするものではない。
(2) 専門用語又は特殊用語を書き表す場合など、特別な漢字使用等を必要とする場合には、1及び2によらなくてもよい。
(3) 専門用語等で読みにくいと思われるような場合は、必要に応じて、振り仮名を用いる等、適切な配慮をするものとする。

4　法令における取扱い
法令における漢字使用等については、別途、内閣法制局からの通知による。

8 現代仮名遣い

　この「現代仮名遣い」は昭和61年7月1日に内閣の告示第1号・訓令第1号として実施され、平成22年11月30日の改定「常用漢字表」の内閣告示に伴い、一部改正されたものである。今日に至るまで一般の社会生活において、現代の国語を書き表すための仮名遣いのよりどころになっている。なお、昭和21年の内閣の告示・訓令「現代かなづかい」は、廃止された。

〔前書き〕
1　この仮名遣いは、語を現代語の音韻に従って書き表すことを原則とし、一方、表記の慣習を尊重して一定の特例を設けるものである。
2　この仮名遣いは、法令、公用文書、新聞、雑誌、放送など、一般の社会生活において、現代の国語を書き表すための仮名遣いのよりどころを示すものである。
3　この仮名遣いは、科学、技術、芸術その他の各種専門分野や個々人の表記にまで及ぼそうとするものではない。
4　この仮名遣いは、主として現代文のうち口語体のものに適用する。原文の仮名遣いによる必要のあるもの、固有名詞などでこれによりがたいものは除く。
5　この仮名遣いは、擬声・擬態的描写や嘆声、特殊な方言音、外来語・外来音などの書き表し方を対象とするものではない。
6　この仮名遣いは、「ホオ・ホホ（頬）」「テキカク・テッカク（的確）」のような発音にゆれのある語について、その発音をどちらかに決めようとするものではない。
7　この仮名遣いは、点字、ローマ字などを用いて国語を書き表す場合のきまりとは必ずしも対応するものではない。
8　歴史的仮名遣いは、明治以降、「現代かなづかい」（昭和21年内閣告示第33号）の行われる以前には、社会一般の基準として行われていたものであり、今日においても、歴史的仮名遣いで書かれた文献などを読む機会は多い。歴史的仮名遣いが、我が国の歴史や文化に深いかかわりをもつものとして、尊重されるべきことは言うまでもない。また、この仮名遣いにも歴史的仮名遣いを受け継いでいるところがあり、この仮名遣いの理解を深める上で、歴史的仮名遣いを知ることは有用である。付表において、この仮名遣いと歴史的仮名遣いとの対照を示すのはそのためである。

〔本文〕
　凡例
1　原則に基づくきまりを第1に示し、表記の慣習による特例を第2に示した。
2　例は、おおむね平仮名書きとし、適宜、括弧内に漢字を示した。常用漢字表に掲げられていない漢字及び音訓には、それぞれ*印及び△印をつけた。

第1　語を書き表すのに、現代語の音韻に従って、次の仮名を用いる。
　　ただし、下線を施した仮名は、第2に示す場合にだけ用いるものである。
　1　直音

```
あ　い　う　え　お
か　き　く　け　こ　　が　ぎ　ぐ　げ　ご
さ　し　す　せ　そ　　ざ　じ　ず　ぜ　ぞ
た　ち　つ　て　と　　だ　ぢ　づ　で　ど
な　に　ぬ　ね　の
は　ひ　ふ　へ　ほ　　ば　び　ぶ　べ　ぼ
　　　　　　　　　　　ぱ　ぴ　ぷ　ぺ　ぽ
ま　み　む　め　も
や　　　ゆ　　　よ
ら　り　る　れ　ろ
わ　　　　　　　を
```

　　　例）あさひ（朝日）　きく（菊）　さくら（桜）　ついやす（費）　にわ（庭）
　　　　　ふで（筆）　もみじ（紅葉）　ゆずる（譲）　れきし（歴史）　わかば（若葉）

付　録

　　　　えきか（液化）　せいがくか（声楽家）　さんぽ（散歩）

2　拗音
　　きゃ　きゅ　きょ　　　ぎゃ　ぎゅ　ぎょ
　　しゃ　しゅ　しょ　　　じゃ　じゅ　じょ
　　ちゃ　ちゅ　ちょ　　　ぢゃ　ぢゅ　ぢょ
　　にゃ　にゅ　にょ
　　ひゃ　ひゅ　ひょ　　　びゃ　びゅ　びょ
　　　　　　　　　　　　　ぴゃ　ぴゅ　ぴょ
　　みゃ　みゅ　みょ
　　りゃ　りゅ　りょ
　　　例）しゃかい（社会）　しゅくじ（祝辞）　かいじょ（解除）　りゃくが（略画）
　　〔注意〕拗音に用いる「や、ゆ、よ」は、なるべく小書きにする。

3　撥音
　　ん
　　　例）まなんで（学）　みなさん　しんねん（新年）　しゅんぶん（春分）

4　促音
　　っ
　　　例）はしって（走）　かっき（活気）　がっこう（学校）　せっけん（石＊鹸）
　　〔注意〕促音に用いる「つ」は、なるべく小書きにする。

5　長音
(1)　ア列の長音
　　ア列の仮名に「あ」を添える。
　　　例）おかあさん　おばあさん
(2)　イ列の長音
　　イ列の仮名に「い」を添える。
　　　例）にいさん　おじいさん
(3)　ウ列の長音
　　ウ列の仮名に「う」を添える。
　　　例）おさむうございます（寒）　くうき（空気）　ふうふ（夫婦）
　　　　　うれしゅう存じます　きゅうり　ぼくじゅう（墨汁）　ちゅうもん（注文）
(4)　エ列の長音
　　エ列の仮名に「え」を添える。
　　　例）ねえさん　ええ（応答の語）
(5)　オ列の長音
　　オ列の仮名に「う」を添える。
　　　例）おとうさん　とうだい（灯台）　わこうど（若人）　おうむ
　　　　　かおう（買）　あそぼう（遊）　おはよう（早）　おうぎ（扇）
　　　　　ほうる（放）　とう（塔）　よいでしょう　はっぴょう（発表）
　　　　　きょう（今日）　ちょうちょう（＊蝶々）

第2　特定の語については、表記の慣習を尊重して、次のように書く。
　1　助詞の「を」は、「を」と書く。
　　　例）本を読む　岩をも通す　失礼をばいたしました　やむをえない
　　　　　いわんや……をや　よせばよいものを　てにをは

　2　助詞の「は」は、「は」と書く。
　　　例）今日は日曜です　山では雪が降りました

　　　　あるいは　　または　　もしくは
　　　　いずれは　さては　ついては　ではさようなら　とはいえ
　　　　惜しむらくは　恐らくは　願わくは
　　　　これはこれは　こんにちは　こんばんは
　　　　悪天候もものかは
　　〔注意〕次のようなものは、この例にあたらないものとする。
　　　　　　いまわの際　すわ一大事
　　　　　　雨も降るわ風も吹くわ　来るわ来るわ　きれいだわ

3　助詞の「へ」は、「へ」と書く。
　　　例）故郷へ帰る　……さんへ　母への便り　駅へは数分

4　動詞の「いう（言）」は、「いう」と書く。
　　　例）ものをいう（言）　いうまでもない　昔々あったという
　　　　どういうふうに　人というもの　こういうわけ

5　次のような語は、「ぢ」「づ」を用いて書く。
(1) 同音の連呼によって生じた「ぢ」「づ」
　　　例）ちぢみ（縮）　ちぢむ　ちぢれる　ちぢこまる
　　　　　つづみ（鼓）　つづら　つづく（続）　つづめる（△約）　つづる（*綴）
　　〔注意〕「いちじく」「いちじるしい」は、この例にあたらない。
(2) 二語の連合によって生じた「ぢ」「づ」
　　　例）はなぢ（鼻血）　そえぢ（添乳）　もらいぢち　そこぢから（底力）
　　　　ひぢりめん
　　　　いれぢえ（入知恵）　ちゃのみぢゃわん
　　　　まぢか（間近）　こぢんまり
　　　　ちかぢか（近々）　ちりぢり
　　　　みかづき（三日月）　たけづつ（竹筒）　たづな（手綱）　ともづな
　　　　にいづま（新妻）　けづめ　ひづめ　ひげづら
　　　　おこづかい（小遣）　あいそづかし　わしづかみ　こころづくし（心尽）
　　　　てづくり（手作）　こづつみ（小包）　ことづて　はこづめ（箱詰）
　　　　はたらきづめ　みちづれ（道連）　かたづく　こづく（小突）　どくづく
　　　　もとづく　うらづける　ゆきづまる　ねばりづよい　つねづね（常々）
　　　　つくづく　つれづれ
　　なお、次のような語については、現代語の意識では一般に二語に分解しにくいもの等として、それぞれ「じ」「ず」を用いて書くことを本則とし、「せかいぢゅう」「いなづま」のように「ぢ」「づ」を用いて書くこともできるものとする。
　　　例）せかいじゅう（世界中）　いなずま（稲妻）　かたず（固唾）
　　　　きずな（*絆）　さかずき（杯）　ときわず　ほおずき
　　　　みみずく　うなずく　おとずれる（訪）　かしずく
　　　　つまずく　ぬかずく　ひざまずく　あせみずく
　　　　くんずほぐれつ　さしずめ　でずっぱり　なかんずく
　　　　うでずく　くろずくめ　ひとりずつ　ゆうずう（融通）
　　〔注意〕次のような語の中の「じ」「ず」は、漢字の音読みでもともと濁っているものであって、上記(1)、(2) のいずれにもあたらず、「じ」「ず」を用いて書く。
　　　　　例）じめん（地面）　ぬのじ（布地）　ずが（図画）　りゃくず（略図）

6　次のような語は、オ列の仮名に「お」を添えて書く。
　　　例）おおかみ　おおせ（仰）　おおやけ（公）　こおり（氷・△郡）
　　　　こおろぎ　ほお（頰・△朴）　ほおずき　ほのお（炎）
　　　　とお（十）　いきどおる（憤）　おおう（覆）　こおる（凍）

付録

　　　しおおせる　　とおる（通）　とどこおる（滞）　もよおす（催）
　　　いとおしい　　おおい（多）　おおきい（大）　とおい（遠）
　　　おおむね　　おおよそ
　これらは、歴史的仮名遣いでオ列の仮名に「ほ」又は「を」が続くものであって、オ列の長音として発音されるか、オ・オ、コ・オのように発音されるかにかかわらず、オ列の仮名に「お」を添えて書くものである。

付記
　次のような語は、エ列の長音として発音されるか、エイ、ケイなどのように発音されるかにかかわらず、エ列の仮名に「い」を添えて書く。
　　例）かれい　　せい（背）　かせいで（稼）　まねいて（招）　春めいて
　　　　へい（塀）　めい（銘）　れい（例）　えいが（映画）
　　　　とけい（時計）　ていねい（丁寧）

付表（現代仮名遣いと歴史的仮名遣いとの対照表）
　以下は昭和61年7月1日内閣告示第1号「現代仮名遣い」の付表として掲げられたものである。

凡例
1　現代語の音韻を目印として、この仮名遣いと歴史的仮名遣いとの主要な仮名の使い方を対照させ、例を示した。
2　音韻を表すのには、片仮名及び長音符号「ー」を用いた。
3　例は、おおむね漢字書きとし、仮名の部分は歴史的仮名遣いによった。常用漢字表に掲げられていない漢字及び音訓には、それぞれ＊印及び△印をつけ、括弧内に仮名を示した。
4　ジの音訓の項には、便宜、拗音の例を併せ挙げた。

現代語の音韻	この仮名遣いで用いる仮名	歴史的仮名遣いで用いる仮名	例（歴史的仮名遣い）
イ	い	い	石　報いる　赤い　意図　愛
		ゐ	井戸　居る　参る　胃　権威
		ひ	貝　合図　費やす　思ひ出　恋しさ
ウ	う	う	歌　馬　浮かぶ　雷雨　機運
		ふ	買ふ　吸ふ　争ふ　危ふい
エ	え	え	柄　枝　心得　見える　栄誉
		ゑ	声　植ゑる　絵　円　知恵
		へ	家　前　考へる　帰る　救へ
	へ	へ	西へ進む
オ	お	お	奥　大人　起きる　お話　雑音
		を	男　十日　踊る　青い　悪寒
		ほ	顔　氷　滞る　直す　大きい
		ふ	仰ぐ　倒れる
	を	を	花を見る
カ	か	か	蚊　紙　静か　家庭　休暇
		くわ	火事　歓迎　結果　生活　愉快
ガ	が	が	石垣　学問　岩石　生涯　発芽
		ぐわ	画家　外国　丸薬　正月　念願

8 現代仮名遣い

現代語の音韻	この仮名遣いで用いる仮名	歴史的仮名遣いで用いる仮名	例（歴史的仮名遣い）
ジ	じ	じ	初め こじあける 字 自慢 術語
		ぢ	味 恥ぢる 地面 女性 正直
	ぢ	ぢ	縮む 鼻血 底力 近々 入れ知恵
ズ	ず	ず	鈴 物好き 知らずに 人数 洪水
		づ	水 珍しい 一つづつ 図画 大豆
	づ	づ	鼓 続く 三日月 塩漬け 常々
ワ	わ	わ	輪 泡 声色 弱い 和紙
		は	川 回る 思はず 柔らか *琵*琶（びは）
	は	は	我は海の子 又は
ユー	ゆう	ゆう	勇気 英雄 金融
		ゆふ	夕方
		いう	遊戯 郵便 勧誘 所有
		いふ	都*邑（といふ）
	いう	いふ	言ふ
オー	おう	おう	負うて 応答 欧米
		あう	桜花 奥義 中央
		あふ	扇 押収 凹凸
		わう	弱う 王子 往来 卵黄
		はう	買はう 舞はう 怖うございます
コー	こう	こう	功績 拘束 公平 気候 振興
		こふ	*劫（こふ）
		かう	咲かう 赤う かうして 講義 健康
		かふ	甲乙 太*閤（たいかふ）
		くわう	光線 広大 恐慌 破天荒
ゴー	ごう	ごう	皇后
		ごふ	業 永*劫（えいごふ）
		がう	急がう 長う 強引 豪傑 番号
		がふ	合同
		ぐわう	*轟音（ぐわうおん）
ソー	そう	そう	僧 総員 競走 吹奏 放送
		さう	話さう 浅う さうして 草案 体操
		さふ	挿話
ゾー	ぞう	ぞう	増加 憎悪 贈与
		ざう	象 蔵書 製造 内臓 仏像
		ざふ	雑煮
トー	とう	とう	弟 統一 冬至 暴投 北東
		たう	峠 勝たう 痛う 刀剣 砂糖
		たふ	塔 答弁 出納
ドー	どう	どう	どうして 銅 童話 運動 空洞
		だう	堂 道路 *葡*萄（ぶだう）
		だふ	問答
ノー	のう	のう	能 農家 濃紺
		のふ	昨日
		なう	死なう 危なうございます 脳 苦悩
		なふ	納入

付　録

現代語の音韻	この仮名遣いで用いる仮名	歴史的仮名遣いで用いる仮名	例（歴史的仮名遣い）
ホー	ほう	ほう	奉祝　俸給　豊年　霊峰
		ほふ	法会
		はう	葬る　包囲　芳香　解放
		はふ	はふり投げる　はははふの体　法律
ボー	ぼう	ぼう	某　貿易　解剖　無謀
		ぼふ	正法
		ばう	遊ばう　飛ばう　紡績　希望　堤防
		ばふ	貧乏
ポー	ぽう	ぽう	本俸　連峰
		ぽふ	説法
		ぱう	鉄砲　奔放　立方
		ぱふ	立法
モー	もう	もう	もう一つ　啓*蒙（けいもう）
		まう	申す　休まう　甘う　猛獣　本望
ヨー	よう	よう	見よう　ようございます　用　容易　中庸
		やう	八日　早う　様子　洋々　太陽
		えう	幼年　要領　童謡　日曜
		えふ	紅葉
ロー	ろう	ろう	楼　漏電　披露
		ろふ	かげろふ　ふくろふ
		らう	祈らう　暗う　廊下　労働　明朗
		らふ	候文　*蝋*燭（らふそく）
キュー	きゅう	きゆう	弓術　宮殿　貧窮
		きう	休養　丘陵　永久　要求
		きふ	及第　急務　給与　階級
ギュー	ぎゅう	ぎう	牛乳
シュー	しゅう	しゆう	宗教　衆知　終了
		しう	よろしう　周囲　収入　晩秋
		しふ	執着　習得　襲名　全集
ジュー	じゅう	じゆう	充実　従順　臨終　猟銃
		じう	柔軟　野獣
		じふ	十月　渋滞　墨汁
		ぢゆう	住居　重役　世界中
チュー	ちゅう	ちゆう	中学　衷心　注文　昆虫
		ちう	抽出　鋳造　宇宙　白昼
ニュー	にゅう	にゆう	乳酸
		にう	柔和
		にふ	*埴△生（はにふ）　入学
ヒュー	ひゅう	ひう	△日△向（ひうが）
ビュー	びゅう	びう	誤*謬（ごびう）
リュー	りゅう	りゆう	竜　隆盛
		りう	留意　流行　川柳
		りふ	粒子　建立
キョー	きょう	きよう	共通　恐怖　興味　吉凶
		きやう	兄弟　鏡台　経文　故郷　熱狂
		けう	教育　矯正　絶叫　鉄橋
		けふ	今日　脅威　協会　海峡

8 現代仮名遣い

現代語の音韻	この仮名遣いで用いる仮名	歴史的仮名遣いで用いる仮名	例（歴史的仮名遣い）
ギョー	ぎょう	ぎよう	凝集
		ぎやう	仰天　修行　人形
		げう	今暁
		げふ	業務
ショー	しょう	しよう	昇格　承諾　勝利　自称　訴訟
		しやう	詳細　正直　商売　負傷　文章
		せう	見ませう　小説　消息　少年　微笑
		せふ	交渉
ジョー	じょう	じよう	冗談　乗馬　過剰
		じやう	成就　上手　状態　感情　古城
		ぜう	*饒舌（ぜうぜつ）
		ぢやう	定石　丈夫　市場　令嬢
		でう	箇条
		でふ	一*帖（いちでふ）　六畳
	ぢょう	ぢやう	盆△提△灯（ぽんぢやうちん）
		でう	一本調子
チョー	ちょう	ちよう	徴収　清澄　尊重
		ちやう	腸　町会　聴取　長短　手帳
		てう	調子　朝食　弔電　前兆　野鳥
		てふ	*蝶（てふ）
ニョー	にょう	にようう	女房
		ねう	尿
ヒョー	ひょう	ひよう	氷山
		ひやう	拍子　評判　兵糧
		へう	表裏　土俵　投票
ビョー	びょう	びやう	病気　平等
		べう	秒読み　描写
ピョー	ぴょう	ぴよう	結氷　信*憑性（しんぴようせい）
		ぴやう	論評
		ぺう	一票　本表
ミョー	みょう	みやう	名代　明日　寿命
		めう	妙技
リョー	りょう	りよう	丘陵
		りやう	領土　両方　善良　納涼　分量
		れう	寮　料理　官僚　終了
		れふ	漁　猟

付　録

9　外来語の表記

　この「外来語の表記」は平成3年6月28日に内閣の告示第2号・訓令第1号により実施された。一般の社会生活において、現代の国語を書き表すための「外来語の表記」のよりどころとしたのである。ただし専門分野や個々人の表記、固有名詞にまで及ぼそうとするものではない。

〔前書き〕
1　この『外来語の表記』は、法令、公用文書、新聞、雑誌、放送など、一般の社会生活において、現代の国語を書き表すための「外来語の表記」のよりどころを示すものである。
2　この『外来語の表記』は、科学、技術、芸術その他の各種専門分野や個々人の表記にまで及ぼそうとするものではない。
3　この『外来語の表記』は、固有名詞など（例えば、人名、会社名、商品名等）でこれによりがたいものには及ぼさない。
4　この『外来語の表記』は、過去に行われた様々な表記（「付」参照）を否定しようとするものではない。
5　この『外来語の表記』は、「本文」と「付録」から成る。
　　「本文」には「外来語の表記」に用いる仮名と符号の表を掲げ、これに留意事項その1（原則的な事項）と留意事項その2（細則的な事項）を添えた。
　　「付録」には、用例集として、日常よく用いられる外来語を主に、留意事項その2に例示した語や、その他の地名・人名の例などを五十音順に掲げた。

〔本文〕
「外来語の表記」に用いる仮名と符号の表
1　第1表に示す仮名は、外来語や外国の地名・人名を書き表すのに一般的に用いる仮名とする。
2　第2表に示す仮名は、外来語や外国の地名・人名を原音や原つづりになるべく近く書き表そうとする場合に用いる仮名とする。
3　第1表・第2表に示す仮名では書き表せないような、特別な音の書き表し方については、ここでは取決めを行わず、自由とする。
4　第1表・第2表によって語を書き表す場合には、おおむね留意事項を適用する。

第1表

ア	イ	ウ	エ	オ	キャ	キュ	キョ
カ	キ	ク	ケ	コ	シャ	シュ	ショ
サ	シ	ス	セ	ソ	チャ	チュ	チョ
タ	チ	ツ	テ	ト	ヒャ	ヒュ	ヒョ
ナ	ニ	ヌ	ネ	ノ	ミャ	ミュ	ミョ
ハ	ヒ	フ	ヘ	ホ	リャ	リュ	リョ
マ	ミ	ム	メ	モ			
ヤ		ユ		ヨ			
ラ	リ	ル	レ	ロ	ギャ	ギュ	ギョ
ワ					ジャ	ジュ	ジョ
					ビャ	ビュ	ビョ
ガ	ギ	グ	ゲ	ゴ			
ザ	ジ	ズ	ゼ	ゾ	ン（撥音）		
ダ			デ	ド	ッ（促音）		
バ	ビ	ブ	ベ	ボ	ー（長音符号）		
パ	ピ	プ	ペ	ポ			

9 外来語の表記

第2表

		シェ				イェ		
		チェ			ウィ		ウェ	ウォ
ツァ		ツェ	ツォ	クァ	クィ		クェ	クォ
	ティ				ツィ			
ファ フィ		フェ フォ				トゥ		
		ジェ		グァ				
	ディ					ドゥ		
	デュ			ヴァ	ヴィ	ヴ	ヴェ	ヴォ
						テュ		
						フュ		
						ヴュ		

留意事項その1 （原則的な事項）

1　この『外来語の表記』では、外来語や外国の地名・人名を片仮名で書き表す場合のことを扱う。
2　「ハンカチ」と「ハンケチ」、「グローブ」と「グラブ」のように、語形にゆれのあるものについて、その語形をどちらかに決めようとはしていない。
3　語形やその書き表し方については、慣用が定まっているものはそれによる。分野によって異なる慣用が定まっている場合には、それぞれの慣用によって差し支えない。
4　国語化の程度の高い語は、おおむね第1表に示す仮名で書き表すことができる。一方、国語化の程度がそれほど高くない語、ある程度外国語に近く書き表す必要のある語―特に地名・人名の場合―は、第2表に示す仮名を用いて書き表すことができる。
5　第2表に示す仮名を用いる必要がない場合は、第1表に示す仮名の範囲で書き表すことができる。
　　例　イェ→イエ　ウォ→ウオ　トゥ→ツ，ト　ヴァ→バ
6　特別な音の書き表し方については、取決めを行わず、自由とすることとしたが、その中には、例えば、「スィ」「ズィ」「グィ」「グェ」「グォ」「キェ」「ニェ」「ヒェ」「フョ」「ヴョ」等の仮名が含まれる。

留意事項その2 （細則的な事項）

以下の各項に示す語例は、それぞれの仮名の用法の一例として示すものであって、その語をいつもそう書かなければならないことを意味するものではない。語例のうち、地名・人名には、それぞれ（地）、（人）の文字を添えた。

I　第1表に示す「シェ」以下の仮名に関するもの

1　「シェ」「ジェ」は、外来音シェ、ジェに対応する仮名である。
　　例）シェーカー　シェード　ジェットエンジン　ダイジェスト
　　　　シェフィールド（地）　アルジェリア（地）
　　　　シェークスピア（人）　ミケランジェロ（人）
　　注　「セ」「ゼ」と書く慣用のある場合は、それによる。
　　　　例）ミルクセーキ　ゼラチン

2　「チェ」は、外来音チェに対応する仮名である。
　　　例）チェーン　チェス　チェック　マンチェスター（地）　チェーホフ（人）

3　「ツァ」「ツェ」「ツォ」は、外来音ツァ、ツェ、ツォに対応する仮名である。
　　　例）コンツェルン　シャンツェ　カンツォーネ　フィレンツェ（地）
　　　　　モーツァルト（人）　ツェッペリン（人）

付　録

4　「ティ」「ディ」は、外来音ティ、ディに対応する仮名である。
　　　例）ティーパーティー　ボランティア　ディーゼルエンジン
　　　　　ビルディング　アトランティックシティー（地）　ノルマンディー（地）
　　　　　ドニゼッティ（人）　ディズニー（人）
　　注1　「チ」「ジ」と書く慣用のある場合は、それによる。
　　　　　例）エチケット　スチーム　プラスチック　スタジアム　スタジオ
　　　　　　　ラジオ　チロル（地）　エジソン（人）
　　注2　「テ」「デ」と書く慣用のある場合は、それによる。
　　　　　例）ステッキ　キャンデー　デザイン

5　「ファ」「フィ」「フェ」「フォ」は、外来音ファ、フィ、フェ、フォに対応する仮名である。
　　　例）ファイル　フィート　フェンシング　フォークダンス
　　　　　バッファロー（地）　フィリピン（地）　フェアバンクス（地）
　　　　　カリフォルニア（地）　ファーブル（人）　マンスフィールド（人）
　　　　　エッフェル（人）　フォスター（人）
　　注1　「ハ」「ヒ」「ヘ」「ホ」と書く慣用のある場合は、それによる。
　　　　　例）セロハン　モルヒネ　プラットホーム　ホルマリン　メガホン
　　注2　「ファン」「フィルム」「フェルト」等は、「フアン」「フイルム」「フエルト」と書く慣用もある。

6　「デュ」は、外来音デュに対応する仮名である。
　　　例）デュエット　プロデューサー　デュッセルドルフ（地）
　　　　　デューイ（人）
　　注　「ジュ」と書く慣用のある場合は、それによる。
　　　　　例）ジュース（deuce）　ジュラルミン

II　第2表に示す仮名に関するもの

　第2表に示す仮名は、原音や原つづりになるべく近く書き表そうとする場合に用いる仮名で、これらの仮名を用いる必要がない場合は、一般的に、第1表に示す仮名の範囲で書き表すことができる。

1　「イェ」は、外来音イェに対応する仮名である。
　　　例）イェルサレム（地）　イェーツ（人）
　　注　一般的には、「イエ」又は「エ」と書くことができる。
　　　　　例）エルサレム（地）　イエーツ（人）

2　「ウィ」「ウェ」「ウォ」は、外来音ウィ、ウェ、ウォに対応する仮名である。
　　　例）ウィスキー　ウェディングケーキ　ストップウォッチ
　　　　　ウィーン（地）　スウェーデン（地）　ミルウォーキー（地）
　　　　　ウィルソン（人）　ウェブスター（人）　ウォルポール（人）
　　注1　一般的には、「ウイ」「ウエ」「ウオ」と書くことができる。
　　　　　例）ウイスキー　ウイット　ウエディングケーキ　ウエハース
　　　　　　　ストップウオッチ
　　注2　「ウ」を省いて書く慣用のある場合は、それによる。
　　　　　例）サンドイッチ　スイッチ　スイートピー
　　注3　地名・人名の場合は、「ウィ」「ウェ」「ウォ」と書く慣用が強い。

3　「クァ」「クィ」「クェ」「クォ」は、外来音クァ、クィ、クェ、クォに対応する仮名である。
　　　例）　クァルテット　クィンテット　クェスチョンマーク　クォータリー
　　注1　一般的には、「クア」「クイ」「クエ」「クオ」又は「カ」「キ」「ケ」「コ」と書くことができる。
　　　　　例）クアルテット　クインテット　クエスチョンマーク　クオータリー
　　　　　　　カルテット　レモンスカッシュ　キルティング　イコール

注2　「クァ」は、「クヮ」と書く慣用もある。

4　「グァ」は、外来音グァに対応する仮名である。
　　例）グァテマラ（地）　パラグァイ（地）
　　注1　一般的には、「グア」又は「ガ」と書くことができる。
　　　　例）グアテマラ（地）　パラグアイ（地）
　　　　　　ガテマラ（地）
　　注2　「グァ」は、「グヮ」と書く慣用もある。

5　「ツィ」は、外来音ツィに対応する仮名である。
　　例）ソルジェニーツィン（人）　ティツィアーノ（人）
　　注　一般的には、「チ」と書くことができる。
　　　　例）ライプチヒ（地）　ティチアーノ（人）

6　「トゥ」「ドゥ」は、外来音トゥ、ドゥに対応する仮名である。
　　例）トゥールーズ（地）　ハチャトゥリヤン（人）　ヒンドゥー教
　　注　一般的には、「ツ」「ズ」又は「ト」「ド」と書くことができる。
　　　　例）ツアー（tour）　ツーピース　ツールーズ（地）　ヒンズー教
　　　　　　ハチャトリヤン（人）　ドビュッシー（人）

7　「ヴァ」「ヴィ」「ヴ」「ヴェ」「ヴォ」は、外来音ヴァ、ヴィ、ヴ、ヴェ、ヴォに対応する仮名である。
　　例）ヴァイオリン　ヴィーナス　ヴェール
　　　　　ヴィクトリア（地）　ヴェルサイユ（地）　ウォルガ（地）
　　　　　ヴィヴァルディ（人）　ヴラマンク（人）　ヴォルテール（人）
　　注　一般的には、「バ」「ビ」「ブ」「ベ」「ボ」と書くことができる。
　　　　例）バイオリン　ビーナス　ベール
　　　　　　ビクトリア（地）　ベルサイユ（地）　ボルガ（地）
　　　　　　ビバルディ（人）　ブラマンク（人）　ボルテール（人）

8　「テュ」は、外来音テュに対応する仮名である。
　　例）テューバ（楽器）　テュニジア（地）
　　注　一般的には、「チュ」と書くことができる。
　　　　例）コスチューム　スチュワーデス　チューバ
　　　　　　チューブ　チュニジア（地）

9　「フュ」は、外来音フュに対応する仮名である。
　　例）フュージョン　フュン島（地・デンマーク）　ドレフュス（人）
　　注　一般的には、「ヒュ」と書くことができる。
　　　　例）ヒューズ

10　「ヴュ」は、外来音ヴュに対応する仮名である。
　　例）インタヴュー　レヴュー　ヴュイヤール（人・画家）
　　注　一般的には、「ビュ」と書くことができる。
　　　　例）インタビュー　レビュー　ビュイヤール（人）

Ⅲ　撥音、促音、長音その他に関するもの

1　撥音は、「ン」を用いて書く。
　　例）コンマ　シャンソン　トランク　メンバー　ランニング　ランプ
　　　　ロンドン（地）　レンブラント（人）
　　注1　撥音を入れない慣用のある場合は、それによる。

付　録

　　　　　例）イニング（←インニング）　サマータイム（←サンマータイム）
　　注2　「シンポジウム」を「シムポジウム」と書くような慣用もある。

2　促音は、小書きの「ッ」を用いて書く。
　　　　　例）カップ　シャッター　リュックサック　ロッテルダム（地）
　　　　　　　バッハ（人）
　　注　促音を入れない慣用のある場合は、それによる。
　　　　　例）アクセサリー（←アクセッサリー）
　　　　　　　フィリピン（地）（←フィリッピン）

3　長音は、原則として長音符号「ー」を用いて書く。
　　　　　例）エネルギー　オーバーコート　グループ　ゲーム　ショー
　　　　　　　テーブル　パーティー　ウェールズ（地）
　　　　　　　ポーランド（地）　ローマ（地）　ゲーテ（人）　ニュートン（人）
　　注1　長音符号の代わりに母音字を添えて書く慣用もある。
　　　　　例）バレエ（舞踊）　ミイラ
　　注2　「エー」「オー」と書かず、「エイ」「オウ」と書くような慣用のある場合は、それによる。
　　　　　例）エイト　ペイント　レイアウト　スペイン（地）　ケインズ（人）
　　　　　　　サラダボウル　ボウリング（球技）
　　注3　英語の語末の-er、-or、-arなどに当たるものは、原則としてア列の長音とし長音符号「ー」を用いて書き表す。ただし、慣用に応じて「ー」を省くことができる。
　　　　　例）エレベーター　ギター　コンピューター　マフラー
　　　　　　　エレベータ　コンピュータ　スリッパ

4　イ列・エ列の音の次のアの音に当たるものは、原則として「ア」と書く。
　　　　　例）グラビア　ピアノ　フェアプレー　アジア（地）　イタリア（地）
　　　　　　　ミネアポリス（地）
　　注1　「ヤ」と書く慣用のある場合は、それによる。
　　　　　例）タイヤ　ダイヤモンド　ダイヤル　ベニヤ板
　　注2　「ギリシャ」「ペルシャ」について「ギリシア」「ペルシア」と書く慣用もある。

5　語末（特に元素名等）の -(i)um に当たるものは、原則として「-（イ）ウム」と書く。
　　　　　例）アルミニウム　カルシウム　ナトリウム　ラジウム
　　　　　　　サナトリウム　シンポジウム　プラネタリウム
　　注　「アルミニウム」を「アルミニューム」と書くような慣用もある。

6　英語のつづりのxに当たるものを「クサ」「クシ」「クス」「クソ」と書くか、「キサ」「キシ」「キス」「キソ」と書くかは、慣用に従う。
　　　　　例）タクシー　ボクシング　ワックス　オックスフォード（地）
　　　　　　　エキストラ　タキシード　ミキサー　テキサス（地）

7　拗音に用いる「ヤ」「ユ」「ヨ」は小書きにする。また、「ヴァ」「ヴィ」「ヴェ」「ヴォ」や「トゥ」のように組み合せて用いる場合の「ア」「イ」「ウ」「エ」「オ」も、小書きにする。

8　複合した語であることを示すための、つなぎの符号の用い方については、それぞれの分野の慣用に従うものとし、ここでは取決めを行わない。
　　　　　例）ケース　バイ　ケース　ケース・バイ・ケース　ケース-バイ-ケース
　　　　　　　マルコ・ポーロ　マルコ＝ポーロ

9 外来語の表記

外来語の表記　用例集

凡例
1　ここには、日常よく用いられる外来語を主に、本文の留意事項その2（細則的な事項）の各項に例示した語や、その他の地名・人名の例などを五十音順に掲げた。地名・人名には、それぞれ（地）（人）の文字を添えた。
2　外来語や外国の地名・人名は、語形やその書き表し方の慣用が一つに定まらず、ゆれのあるものが多い。この用例集においても、ここに示した語形やその書き表し方は、一例であって、これ以外の書き方を否定するものではない。なお、本文の留意事項その2に両様の書き方が例示してある語のうち主なものについては、バイオリン／ヴァイオリンのような形で併せ掲げた。

【ア】
アーケード
アイスクリーム
アイロン
アインシュタイン（人）
アカデミー
アクセサリー
アジア（地）
アスファルト
アトランティックシティー（地）
アナウンサー
アパート
アフリカ（地）
アメリカ（地）
アラビア（地）
アルジェリア（地）
アルバム
アルファベット
アルミニウム
アンケート

【イ】
イエーツ／イェーツ（人）
イェスペルセン（人）
イエナ（地）
イエローストン（地）
イギリス（地）
イコール
イスタンブール（地）
イタリア（地）
イニング
インタビュー／インタヴュー
インド（地）
インドネシア（地）
インフレーション

【ウ】
ウイークデー

ウィーン（地）
ウイスキー／ウィスキー
ウイット
ウィルソン（人）
ウェールズ（地）
ウエスト waist
ウエディングケーキ／ウェディングケーキ
ウエハース
ウェブスター（人）
ウォルポール（人）
ウラニウム

【エ】
エイト
エキス
エキストラ
エジソン（人）
エジプト（地）
エチケット
エッフェル（人）
エネルギー
エプロン
エルサレム／イェルサレム（地）
エレベーター／エレベータ

【オ】
オーエン（人）
オーストラリア（地）
オートバイ
オーバーコート
オックスフォード（地）
オフィス
オホーツク（地）
オリンピック
オルガン
オレンジ

付　録

【カ】
ガーゼ
カーテン
カード
カーブ
カクテル
ガス
ガソリン
カタログ
カット
カップ
カバー
カムチャッカ（地）
カメラ
ガラス
カリフォルニア（地）
カルシウム
カルテット
カレンダー
カロリー
ガンジー（人）
カンツォーネ

【キ】
ギター
キムチ
キャベツ
キャンデー
キャンプ
キュリー（人）
ギリシャ／ギリシア（地）
キリマンジャロ（地）
キルティング

【ク】
グアテマラ／グァテマラ（地）
クイーン
クイズ
クインテット
クーデター
クーポン
クエスチョンマーク
クオータリー／クォータリー
グラビア
クラブ
グランドキャニオン（地）
クリスマスツリー
グリニッジ（地）
グループ
グレゴリウス（人）
クレジット

クレヨン

【ケ】
ケインズ（人）
ゲーテ（人）
ケープタウン（地）
ケーブルカー
ゲーム
ケンタッキー（地）
ケンブリッジ（地）

【コ】
コーヒー
コールタール
コスチューム
コップ
コピー
コペルニクス（人）
コミュニケーション
コロンブス（人）
コンクール
コンクリート
コンツェルン
コンピューター／コンピュータ
コンマ

【サ】
サーカス
サービス
サナトリウム
サハラ（地）
サファイア
サマータイム
サラダボウル
サラブレッド
サンドイッチ
サンパウロ（地）

【シ】
シーボルト（人）
シェーカー
シェークスピア（人）
シェード
ジェットエンジン
シェフィールド（地）
ジェンナー（人）
シドニー（地）
ジブラルタル（地）
ジャカルタ（地）
シャツ
シャッター

シャベル
シャンソン
シャンツェ
シュークリーム
ジュース juice, deuce
シューベルト（人）
ジュラルミン
ショー
ショパン（人）
シラー（人）
シンフォニー
シンポジウム

【ス】
スイートピー
スイッチ
スイング
スウェーデン（地）
スーツケース
スープ
スカート
スキー
スケート
スケール
スコール
スコップ
スター
スタジアム
スタジオ
スタンダール（人）
スチーム
スチュワーデス
ステージ
ステッキ
ステレオ
ステンドグラス
ステンレス
ストーブ
ストックホルム（地）
ストップウオッチ／ストップウォッチ
スプーン
スペイン（地）
スペース
スポーツ
ズボン
スリッパ

【セ】
セーター
セーラー［〜服］
セメント

ゼラチン
ゼリー
セルバンテス（人）
セロハン
センター
セントローレンス（地）

【ソ】
ソウル（地）
ソーセージ
ソファー
ソルジェニーツィン（人）

【タ】
ダーウィン（人）
ターナー（人）
ダイジェスト
タイヤ
ダイヤモンド
ダイヤル
タオル
タキシード
タクシー
タヒチ（地）
ダンス

【チ】
チーズ
チーム
チェーホフ（人）
チェーン
チェス
チェック
チケット
チップ
チフス
チャイコフスキー（人）
チューバ／テューバ
チューブ
チューリップ
チュニジア／テュニジア（地）
チョコレート
チロル（地）

【ツ】
ツアー tour
ツーピース
ツールーズ／トゥールーズ（地）
ツェッペリン（人）
ツンドラ

付　録

【テ】
ティー
ディーゼルエンジン
ディズニー（人）
ティチアーノ／ティツィアーノ（人）
ディドロ（人）
テープ
テーブル
デカルト（人）
テキサス（地）
テキスト
デザイン
テスト
テニス
テネシー（地）
デパート
デューイ（人）
デューラー（人）
デュエット
デュッセルドルフ（地）
テレビジョン
テント
テンポ

【ト】
ドア
ドーナツ
ドストエフスキー（人）
ドニゼッティ（人）
ドビュッシー（人）
トマト
ドライブ
ドライヤー
トラック
ドラマ
トランク
トルストイ（人）
ドレス
ドレフュス（人）
トロフィー
トンネル

【ナ】
ナイアガラ（地）
ナイフ
ナイル（地）
ナトリウム
ナポリ（地）

【ニ】
ニーチェ（人）

ニュース
ニュートン（人）
ニューヨーク（地）

【ネ】
ネーブル
ネオンサイン
ネクタイ

【ノ】
ノーベル（人）
ノルウェー（地）
ノルマンディー（地）

【ハ】
パーティー
バイオリン／ヴァイオリン
ハイキング
ハイドン（人）
ハイヤー
バケツ
バス
パスカル（人）
バター
ハチャトリヤン／ハチャトゥリヤン（人）
バッハ（人）
バッファロー（地）
バドミントン
バトン
バニラ
ハノイ（地）
パラグアイ／パラグァイ（地）
パラフィン
パリ（地）
バルブ
バレエ〔舞踊〕
バレーボール
ハンドル

【ヒ】
ピアノ
ビーナス／ヴィーナス
ビール
ビクトリア／ヴィクトリア（地）
ビスケット
ビスマルク（人）
ビゼー（人）
ビタミン
ビニール
ビバルディ／ヴィヴァルディ（人）
ビュイヤール／ヴュイヤール（人）

ヒューズ
ビルディング
ヒンズー教／ヒンドゥー教
ピンセット

【フ】
ファーブル（人）
ファイル
ファッション
ファラデー（人）
ファン
フィート
フィクション
フィラデルフィア（地）
フィリピン（地）
フィルム
フィレンツェ（地）
フィンランド（地）
プール
フェアバンクス（地）
フェアプレー
ブエノスアイレス（地）
フェルト
フェンシング
フォーク
フォークダンス
フォード（人）
フォーム
フォスター（人）
プディング
フュージョン
フュン島（地）
ブラームス（人）
ブラシ
プラスチック
プラットホーム
プラネタリウム
ブラマンク／ヴラマンク（人）
フランクリン（人）
ブレーキ
フロイト（人）
プログラム
プロデューサー

【ヘ】
ヘアピン
ペイント
ベーカリー
ヘーゲル（人）
ベーコン
ページ

ベール／ヴェール
ベストセラー
ペダル
ベニヤ〔～板〕
ベランダ
ペリー（人）
ヘリウム
ヘリコプター
ベルサイユ／ヴェルサイユ（地）
ペルシャ／ペルシア（地）
ヘルシンキ（地）
ヘルメット
ベルリン（地）
ペンギン
ヘンデル（人）

【ホ】
ホイットマン（人）
ボウリング〔球技〕
ホース
ボートレース
ポーランド（地）
ボーリング boring
ボクシング
ポケット
ポスター
ボストン（地）
ボタン
ボディー
ホテル
ホノルル（地）
ボランティア
ボルガ／ヴォルガ（地）
ボルテール／ヴォルテール（人）
ポルトガル（地）
ホルマリン

【マ】
マージャン
マイクロホン
マカオ（地）
マッターホーン（地）
マドリード（地）
マニラ（地）
マフラー
マラソン
マンション
マンスフィールド（人）
マンチェスター（地）
マンモス

付録

【ミ】
ミイラ
ミキサー
ミケランジェロ（人）
ミシシッピ（地）
ミシン
ミッドウェー（地）
ミネアポリス（地）
ミュンヘン（地）
ミルウォーキー（地）
ミルクセーキ

【メ】
メーカー
メーキャップ
メーデー
メガホン
メッセージ
メロディー
メロン
メンデル（人）
メンデルスゾーン（人）
メンバー

【モ】
モーター
モーツァルト（人）
モスクワ（地）
モデル
モリエール（人）
モルヒネ
モンテーニュ（人）
モントリオール（地）

【ヤ】
ヤスパース（人）

【ユ】
ユーラシア（地）
ユニホーム
ユングフラウ（地）

【ヨ】
ヨーロッパ（地）
ヨット

【ラ】
ライバル
ライプチヒ（地）
ラジウム
ラジオ

ラファエロ（人）
ランニング
ランプ

【リ】
リオデジャネイロ（地）
リズム
リノリウム
リボン
リュックサック
リレー
リンカーン（人）

【ル】
ルーベンス（人）
ルーマニア（地）
ルクス　lux
ルソー（人）

【レ】
レイアウト
レール
レギュラー
レコード
レスリング
レニングラード（地）
レビュー／レヴュー
レフェリー
レベル
レモンスカッシュ
レンズ
レンブラント（人）

【ロ】
ローマ（地）
ロケット
ロシア（地）
ロダン（人）
ロッテルダム（地）
ロマンス
ロマンチック
ロンドン（地）

【ワ】
ワイマール（地）
ワイヤ
ワシントン（地）
ワックス
ワット（人）

付

　前書きの4で過去に行われた表記のことについて述べたが、例えば、明治以来の文芸作品等においては、下記のような仮名表記も行われている。

　　　ヰ：スヰフトの「ガリヷ旅行記」
　　　ヱ：ヱルテル
　　　ヲ：ヲルポール
　　　ヷ：ヷイオリン
　　　ギ：ギオロン
　　　ヹ：ヹルレエヌ
　　　ヺ：ヺルガ
　　　ヂ：ケンブリッヂ
　　　ヅ：ワーヅワース

付　録

10　送り仮名の付け方

　この「送り仮名の付け方」は、昭和48年6月18日の内閣告示第2号を一部改正し、昭和56年10月1日に第3号として実施され、平成22年11月30日の改定「常用漢字表」の内閣告示に伴い、一部改正されたものである。今日に至るまで一般の社会生活において現代の国語を書き表すための送り仮名の付け方のよりどころになっている。なお、昭和34年内閣告示第1号は、昭和48年の告示第2号をもって廃止された。

〔前書き〕
　一　この「送り仮名の付け方」は、法令・公用文書・新聞・雑誌・放送など、一般の社会生活において、「常用漢字表」の音訓によって現代の国語を書き表す場合の送り仮名の付け方のよりどころを示すものである。
　二　この「送り仮名の付け方」は、科学・技術・芸術その他の各種専門分野や個々人の表記にまで及ぼそうとするものではない。
　三　この「送り仮名の付け方」は、漢字を記号的に用いたり、表に記入したりする場合や、固有名詞を書き表す場合を対象としていない。

＜「本文」の見方及び使い方＞
　一　この「送り仮名の付け方」の本文の構成は、次のとおりである。
　　　　単独の語
　　1　活用のある語
　　　通則1　（活用語尾を送る語に関するもの）
　　　通則2　（派生・対応の関係を考慮して、活用語尾の前の部分から送る語に関するもの）
　　2　活用のない語
　　　通則3　（名詞であって、送り仮名を付けない語に関するもの）
　　　通則4　（活用のある語から転じた名詞であって、もとの語の送り仮名の付け方によって送る語に関するもの）
　　　通則5　（副詞・連体詞・接続詞に関するもの）
　　　　複合の語
　　　通則6　（単独の語の送り仮名の付け方による語に関するもの）
　　　通則7　（慣用に従って送り仮名を付けない語に関するもの）
　　　　付表の語
　　　　1　（送り仮名を付ける語に関するもの）
　　　　2　（送り仮名を付けない語に関するもの）
　二　通則とは、単独の語及び複合の語の別、活用のある語及び活用のない語の別等に応じて考えた送り仮名の付け方に関する基本的な法則をいい、必要に応じ、例外的な事項又は許容的な事項を加えてある。
　　　したがって、各通則には、本則のほか、必要に応じて例外及び許容を設けた。ただし、通則7は、通則6の例外に当たるものであるが、該当する語が多数に上るので、別の通則として立てたものである。
　三　この「送り仮名の付け方」で用いた用語の意義は、次のとおりである。
　　単独の語・・・漢字の音又は訓を単独に用いて、漢字一字で書き表す語をいう。
　　複合の語・・・漢字の訓と訓、音と訓などを複合させ、漢字二字以上を用いて書き表す語をいう。
　　付表の語・・・「常用漢字表」の付表に掲げてある語のうち、送り仮名の付け方が問題となる語をいう。
　　活用のある語・・・動詞・形容詞・形容動詞をいう。
　　活用のない語・・・名詞・副詞・連体詞・接続詞をいう。
　　本則・・・送り仮名の付け方の基本的な法則と考えられるものをいう。
　　例外・・・本則には合わないが、慣用として行われていると認められるものであって、本則によらず、これによるものをいう。
　　許容・・・本則による形とともに、慣用として行われていると認められるものであって、本則以外に、これによってよいものをいう。
　四　単独の語及び複合の語を通じて、字音を含む語は、その字音の部分には送り仮名を要しないのであるから、必要のない限り触れていない。
　五　各通則において、送り仮名の付け方が許容によることのできる語については、本則又は許容のいずれに従ってもよいが、個々の語に適用するに当たって、許容に従ってよいかどうか判断し難い場合には、本則

によるものとする。

〔本文〕

<単独の語>
1 活用のある語
　通則1
　　本則　活用のある語（通則2を適用する語を除く。）は、活用語尾を送る。
　　　例）憤る　承る　書く　実る　催す
　　　　　生きる　陥れる　考える　助ける
　　　　　荒い　潔い　賢い　濃い
　　　　　主だ
　　例外（1）語幹が「し」で終わる形容詞は、「し」から送る。
　　　　　　例）著しい　惜しい　悔しい　恋しい　珍しい
　　　　（2）活用語尾の前に「か」、「やか」、「らか」を含む形容動詞は、その音節から送る。
　　　　　　例）暖かだ　細かだ　静かだ
　　　　　　　　穏やかだ　健やかだ　和やかだ
　　　　　　　　明らかだ　平らかだ　滑らかだ　柔らかだ
　　　　（3）次の語は、次に示すように送る。
　　　　　　　明らむ　味わう　哀れむ　慈しむ　教わる　脅かす（おどかす）
　　　　　　　脅かす（おびやかす）　関わる　食らう　異なる　逆らう　捕まる　群がる
　　　　　　　和らぐ　揺する
　　　　　　　明るい　危ない　危うい　大きい　少ない　小さい　冷たい　平たい
　　　　　　　新ただ　同じだ　盛んだ　平らだ　懇ろだ　惨めだ
　　　　　　　哀れだ　幸いだ　幸せだ　巧みだ
　　許容　次の語は、（　）の中に示すように、活用語尾の前の音節から送ることができる。
　　　　　例）表す（表わす）　著す（著わす）　現れる（現われる）　行う（行なう）
　　　　　　　断る（断わる）　賜る（賜わる）
　〔注意〕語幹と活用語尾との区別がつかない動詞は、例えば、「着る」「寝る」「来る」などのように送る。

　通則2
　　本則　活用語尾以外の部分に他の語を含む語は、含まれている語の送り仮名の付け方によって送る。（含まれている語を〔　〕の中に示す。）
　　　例）（1）動詞の活用形又はそれに準ずるものを含むもの。
　　　　　　　　動かす〔動く〕　照らす〔照る〕
　　　　　　　　語らう〔語る〕　計らう〔計る〕　向かう〔向く〕
　　　　　　　　浮かぶ〔浮く〕
　　　　　　　　生まれる〔生む〕　押さえる〔押す〕　捕らえる〔捕る〕
　　　　　　　　勇ましい〔勇む〕　輝かしい〔輝く〕　喜ばしい〔喜ぶ〕
　　　　　　　　晴れやかだ〔晴れる〕
　　　　　　　　及ぼす〔及ぶ〕　積もる〔積む〕　聞こえる〔聞く〕
　　　　　　　　頼もしい〔頼む〕
　　　　　　　　起こる〔起きる〕　落とす〔落ちる〕
　　　　　　　　暮らす〔暮れる〕　冷やす〔冷える〕
　　　　　　　　当たる〔当てる〕　終わる〔終える〕　変わる〔変える〕
　　　　　　　　集まる〔集める〕　定まる〔定める〕　連なる〔連ねる〕
　　　　　　　　交わる〔交える〕
　　　　　　　　混ざる・混じる〔混ぜる〕
　　　　　　　　恐ろしい〔恐れる〕
　　　　（2）形容詞・形容動詞の語幹を含むもの。
　　　　　　　　重んずる〔重い〕　若やぐ〔若い〕

付録

怪しむ〔怪しい〕 悲しむ〔悲しい〕 苦しがる〔苦しい〕
確かめる〔確かだ〕
重たい〔重い〕 憎らしい〔憎い〕 古めかしい〔古い〕
細かい〔細かだ〕 柔らかい〔柔らかだ〕
清らかだ〔清い〕 高らかだ〔高い〕 寂しげだ〔寂しい〕

(3) 名詞を含むもの。
汗ばむ〔汗〕 先んずる〔先〕 春めく〔春〕
男らしい〔男〕 後ろめたい〔後ろ〕

許容 読み間違えるおそれのない場合は、活用語尾以外の部分について、次の（ ）の中に示すように、送り仮名を省くことができる。
例）浮かぶ（浮ぶ） 生まれる（生れる） 押さえる（押える）
捕らえる（捕える）
晴れやかだ（晴やかだ）
積もる（積る） 聞こえる（聞える）
起こる（起る） 落とす（落す） 暮らす（暮す）
当たる（当る） 終わる（終る） 変わる（変る）

〔注意〕次の語は、それぞれ〔 〕の中に示す語を含むものとは考えず、通則1によるものとする。
明るい〔明ける〕 荒い〔荒れる〕 悔しい〔悔いる〕 恋しい〔恋う〕

2 活用のない語
通則3

本則 名詞（通則4を適用する語を除く。）は、送り仮名を付けない。
例）月 鳥 花 山
男 女
彼 何

例外 (1) 次の語は、最後の音節を送る。
辺り 哀れ 勢い 幾ら 後ろ 傍ら 幸い 幸せ 全て 互い 便り
半ば 情け 斜め 独り 誉れ 自ら 災い

(2) 数をかぞえる「つ」を含む名詞は、その「つ」を送る。
例）一つ 二つ 三つ 幾つ

通則4

本則 活用のある語から転じた名詞及び活用のある語に「さ」、「み」、「げ」などの接尾語が付いて名詞になったものは、もとの語の送り仮名の付け方によって送る。
例）(1) 活用のある語から転じたもの。
動き 仰せ 恐れ 薫り 曇り 調べ 届け 願い 晴れ
当たり 代わり 向かい
狩り 答え 問い 祭り 群れ
憩い 愁い 憂い 香り 極み 初め
近く 遠く

(2) 「さ」、「み」、「げ」などの接尾語が付いたもの。
暑さ 大きさ 正しさ 確かさ
明るみ 重み 憎しみ
惜しげ

例外 次の語は、送り仮名を付けない。
謡 虞 趣 氷 印 預 帯 畳
卸 煙 恋 志 次 隣 富 恥 話 光 舞
折 係 掛（かかり） 組 肥 並（なみ） 巻 割

〔注意〕ここに掲げた「組」は、「花の組」、「赤の組」などのように使った場合の「くみ」であり、例えば、「活字の組みがゆるむ。」などとして使う場合の「くみ」を意味するものではない。
「光」、「折」、「係」なども、同様に動詞の意識が残っているような使い方の場合は、この例外に該

当しない。したがって、本則を適用して送り仮名を付ける。
　許容　読み間違えるおそれのない場合は、次の（　）の中に示すように、送り仮名を省くことができる。
　　例）曇り（曇）　届け（届）　願い（願）　晴れ（晴）
　　　　当たり（当り）　代わり（代り）　向かい（向い）
　　　　狩り（狩）　答え（答）　問い（問）　祭り（祭）
　　　　群れ（群）　憩い（憩）

通則5
　本則　副詞・連体詞・接続詞は、最後の音節を送る。
　　例）必ず　更に　少し　既に　再び　全く　最も
　　　　来る　去る
　　　　及び　且つ　但し
　例外（1）次の語は、次に示すように送る。
　　　　　　明くる　大いに　直ちに　並びに　若しくは
　　　（2）次の語は、送り仮名を付けない。
　　　　　　又
　　　（3）次のように、他の語を含む語は、含まれている語の送り仮名の付け方によって送る。（含まれている語を〔　〕の中に示す。）
　　　　例）併せて〔併せる〕　至って〔至る〕　恐らく〔恐れる〕
　　　　　　従って〔従う〕　絶えず〔絶える〕　例えば〔例える〕
　　　　　　努めて〔努める〕
　　　　　　辛うじて〔辛い〕　少なくとも〔少ない〕
　　　　　　互いに〔互い〕
　　　　　　必ずしも〔必ず〕

＜複合の語＞
通則6
　本則　複合の語（通則7を適用する語を除く。）の送り仮名は、その複合の語を書き表す漢字の、それぞれの音訓を用いた単独の語の送り仮名の付け方による。
　　例）（1）活用のある語
　　　　　　　書き抜く　流れ込む　申し込む　打ち合わせる
　　　　　　　向かい合わせる　長引く　若返る　裏切る　旅立つ
　　　　　　　聞き苦しい　薄暗い　草深い　心細い　待ち遠しい
　　　　　　　軽々しい　若々しい　女々しい
　　　　　　　気軽だ　望み薄だ
　　　（2）活用のない語
　　　　　　　石橋　竹馬　山津波　後ろ姿　斜め左　花便り　独り言
　　　　　　　卸商　水煙　目印
　　　　　　　田植え　封切り　物知り　落書き
　　　　　　　雨上がり　墓参り　日当たり　夜明かし　先駆け　巣立ち　手渡し
　　　　　　　入り江　飛び火　教え子　合わせ鏡　生き物　落ち葉
　　　　　　　預かり金
　　　　　　　寒空　深情け
　　　　　　　愚か者
　　　　　　　行き帰り　伸び縮み　乗り降り　抜け駆け　作り笑い
　　　　　　　暮らし向き　売り上げ　取り扱い　乗り換え　引き換え
　　　　　　　歩み寄り　申し込み　移り変わり
　　　　　　　長生き　早起き　苦し紛れ　大写し
　　　　　　　粘り強さ　有り難み　待ち遠しさ
　　　　　　　乳飲み子　無理強い　立ち居振る舞い　呼び出し電話
　　　　　　　次々　常々

付　録

　　　　　　近々　深々
　　　　　　休み休み　行く行く
　　許容　読み間違えるおそれのない場合は、次の（　）の中に示すように、送り仮名を省くことができる。
　　　例）書き抜く（書抜く）　申し込む（申込む）　打ち合わせる（打ち合せる・打合せる）　向かい合わせる（向い合せる）　聞き苦しい（聞苦しい）　待ち遠しい（待遠しい）
　　　　　田植え（田植）　封切り（封切）　落書き（落書）　雨上がり（雨上り）　日当たり（日当り）　夜明かし（夜明し）
　　　　　入り江（入江）　飛び火（飛火）　合わせ鏡（合せ鏡）　預かり金（預り金）
　　　　　抜け駆け（抜駆け）　暮らし向き（暮し向き）　売り上げ（売上げ・売上）　取り扱い（取扱い・取扱）　乗り換え（乗換え・乗換）　引き換え（引換え・引換）　申し込み（申込み・申込）　移り変わり（移り変り）
　　　　　有り難み（有難み）　待ち遠しさ（待遠しさ）
　　　　　立ち居振る舞い（立ち居振舞い・立ち居振舞・立居振舞）　呼び出し電話（呼出し電話・呼出電話）
　〔注意〕「こけら落とし（こけら落し）」、「さび止め」、「洗いざらし」、「打ちひも」のように前又は後ろの部分を仮名で書く場合は、他の部分については、単独の語の送り仮名の付け方による。

通則7
　複合の語のうち、次のような名詞は、慣用に従って、送り仮名を付けない。
　　例）(1) 特定の領域の語で、慣用が固定していると認められるもの。
　　　　ア　地位・身分・役職等の名。
　　　　　　関取　頭取　取締役　事務取扱
　　　　イ　工芸品の名に用いられた「織」、「染」、「塗」等。
　　　　　　《博多》織　《型絵》染　《春慶》塗　《鎌倉》彫　《備前》焼
　　　　ウ　その他。
　　　　　　書留　気付　切手　消印　小包　振替　切符　踏切
　　　　　　請負　売値　買値　仲買　歩合　両替　割引　組合　手当
　　　　　　倉敷料　作付面積
　　　　　　売上《高》　貸付《金》　借入《金》　繰越《金》　小売《商》
　　　　　　積立《金》　取扱《所》　取扱《注意》　取次《店》　取引《所》
　　　　　　乗換《駅》　乗組《員》　引受《人》　引受《時刻》　引換《券》
　　　　　　《代金》引換　振出《人》　待合《室》　見積《書》　申込《書》
　　　　(2) 一般に、慣用が固定していると認められるもの。
　　　　　　奥書　木立　子守　献立　座敷　試合　字引　場合　羽織　葉巻　番組
　　　　　　番付　日付　水引　物置　物語　役割　屋敷　夕立　割合
　　　　　　合図　合間　植木　置物　織物　貸家　敷石　敷地　敷物　立場　建物
　　　　　　並木　巻紙　受付　受取
　　　　　　浮世絵　絵巻物　仕立屋
　〔注意〕(1)「《博多》織」、「売上《高》」などのようにして掲げたものは、《　》の中を他の漢字で置き換えた場合にも、この通則を適用する。
　　　　(2) 通則7を適用する語は、例として挙げたものだけで尽くしてはいない。したがって、慣用が固定していると認められる限り、類推して同類の語にも及ぼすものである。通則7を適用してよいかどうか判断し難い場合には、通則6を適用する。

＜付表の語＞
　「常用漢字表」の「付表」に掲げてある語のうち、送り仮名の付け方が問題となる次の語は、次のようにする。
1　次の語は、次に示すように送る。
　　　浮つく　お巡りさん　差し支える　立ち退く　手伝う　最寄り
　　なお、次の語は、（　）の中に示すように、送り仮名を省くことができる。
　　　差し支える（差支える）　立ち退く（立退く）
2　次の語は、送り仮名を付けない。
　　　息吹　桟敷　時雨　築山　名残　雪崩　吹雪　迷子　行方

11　常用漢字表（昭和56年内閣告示）と当用漢字表との相違

　昭和21年に内閣告示第32号として当用漢字表が実施された。これは、一般の社会生活での漢字を制限するのが無理なく行われることを目安とし、1850字を選んだものである。しかし、時代の推移もあり、これでは現代の社会生活において国語を書き表すのに不自由な面も多く生じるようになった。そこで、さらに95字を加えて1945字をもって、昭和56年に内閣告示第1号として常用漢字表が実施されることになった。両者の相違は次の通りである。

1　常用漢字表で新たに加えられた字（読み方は音を片仮名、訓を平仮名で示す。）

猿 エン さる	凹 オウ	渦 カ うず	靴 カ くつ	稼 カ かせ・ぐ	拐 カイ	涯 ガイ	垣 かき	殻 カク から	潟 かた
喝 カツ	褐 カツ	缶 カン	頑 ガン	挟 キョウ はさ・む はさ・まる		矯 キョウ た・める	襟 キン えり	隅 グウ すみ	渓 ケイ
蛍 ケイ ほたる	嫌 ケン ゲン きら・う いや	洪 コウ	溝 コウ みぞ	昆 コン	崎 さき	皿 さら	桟 サン	傘 サン かさ	肢 シ
遮 シャ さえぎ・る	蛇 ジャ ヘビ ダ	酌 シャク く・む	汁 ジュウ しる	塾 ジュク	尚 ショウ	宵 ショウ よい	縄 ジョウ なわ	壌 ジョウ	唇 シン くちびる
甚 ジン はなは・だ はなは・だしい	据 す・える す・わる		杉 すぎ	斉 セイ	逝 セイ ゆ・く	仙 セン	栓 セン	挿 ソウ さ・す
曹 ソウ	槽 ソウ	藻 ソウ も	駄 ダ	濯 タク	棚 たな	挑 チョウ いど・む	眺 チョウ なが・める	釣 チョウ つ・る	塚 つか
漬 つ・ける つ・かる	亭 テイ	偵 テイ	泥 デイ どろ	搭 トウ	棟 トウ むね むな	洞 ドウ ほら	凸 トツ	屯 トン
把 ハ	覇 ハ	漠 バク	肌 はだ	鉢 ハチ ハツ	披 ヒ	扉 ヒ とびら	猫 ビョウ ねこ	頻 ヒン	瓶 ビン
雰 フン	塀 ヘイ	泡 ホウ あわ	俸 ホウ	褒 ホウ ほ・める	朴 ボク	僕 ボク	堀 ほり	磨 マ みが・く	抹 マツ
岬 みさき	妄 モウ ボウ	厄 ヤク	癒 ユ	悠 ユウ	羅 ラ	竜 リュウ たつ	戻 レイ もど・す もど・る	枠 わく

2　常用漢字表で新たに加えられた音訓

栄 は・える	危 あや・ぶむ	憩 いこ・う	香 かお・る	愁 うれ・える	謡 うた・う	露 ロウ	和 オ

3　常用漢字表で削られた訓

膚 はだ	盲 めくら

4　常用漢字表で字体が変更された字
　燈　→　灯

5　常用漢字表の付表に新たに加えられた語
　おじ　叔父・伯父　　おば　叔母・伯母　　さじき　桟敷　　でこぼこ　凸凹

編著者紹介

近藤　政美（代表）
　　名古屋大学文学部卒業。
　　名古屋市立菊里高等学校教諭・愛知県立大学文学部教授・同大学院国際文化研究科教授・岐阜聖徳学園大学教育学部教授・同大学院国際文化研究科教授を経て、
　　現在　愛知県立大学名誉教授・博士（日本文化）

濱千代いづみ
　　愛知県立大学文学部卒業、岐阜聖徳学園大学大学院国際文化研究科修了。
　　愛知県立名古屋南高等学校教諭・豊田工業高等専門学校教授・愛知県立大学講師（非常勤）を経て、
　　現在　岐阜聖徳学園大学教育学部教授・同大学院国際文化研究科教授

協力者

加藤　早苗
　　岐阜聖徳学園大学大学院国際文化研究科修了。名古屋大学大学院文学研究科（後期）満期退学。元　愛知県公立小学校教諭

西﨑三佐子
　　名古屋大学文学部卒業。現在　南山学園聖霊中学校・高等学校教諭

学生・教師・社会人のための
三訂 漢字ハンドブック
平成29年告示　小学校学習指導要領
　　　　　　　学年別漢字配当表

2006（平成18）年3月20日　初版第1刷発行
2019（令和元）年10月1日　三訂版第1刷発行

　編著者　近　藤　政　美（代表）
　　　　　濱千代　いづみ
　発行者　廣橋研三
　発行所　和泉書院
　　　　　〒543-0037　大阪市天王寺区上之宮町7-6
　　　　　　　　　　　電話 06(6771)1467
　　　　　振替口座　00970-8-15043

印刷・製本　亜細亜印刷／本文デザイン　村角洋一／装訂　濱崎実幸

ISBN978-4-7576-0935-8 C0081
© Masami Kondo, Izumi Hamachiyo 2006 Printed in Japan
本書の無断複製・転載・複写を禁じます

最大規模の古典文法書・学校関係者必見必備

実例詳解 古典文法総覧

古典愛読者のための最良の手引き書が、ここに誕生した！　法政大学教授　加藤昌嘉
信頼できる古典文法書　青山学院大学教授　近藤泰弘
現代語の研究者にとっても必携の書　大阪市立大学教授　丹羽哲也

古語辞典の一歩先を行く便利さ。欲しい情報が手に入る!!

本書の7大特色　◇パンフレット呈上◇

1. 英文法書と同様の形式で記述
2. オーソドックスな解説で古文教師の強い味方
3. 13年をかけて幅広い古典作品の用例を悉皆調査
4. 類書のない記述密度と規模
5. 最新の古典文法研究の成果を採用
6. 古語辞典では決して引くことができない事項を参照できる
7. 古文解釈辞典としても重宝

小田　勝［著］

A5上製函入・752 頁
ISBN978-4-7576-0731-6
定価 **本体 8,000 円** ＋税

お薦めします
- 古典文法・古典文学の学習者、教授者、研究者
- 中学・高校の古文の教師
- 現代日本語・英語・その他の言語の文法研究者
- 高校国語科・学校大学公共図書館・大学研究室

国語表現事典

I978-4-87088-967-5

和泉事典シリーズ9　榊原邦彦 著　四六上製・376頁・本体2500円＋税

貴重な文化遺産である国語の理解のため国語の基本に頁を多く割き、論文、小論文の書き方、敬語、手紙などの文章表現及び挨拶、接遇などの口語表現の各事項につき詳しく述べた。読点の付け方、語順、助詞の用法など従来軽視されていた事項にも力を注いだ。

漢文入門

I978-4-87088-519-6

榊原邦彦・伊藤一重・松浦由起・濱千代いづみ 編　Ａ５並製・128頁・本体1200円＋税

本書は漢文の初学者が第一歩より学習を始め、教養ある現代人として望ましい段階まで、容易に到達できるように配慮して編輯した。

日本語に関する十二章―詫びる？詫びない？日本人―

I978-4-7576-0633-3

和泉選書174　工藤力男 著　四六上製・232頁・本体1800円＋税

ダムの「八ツ場」は、なぜヤンバと読まれ、「月ぎめ」の駐車場は、なぜ「月極」と書かれるのか。桜が「本日に」咲いたのはほんとうか。――日常のありふれた言語風景なのに、これまで論ぜられることのなかった問題を、さまざまの視点から考える十二章。

部首一覧

画数	部首	部首の呼称
一画	一	いち
	丨	たてぼう
		ぼう
	丶	てん
	丿	はらいぼう
		の
	乙	おつにょう
		おつ
	亅	はねぼう
二画	二	に
	亠	なべぶた
		けいさんかんむり
	人	ひと
	亻	にんべん
	𠆢	ひとやね
	儿	ひとあし
		にんにょう
	入	いりがしら
		いる
	八	はちがしら
		はち
	冂	どうがまえ
		けいがまえ
	冖	わかんむり
	冫	にすい
	几	つくえ
		きにょう
	凵	うけばこ
		かんにょう
	刀	かたな
	刂	りっとう
	力	ちから
	勹	つつみがまえ
	匕	ひ
	匚	はこがまえ
		かくしがまえ
	十	じゅう
	卜	ぼく
	卩(㔾)	ふしづくり
	厂	がんだれ
	厶	む
	又	また
三画	口	くちへん
		くち
	囗	くにがまえ
	土	つちへん
		つち
	士	さむらい
	夂	ふゆがしら
		すいにょう
	夕	ゆうべ
		た
	大	だい
	女	おんなへん
		おんな
	子	こへん
		こ
	宀	うかんむり
	寸	すん
	小(⺌)	しょう
		ちいさい
	尢	だいのまげあし
	尸	しかばね
	屮	てつ
	山	やまへん
		やま
	川(巛)	かわ
	工	たくみへん
		え・こう
	己	おのれ
	巾	はばへん
		きんべん
	干	かん
		いちじゅう
	幺	いとがしら
		よう
	广	まだれ
	廴	えんにょう
	廾	にじゅうあし
		こまぬき
	弋	しきがまえ
		よく
	弓	ゆみへん・ゆみ
	彐	けいがしら
	彡	さんづくり
	彳	ぎょうにんべん
	䒑	つかんむり
	艹	くさかんむり
	辶	しんにょう
		しんにゅう
	阝	こざとへん（左）
	阝	おおざと（右）
	忄	りっしんべん
	扌	てへん
	犭	けものへん
	氵	さんずい
四画	耂	おいかんむり
	心	こころ
	小	したごころ
	戈	ほこがまえ
		ほこづくり
	戸	とかんむり
		と
	手	て
	支	しにょう
		し
	攴	のぶん
		ぼくにょう
	文	ぶんにょう
		ぶん
	斗	とます
		と
	斤	おのづくり
		きん
	方	ほうへん
		ほう
	日	ひへん
		ひ
	曰	ひらび
	月	つきへん
		つき
	木	きへん
		き
	欠	あくび
		けんづくり
	止	とめへん
		とめる
	歹	がつへん
		いちたへん
	殳	るまた
		ほこづくり
	犬	いぬ
	比	ならびひ
		くらべる
	毛	け
	氏	うじ
	气	きがまえ
	水	みず
	火	ひへん
		ひ
	灬	れっか
		れんが
	爫	つめかんむり・つめ
	父	ちち
	片	かたへん・かた
	牙	きば
	牛	うしへん
		うし
	毋	なかれ
	王	おうへん
	礻	しめすへん
	月	にくづき
五画	母	はは
	玄	げん
	玉	たま
	瓦	かわら
	甘	あまい
	生	うまれる
	用	もちいる